Carsten Koßwig

„Form ist wirklich Leere"
(Herzsutra)

Teishos (spirituelle Vorträge)

Bibliografische Information der Deutschen Nationalbibliothek: Die Deutsche Nationalbibliothek verzeichnet diese Publikation in der Deutschen Nationalbibliografie; detaillierte bibliografische Daten sind im Internet über http//dnb.dnb.de abrufbar.

© 2018 Carsten Koßwig

Cover: Manuela Herbst, Bozen, Bild: Carsten Koßwig

Tusche-Zeichnungen: Holde Wössner, Stuttgart.

Herstellung:

BoD – Books on Demand, Norderstedt

ISBN: 9-783741298134

Für Irmgard und Juri

Inhalt

1. Vorwort .... Seite 9
2. Vorbemerkung 2. Auflage .... Seite 13
3. Vorwort zur 2. Auflage von
   Manfred Rosen .... Seite 15
4. Was ist ein Teisho .... Seite 22
5. Einführung in ZEN .... Seite 24
6. Allgemeine Texte zum Verständnis des ZEN
   .... Seite 43
7. Bestimmte Texte zum Zitieren .... Seite 115

   a. Herzsutra (Maka Hannya Haramita
      Shingyo) .... Seite 115
   b. Der Ochs und sein Hirte .... Seite 126
   c. Die vier großen Gelübde .... Seite 165
   d. Über ZEN (Daio Kokushi) ...... Seite 171
   e. Shinjin Mei (Sosan) .... Seite 184

8. Psychologische Themen .... Seite 193
9. Besondere Zeiten .... Seite 252

   a. Weihnacht .... Seite 252
   b. Ostern .... Seite 254
   c. Allerheiligen .... Seite 258
   d. Rohatsu .... Seite 262

10. Politische Themen .... Seite 266
11. Religiöse Themen .... Seite 281
12. Weltbild 2.0 .... Seite 285
13. Glossar .... Seite 304

14. Über den Autor ....Seite 310
15. Literaturverzeichnis...........................Seite 312

Vorwort

Liebe Leserinnen und Leser!

Dieses Buch ist ungewöhnlich! Denn es ist kein esoterisches Buch, kein wissenschaftliches Fachbuch, aber auch kein religiöses Buch. Es ist ein Buch, das meine Teishos wiedergibt, die ich in den Jahren von 2015 bis 2018 im Zendo-Merano, in einem Sesshin oder in einem Zazenkai gehalten habe.
Teishos sind Vorträge, die stets intuitiv, also direkt aus dem Herzen heraus, vorgetragen werden. Sie sind mit viel Liebe und Achtsamkeit zustande gekommen.
Das Besondere daran ist, dass sie in diesem Buch so wiedergeben werden, als ob Sie, liebe Leserin und Leser, liebe Schülerin und Schüler, direkt vor mir sitzen und mir zuhören würden. Das Teisho wurde von mir meist einen Tag nach dem tatsächlichen Vortrag in Sprachform zu Papier gebracht. Folglich sind die im Buch geschriebenen Vorträge auch nicht in perfekter grammatikalischer Form abgefasst worden. Verzeihen Sie mir also deshalb meine Stilblüten, die bei einem Herz-zu-Herz-Teisho zwangsläufig entstehen. Zusätzlich habe ich einige dieser in Schriftform vorliegenden Teishos auch auf facebook oder auf meiner Website veröffentlicht.[1]

Mit den Teishos beabsichtige ich, meinen Schülern oder Interessierten eine Unterstützung und Hilfe, sowie Informationen für ihren ZEN-Weg zu geben. Aber auch Ihnen, liebe Leserin und Leser, die sich für ZEN

---

[1] www.zendo-merano.com

interessieren, können diese für Ihr alltägliches Leben eine Bereicherung sein und Ihnen helfen, ganz präsent in der Wirklichkeit zu sein.

Alle Teishos sind meist einem bestimmten Thema zuordenbar. Deshalb habe ich dieses Buch wie folgt aufgebaut: Nach den „Einführenden Texten zum ZEN" werden die „Teishos zum allgemeinen Verständnis des ZEN" wiedergegeben. Es folgen die Texte, die wir im Zendo-Merano zitieren. Da der/die Schüler(in) häufig auch auf seinem/ihrem ZEN – Weg mit „Psychologischen Themen" konfrontiert wird, folgen diese im Anschluss. Danach werden „Besondere Zeiten", wie z. B. Weihnachten oder Rohatsu (Sesshin zu Ehren der Erleuchtung von Shakyamuni Buddha), angesprochen. Es folgen „Politische Themen", deren im Buch angesprochenen Ereignisse möglicherweise nicht mehr aktuell und deshalb teilweise unverständlich sind. Ich lasse diese Teishos dennoch im Buch, weil sie eine gute Gelegenheit sind, die aus der Erkenntnis des ZEN entsprungen Sichtweisen über das gesellschaftliche Zusammenleben gut darlegen zu können.
Anschließend schreibe ich über „Religiöse Themen", die sich hauptsächlich auf christliche Sichtweisen beziehen.
Im letzten Abschnitt teile ich meine Ansichten zu bestimmten Themen aus Religion und Philosophie mit, die bei einem Symposium: „Weltbild 2.0" behandelt wurden. Dieses Symposium wurde am 02.06.2016 vom Bildungsausschuss Lana mit Vertretern verschiedener religiösen und gesellschaftlichen Weltanschauungen abgehalten.

In einem Teisho werden meist Begriffe aus der japanischen oder chinesischen Sprache benutzt, die einer Erklärung bedürfen. Diese gebrauchen wir in unserer ZEN-Linie „Leere Wolke". Einige wichtige Schlüsselwörter werden von mir am Ende des Buches in Form eines Glossars erklärt.

Die Rezitationstexte stammen aus dem Zitate-Büchlein unserer ZEN-Linie: „Die Flöte des Unendlichen"[2], herausgegeben von Willigis Jäger und Beatrice Grimm.

Während der Teishos wird von mir meist die männliche Form des Ausdrucks benutzt. Das geschieht nur aus Gewohnheit und nicht, weil es keine „Meisterin", keine „Schülerin" oder keine „Nonne" gäbe. Ich bitte Sie, liebe Leserin, um Verzeihung!
Die weibliche Form ist stets in meinem Herzen präsent.

Danken möchte ich meiner Frau, die den Weg der Kontemplation geht. Sie half mir dabei dem Ausdruck meiner Worte mehr Klarheit zu verschaffen und meine Sichtweisen besser darzulegen. Auch zeigte sie mir einen anderen Blickwinkel und andere Erfahrungsmöglichkeiten auf, die in meine ZEN-Meditation einfließen konnten.
Außerdem ist sie meine erste Lektorin, die mir immer wieder meine Stilblüten zu korrigieren weiß.
Auch meinem 13-jährigen Sohn bin ich zu Dank verpflichtet. Er führt mich immer wieder in die

---

[2] Die Flöte des Unendlichen, Herausgeber: Willigis Jäger, Beatrice Grimm, Verlag Wege der Mystik, Holzkirchen, 6. Überarbeitete Auflage 2016

Achtsamkeit des Augenblicks zurück und macht mir stets bewusst, wie schwierig die Vermittlung der Spiritualität und das „Loslassen" ist.

Weiterer Dank gilt meinem ZEN-Kollegen und Dharma-Nachfolger von Willgis Jäger (Kyo-Un Roshi) Manfred Rosen für wertvolle Anregungen.

Möge dieses Buch Ihnen eine Bereicherung für Ihr Leben sein, Sie auf Ihrem ZEN-Weg begleiten oder Sie animieren den ZEN-Weg zu gehen und Sie eine tiefe innere Zufriedenheit erfahren lassen.

In Verbundenheit

Ihr

Carsten Koßwig

Vorbemerkung 2. Auflage

Als ich vor ziemlich genau einem Jahr dieses Buch fertig schrieb, hatte ich nicht damit gerechnet, ein Jahr später eine zweite Auflage herauszugeben.
Dies lag nicht daran, dass es nun zu einem „Bestseller" mit einer Millionen-Auflage geworden ist, sondern, dass es mehr Korrekturen brauchte, als ich vorher gedacht hatte. Meine liebe Frau Irmgard Luiprecht und mein lieber ZEN-Kollege Manfred Rosen machten mich auf Stellen im Buch aufmerksam, die missverständlich sind oder für Ungeübte des ZEN sein könnten. Diese Missverständnisse auszumerzen und zusätzlich grammatikalische Stilblüten auszuräumen war der Hintergrund der Herausgabe der zweiten Auflage.
Gleichzeitig wurden zur besseren Verständlichkeit Teile von Textpassagen umgeschrieben.
Der Kern des Buches, Teishos soweit wie möglich authentisch im Vortragsstil zu veröffentlichen, blieb allerdings unverändert.

Nach mehrmonatiger und intensiver Durcharbeitung eines jeden Satzes mit meiner Frau kann nun eine Teisho-Sammlung von mir herausgegeben werden, die ihrem strengen Blick entsprechen und für ein besseres Verständnis vor allem für nicht im ZEN bewanderte Leser dienen.

Herzlichen Dank gilt also Irmgard Luiprecht für die Hauptarbeit der grammatikalischen Korrektur und der Verbesserung meines Ausdrucks, sowie Manfred Rosen für sein ZEN-Verständnis und der besseren Kenntnis des ZEN in geschichtlichen Themen.

Nachdem wir die erste Auflage erneut durchgelesen hatten, fiel vor allem Irmgard auf, dass bei den Teishos über „Der Ochs und sein Hirte" die Hauptakteure des Kapitels, nämlich die Ochsenbilder selbst, fehlten. Nach einigen Schwierigkeiten mit copyrigths von verstorbenen oder im Ausland lebenden Künstlern oder nicht geklärter Urheberschaft im Internet zugänglicher Bilder entschloss ich mich, die Bilder neu malen zu lassen und dieses Buch als erste Plattform (Forum) für die Künstlerin zur Verfügung zu stellen. In meiner geschätzten ZEN-Kollegin Holde Wössner, einer in Stuttgart lebenden Künstlerin und Expertin des Sumi-E (jap. Tuschezeichnung), fand ich die perfekte zeichnerische Interpretin der 10 Ochsenbilder. Ihr gilt an dieser Stelle besonderer Dank für dieses einmalige Kunstwerk.

Nun wünsche ich Ihnen bei der Lektüre der zweiten Auflage die Erfahrung der Wirklichkeit.

Ihr

Carsten Koßwig
Meran, im August 2019

Vorwort zur 2. Auflage von Manfred Rosen

Einmal im Jahr zu Pfingsten ist Familien-Freizeit auf dem Benediktushof in Holzkirchen, gegründet von Willigis Jäger und Heimstatt seiner Zen-Linie „Leere Wolke". Die gewohnte Stille dort ist dann erfüllt von einer Vielzahl heller Kinderstimmen. Es gibt dann zwar immer noch gewisse Zeiten der Stille aber auch eine Menge Aktivitäten. Im Innenhof zum Beispiel werden Seifenblasen auf eine zumeist kurze Reise geschickt. Dutzende Kinder laufen ihnen lachend und rufend hinterher und versuchen, sie zu fangen, doch spätestens, wenn sie zugreifen wollen, zerplatzen die filigranen Kunstwerke. Für einen kurzen Moment spiegeln die Seifenblasen ihre Umgebung und ihre Verfolger. Aber einfangen und festhalten, das lassen sie sich nicht.

Über Zen zu sprechen oder zu schreiben ist wie das kindliche Fangen von Seifenblasen. Es will und kann einfach nicht gelingen. Da kann die Blase noch so wunderbar aussehen und in allen Farben schillern, sobald ich nach ihr greife, ist sie weg. Nur wenn ich mich der Faszination dieses Augenblicks öffne, kann ich erleben, was diese Seifenblase gerade ist.

Nur wenn ich mich der Faszination jedes Augenblicks öffne, kann ich erleben, was das Leben ist und wer ich bin. Das ist Zen. Wobei letztere Aussage schon wieder völlig falsch ist, weil „ich öffne mich" geht gar nicht.

Welches Ich, welches mich? Wer oder was soll denn da geöffnet werden?

Es geht nicht um ein aktives Tun, eher um ein Zu- und Geschehen lassen, um ein Da-Sein ohne Fortzulaufen, um ein Aufhören von etwas, um etwas zu erreichen.

Worte kreieren Vorstellungen und Vorstellungen verhindern mein unmittelbares Erleben. Im Zen geht es darum, zu erleben was ist und wie es ist und nicht den gewohnten Vorstellungen zu folgen, wie etwas zu sein hätte.

Jeder unserer Gedanken ist eine Vorstellung. Da das Denken zu unserem Menschsein gehört, können wir also gar nicht ohne. Meine Worte, die ich gerade hier niederschreibe, kreieren Vorstellungen und werden von Vorstellungen gespeist.

Auch die Sprache kann nicht ohne Vorstellungen. Wenn es im Zen doch um das unmittelbare Erleben geht, um die Einsicht in die Wirklichkeit, so wie sie ist, wie kann ich das dann erreichen ohne Worte?

Gar nicht, weil es weder etwas zu erreichen gibt noch irgendjemanden, der etwas erreichen könnte! Warum reden dann Zen-Meister oder Zen-Lehrer überhaupt, warum heben sie nicht einfach nur ihren Finger so, wie einige es getan haben oder schlagen mit ihrem Meisterstab zu wie in der Vergangenheit?

Es gibt unzählige Bücher über Zen und ich schreibe gerade das Vorwort für ein weiteres. Gut, man muss es nicht unbedingt lesen, sondern kann alles Mögliche andere mit diesem Buch machen. Der Phantasie sind da keine Grenzen gesetzt. Vielleicht gibt es noch einen freien Platz im Bücherregal oder das Regal wackelt und muss abgestützt werden. Was für eine wunderbare Bestimmung für dieses Buch!

Vielleicht lohnt es sich aber doch, den einen oder anderen Blick hineinzuwerfen und die Texte in sich lebendig werden zu lassen. Im Vertrauen darauf, dass sie mir als Lesenden doch einen oder gar zwei Hinweise geben können, nicht mehr, aber auch nicht weniger.

Schließlich wurden sie von einem veritablen Zen-Lehrer geschrieben in der Tradition von Willigis Jäger, dessen Linie mit japanischen und chinesischen Wurzeln sich bis zu Buddha Shakyamuni selbst zurückverfolgen lässt. Da kann man davon ausgehen, dass er wirklich keine Ahnung hat und das ist schon die wichtigste Voraussetzung für einen Lehrer, abgesehen davon, dass es nichts zu lehren gibt. Jedenfalls ist Carsten Koßwig lange mit mir durch die Koan-Schulung gegangen und ich bestätige ihm gerne, dass er nichts weiß.

*Die Essenz des Zen liegt im Erleben des Lebens gerade jetzt, des Lebens ohne Anfang und Ende als der **eine** Prozess in ständiger Bewegung, als des **einen** Lebens in der Vielfalt unzähliger Phänomene, die niemals voneinander getrennt, zusammenwirken. Weil es schon immer und jetzt ist, kann es nicht erreicht werden. Es ist in diesem Augenblick schon da, so wie es ist, weder gut noch schlecht, noch sonst gebunden an irgendeine Eigenschaft.*

Nur ich alleine kann es erleben. Wobei der Satz eher stimmt, wenn ich das Ich weglasse. Auch wenn ich es nicht erlebe, ändert es nichts an dem, was ich bin.

Jetzt aber nicht zu viel verraten, herauszufinden, worum es geht, musst du schon selber. Da es dich nicht gibt, kannst du es nicht verfehlen.

Und doch gibt es eine Übung, das Stille Sitzen, Za-Zen. Diese Übung drückt die Haltung aus, um die es geht, kann somit Ausdruck des Erlebens sein. Sie führt aber auch hin, zu einer Entwicklung unseres Mensch- und Daseins, zu einer Integration all dessen, was wir sind und werden.

Um mal das große und oft missverstandene Wort Liebe zu bemühen. Ich meine hier nicht die Liebe, die im Gegensatz von irgendetwas steht, das Gegenteil von Hass. Ich meine eine Liebe ohne Grenzen, die so umfassend und offen ist, dass sie alles umfasst, das Gute wie das Böse, Leben und Tod, Glück und Leid, allumfassend eben.

Aus dieser Liebe geboren, fällst Du niemals aus ihr heraus. Da sie schon immer da ist, ist dein ganzes Suchen nach ihr vergebens. Darüber Gewissheit zu erlangen, erspart Dir weitere Dummheiten.

Aber nicht nur dir, sondern der ganzen Welt und die hätte es verdient, steht sie doch kurz davor, sich zu verabschieden mitsamt derjenigen, die ihren Untergang zu verantworten haben. Weil sie zu dumm waren, die ihnen aus der allumfassenden Liebe gewährte Freiheit zu nutzen.

Beim nächsten Mal wird alles besser! Die Liebe aber bleibt. Du kannst jederzeit aus ihr heraus handeln. Zum Wohle von allen!

Ich warne also davor, dieses Buch von Carsten Koßwig zu lesen. Es könnte lebensverändernd sein. Möglicherweise hilft es Dir beim Aufwachen. Plopp!

Manfred Rosen

Zen-Meister der Linie „Leere Wolke" in der Nachfolge von Willigis Jäger

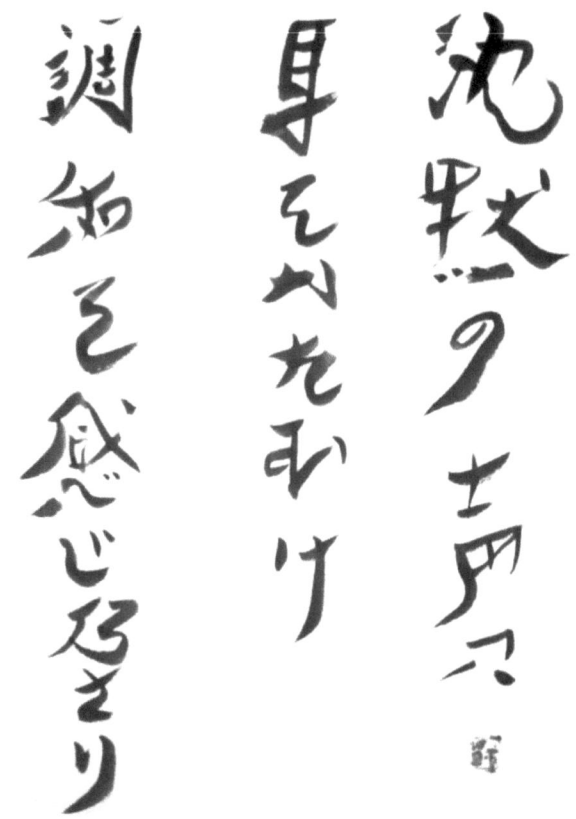

Höre die Stille,

Spüre die Leere,

Erfahre innere Zufriedenheit

Was ist ein Teisho?

Bevor ich Sie, liebe Leserinnen und lieber Leser, auf mein Buch loslasse, möchte ich Ihnen zum besseren Verständnis dieses Buches ein Teisho über ein Teisho halten.

Ein Teisho wird stets bei Veranstaltungen, die im Zusammenhang mit ZEN stehen, vorgetragen. Ursprünglich wurden Teishos nur in Sesshins vorgetragen. Dies hat sich aber in den letzten Jahrhunderten geändert. Ein Teisho kann mittlerweile zu fast allen Gelegenheiten gegeben. Ein Sesshin ist eine Zusammenkunft einer ZEN-Gruppe, bei der über mehrere Tage hinweg die Teilnehmer den ganzen Tag über meditieren.

Es soll den ZEN-Schüler, die ZEN-Schülerin den Weg, die Art und Weise der Meditation und das Wesen des ZEN näher erläutern.

Da ZEN im eigentlichen Sinne nicht vermittelbar, sondern nur selbst erfahrbar ist, dient das Teisho als Fingerzeig zu dieser Erfahrung.

Ein Teisho wird stets von einem ZEN-Lehrer oder einem ZEN-Meister (Roshi) gehalten, der bereits über eine spirituelle Erfahrung und über eine langjährige Praxis des Zazen (Sitzen in der Stille) verfügt. Über das Teisho versucht der Meister seine Erfahrung zu vermitteln und auf Fragen, die immer wieder auftauchen, einzugehen.

Einführung ZEN

Was ist Zen?

Aufnahme zum Einführungskurs Goldrain am 20.08.16 (Auszüge)

„... Ein Teisho, Teisho heißt Vortrag, auf Japanisch ... ist in einem Sesshin -- wo man 4 - 7 Tage oder 2 Wochen lang das tut, was wir hier in 2 Tagen machen, ist nicht wie ein normaler Vortrag. Ich bereite mich zwar auch vor, aber dieser Vortrag ist im Grunde genommen ein transzendenter Vortrag. Das, was im Moment dran ist, das trage ich vor. Auch wenn ich eine gewisse Grundstruktur habe, das was kommt, kommt – das ist auch wichtig - . Genauso müsst ihr es auch mit dem Zuhören. Ihr hört einfach zu, in der Achtsamkeit, in der ihr übt, und das was ihr mitbekommt, bekommt ihr mit, soweit euer Weg ist, soweit eure Befindlichkeit ist. Und was ihr nicht mitbekommt, ist nicht wichtig – im Moment zu mindestens. Das heißt also, ich höre einfach nur zu, um das Hören willens. Es ist genau dasselbe, wenn ich meine geklaubten Holzscheite aufstaple (zeigt aufstapeln). Da denke ich nicht nach, was ist das für ein schönes Holz, ich staple einfach. Ich werfe oder staple, mehr ist das nicht. Das heißt also, es ist wichtig nur zu hören. Und im Grunde genommen ist das eigentlich die Übung. Nur das tun, was dran ist.
So sind ein paar Sachen noch dran, z. B. zum handy, zum Lesen oder zur Toilette.
Die erste Sache ist das handy, es ist so ein gefährliches Ding für das Zen. Man beschäftigt sich damit, dann ist man in der Regel aus der Übung. Ich möchte euch bitten,

für die zwei Tage das handy einfach mal zur Seite zu legen. Die Familie besteht noch, die Freunde gibt es noch und wenn ihr mal 1 oder 2 Tage mal nicht antwortet, ist es in der Regel nicht schlimm. Natürlich, wenn es ganz wichtig ist, weil man zu Hause jemanden zur Betreuung hat und etwas zu organisieren ist, oder es zu einem Notfall kommen kann, dann ist es möglich, das handy anzulassen. Aber normalerweise ist in einem Sesshin das überhaupt nicht notwendig. Der Alltag geht da draußen einfach weiter und ihr dürft bei euch bleiben. Deshalb bitte ich euch, das handy nicht zu benutzen.
Die zweite Sache ist das Lesen. Wenn ich lese, dann stopfe ich mich rational mit den Buchstaben, den Worten, mit dem, was da drinnen ist, voll. Aber mein Vortrag heißt ja: „Was ist Zen?" Zen ist zwar auch lesen, aber nur um das Lesen willen. Das heißt also, wenn ihr zitiert, dann ist das völlig egal, ob ihr jetzt laut oder leise lest, ob ihr schön oder nicht schön lest, ob ihr die Worte erwischt oder nicht. Das ist nicht wichtig. Es geht nur um das Lesen.
Um das Sprechen. Aber wenn ich ein Buch oder ein Heft lese, dann fängt sofort an: „Was steht da drin?" „Was für ein Inhalt ist das denn?" „Verstehe ich das überhaupt?". Dann bin ich wieder in dem, was ich als störend empfinde. Ich bin nämlich in der Dualität. Ich denke rational nach, und bin dann einfach nicht bei mir. Auch deswegen solltet ihr kein Buch lesen.

Ihr könnt alle möglichen Fragen später stellen. Die Fragen, die euch während des Sesshin beschäftigen, während des Sitzens, die könnt ihr dann im Dokusanraum stellen. Aber Bücher lege ich einfach beiseite, lese sie anschließend und dann kann ich über sie rational nachdenken.

Einführung ZEN

Im Grunde schon ist das schon die Antwort auf die Frage: „Was ist Zen?"

Zen ist nichts anderes als „DA zu sein". Nur Da sein, zu realisieren, was ist. Und das stehen lassen.

Zen kommt aus dem Sanskrit, heißt Dhyana, und heißt Versenkung. Im Grunde ist das, was wir auf dem Kissen üben – das nennt man Zazen – meditieren. Es ist eigentlich die vollkommene Präsenz dessen, das was das Sein oder das was ich verbinde mit dem Sein, zu erfahren. Wir müssen versuchen - Müssen und Versuchen sind wieder zwei Duale, rationale Worte, die eigentlich falsch sind. Wir realisieren das und versuchen in jedem Augenblick wach zu sein und erkennen, was wirklich ist. Nicht das, was wir uns über den Geist, über die Ratio vorgestellt haben, „Wie könnte ungefähr das Leben sein?", sondern wirklich realisieren, was ist. Manche Meister, die gefragt werden: „Wer bin ich?", „Was ist Zen?" „Warum bin ich hier?", haben dann nicht unbedingt mit Worten geantwortet, sondern mit einer Geste (M klatscht in die Hände), das Klatschen in die Hände, einen Finger heben (hebt einen Finger in die Höhe) oder kurzes Wort wie: „Kaatz", „Mu". Und wenn derjenige, der meditiert, von seinem ganzen Wesen her bereit ist, dann ist über solche Worte oder Gesten oder sonst irgendwelche Erfahrungen, die ein Meister in demjenigen Augenblick, wo er die Frage bekommt, dann kann der Meditierende plötzlich das erfahren, was ist. Er beantwortet dann die Fragen „Wer bin ich?" „Was ist der Sinn?".

Und das zu verstehen ist schwierig. Weil wir es nicht über den Verstand machen können. Das Verstehen ist eigentlich ein ganzheitliches Verstehen. Es ist das, was mein ganzes Wesen ausmacht. Ich erfahre dann meine

sogenannte Wesensnatur. Ich erfahre die Gemeinschaft von allem.
Leere wird zur Form – was wir vorhin im Herz-Sutra zitiert haben – Form ist gleichzeitig Leere. Wir erfahren, dass die Dualität – Dualität ist immer, wenn ich etwas definiere: Ist es „Gut", dann definiere ich sofort: Es ist böse. Ist es hoch, dann definiere ich sofort: Es ist niedrig – Das ist etwas vom Verstand her gesetzt, ... Die Zeit existiert nur, wenn ich einen Zeitpunkt mit einem anderen Zeitpunkt verbinde und dann das von außen her betrachte. Eigentlich gibt keine Zeit, es gibt nur den Zeitpunkt, den sogenannten Augenblick. Und der ist im nächsten Moment wieder weg. Dann kommt wieder der nächste. Nacheinander reihe ich die Zeitpunkte aneinander und nur wenn ich eine Nachbetrachtung mache, eine rationale duale Nachbetrachtung mache, sehe ich die Zeit. Im Grunde ist sie eigentlich nicht. Und wenn der Meditierende bereit ist – das ist keine rationale Bereitschaft, sondern eine ganzheitliche Bereitschaft – es weiß niemand, wann sie da ist, dann kann man erfahren, was wirklich ist. Das ist dann die sogenannte Erleuchtung oder Satori. Und damit hat man alle Fragen beantwortet.
Es ist neben den Worten, es ist eine Erfahrung. Es ist genauso eine Erfahrung, wie wenn ich z. B. einen Wein trinke oder einen Kaffee trinke.
Wenn mir jemand erklärt, was ist ein Kaffee oder was ist ein Wein – „Ja, er schmeckt vollmundig, ist fruchtig, ...", man beschreibt den Wein, „fruchtig, frisch, hat einen Geschmack, so und so..." sind das Worte, schön. Aber die Erfahrung des Weines wirklich, ist nur dann, wenn ich ihn trinke. Und dann ist das meine eigene Erfahrung. Das ist dann nicht unbedingt das, was der Sommelier gesagt hat.

Für mich ist es eben nicht so, wie er es gesagt hat. Das heißt also, Zen ist letzten Endes immer eine persönliche, eine allumfassende Erfahrung.

Und wenn ich die Erfahrung habe, dann mache ich weiter im nächsten Augenblick mit meiner Übung.

Zen ist überkonfessionell, wir haben kein Dogma. Wir haben keine Worte. Jeder Meister ist frei.

Willigis ist zu mir gekommen und hat gesagt: „Ich mache dich zum Lehrer, ich bestätige dich, hier hast du den Zettel." „Geh' nach Südtirol und mache dein eigenes Ding." Ich war etwas verwirrt. Da der große Meister, ich als kleines Würstchen, meditiere jetzt so lange, was soll ich dann tun? „Mach' deine Sache!"

Genau das ist es! Jeder hat seinen eigenen Zugang. Jeder hat seinen Weg. Wann die Erfahrung kommt, das: „...weiß nicht einmal der Himmel..." wie es so schön heißt, das ist irgendwann da. Und es ist eine ganz persönliche Erfahrung.

Deswegen kann man eigentlich die Frage: „Was ist Zen?" nicht beantworten in Worten, sondern ihr, wie auch ich, muss sie einfach erfahren. Später ist es so, dass es immer im Augenblick ist.

Und das ist auch die Übung, dass ich versuche in Augenblick zu kommen und das tue, was im Moment dran ist. ...

Auf dem Weg zur Erleuchtung, auch danach, gibt es einige Fallen, in die man auch wenn man Satori erfahren hat, hineintappen kann. Es gibt einige Phänomen, die in vielen esoterischen Bereichen als Erleuchtung bezeichnet werden. Oftmals ist es so, dass dies eigentlich nicht das ist, was wir unter Satori erkennen würden.

Ich will das nicht negativ sehen. Diese Erfahrung ist gut für einen persönlich, für den Menschen. Auch darüber hinaus sind energetischer Erfahrungen, z. B., wenn man spürt wie Energie ist. Wenn wir z. B. sitzen, auch diese zwei Tage nur, entwickelt sich Energie, sog. Joriki, das ist ganz feinstoffliche Energie, die drüber hinausgeht und die einem hilft, auf dem Weg zu bleiben. Deswegen ist es auch wichtig, wichtig in Anführungsstrichen – ihr könnt selbst entscheiden, ob ihr es machen wollt oder nicht – [gemeinsam zu meditieren], aber ein gemeinsames Meditieren ist etwas anderes, als alleine. Meditieren ist wichtig, wenn ihr den Weg gehen wollt, auch alleine. Aber ab und zu mal – deswegen existieren Sesshin – trifft man sich mit seinen Kollegen und Kolleginnen zu einem ... Sesshin, um dieses gemeinsame Sitzen zu erfahren. Dieses Joriki, diese Energie, die man auch im Qi Gong, Tai-Chi oder Aikido erfahren kann, wenn man Zugang hat dafür, dann hilft das einem auf dem Weg. Es ist nicht die Erfahrung, aber sie hilft mir auf dem Weg zur Erfahrung.

Einige Vorteile möchte ich jetzt euch mitteilen. Ich habe sogar vor kurzem erfahren, dass sich Gehirn verändert, während des Meditierens. Wer jahrelang meditiert, bekommt einen höheren Anteil an grauer Masse – da muss ich genau schauen – für das Denken, für das rationale Handeln und für das schließende Handeln, also dem Nachdenken und daraus Schlüsse ziehen.

Die Amygdala, was das genau ist, weiß ich nicht, nimmt ab und ich habe tatsächlich physiologisch einen geringen Stress – wie heißt das jetzt – die Stresssignale werden aktiviert und ich habe weniger Stress oder anders gesagt ich komme besser mit Stress zurecht. Ich glaube, ich muss noch 50 Jahre weiter meditieren, bei mir ist es noch nicht

so ganz vorangeschritten, im Alltag ... ist es heutzutage sehr stressig, aber offensichtlich durch das meditative Sitzen schaffen wir es immer mehr und mehr, den Stress besser [zu] integrieren und uns nicht selbst davon wegtragen zu lassen. Weitere Vorteile, in Anführungsstrichen, wir können uns besser konzentrieren. Was ich gerade eben gesagt habe mit dem Stress, gelassener können wir sein.
Und es gibt auch Wirkungen, die – wie gesagt – in der Esoterik sehr stark vorangetrieben werden, die Nebenerscheinungen sind. Es gibt ja manche Leute, die sehr gut in Musik sind. Man weiß nicht warum. Es gibt manche, die sehr gut im Rechnen sind. Die sehr gut putzen können, die sehr gut einen Raum gestalten können. Also Talente, die nicht jeder hat. Und neben diesen Talenten haben wir noch andere Talente, die oftmals uns nicht bewusst sind:
Z.B. Levitation, also seinen Körper plötzlich erheben, oder Präkognition, Zukunft voraussehen, oder zumindest erkennen, was ... demnächst passiert wird. Und noch andere Sachen, wie z. B. „Aura sehen". Das sind alles Talente, die manche Leute mehr oder weniger als Talent haben, die wir aber bis jetzt eigentlich nicht so richtig wahrgenommen haben. Diese Wirkungen können auf dem Weg kommen. Wenn solche Erfahrungen euch widerfahren, wenn ihr solche Erfahrungen habt, dann ist es wichtig, darüber zu sprechen, weil es einen Unterschied zwischen diesen Erfahrungen und einer spirituellen Erfahrung, einer Satori – Erfahrung gibt. Und damit das ganz klar ist – das ist meine eigentliche Aufgabe, als Meister oder Lehrer – das auseinander zu halten. Weil eine esoterische Erfahrung, die wir normal als esoterisch

bezeichnen, ist nicht direkt diese Erleuchtungserfahrung. Die Erleuchtungserfahrung geht noch tiefer. Sie ist ganzheitlicher. Und eine ganz persönliche tiefe Erfahrung, die z. T. sogar das ganze Leben dividiert und man plötzlich weiß, was zu tun ist.
Ja, wie übe ich dann eigentlich die Achtsamkeit? Wie übe ich, um diese Erfahrung zu bekommen?
Ein Meister wurde einmal gefragt: „Was ist Zen? Was mache ich denn da eigentlich? ‚Was ist das Ziel? Was ist die Übung?" Der Meister, natürlich ein pfiffiger Meister, schrieb einfach chinesisch auf das Blatt Papier: Achtsamkeit. Der Schüler, der Fragende hat dann einfach gar nicht verstanden, wie ich gebe dir einfach eine Frage und du schreibst einfach: Achtsamkeit auf. Was ist das wirklich? Er hat geantwortet und hat „Achtsamkeit" aufgeschrieben. Der Schüler wurde wild: „Mah, was soll das? Ich habe es nicht verstanden, sage es mir bitte!" Der pfiffige Meister schrieb wieder: Achtsamkeit!
Darum geht es: Achtsamkeit. Wenn ich es schaffe, in jedem Augenblick wach zu sein, in jedem Augenblick, das zu realisieren, was ist, dann bin ich achtsam und dann ist die Möglichkeit gegeben zu erfahren, was Zen ist. Es ist nur eine Erfahrung. Es ist keine Erkenntnis im rationalen Sinne.
Wie sollen wir das jetzt machen? Ganz einfach: Die Übung, die ich euch gegeben habe, wenn es euch gut geht: Atem zählen. Die Achtsamkeit im Hinterkopf. Ausatmen, einatmen, ausatmen, einatmen usw. Mehr ist das nicht. Und wenn ihr bei 12 oder bei 15 angekommen seid, nicht ärgern, Mist jetzt habe ich schon wieder darüber hinaus gezählt, sondern einfach, aha, jetzt bin ich wieder

achtsam, gehe in meine Übung zähle wieder von vorn: Eins usw.
Und mehr ist es nicht.
Wenn ihr es schafft auch bei der Arbeit, zu atmen und das zu realisieren, zu Rechen, zu stapeln und das immer mit der Atmung, dann werdet ihr irgendwann, das „eine Sein erkennen", wie Daio Kokoshi es uns sagt. „Sie ist lautlos, nicht wahrnehmbar für Ohren", sie ist drüber hinaus.
Wie, das nennt man auch das Dharma oder unsere Wesensnatu

Gassho!

Was ist Zen? (2)

Zen kann man eigentlich mit rationalen Worten und Erklärungen nicht vermitteln (erklären). Das Wort bedeutet im weiteren Sinne „Sammlung des Geistes". Es entzieht sich aller Vorstellungen und ist nur nachvollziehbar, wenn man die Wesensschau erfahren hat.

Es ist ein spiritueller Lebensweg, der keiner Religion entspricht. Zen wird „...außerhalb der orthodoxen Lehre"[3] vermittelt, die aus der Erfahrung der Wesensnatur gegründet wird.

---

[3] Willigis Jäger, Das Geheimnis jenseits aller Wege, Vier-Türme-Verlag, Münsterschwarzach, 2013

Es hat „das Ziel" die Non – Dualität (=Wirklichkeit) in jedem Augenblick zu erfahren. Die Erfahrung lehrt nämlich einem, dass Gegenpole wie z. B. Gut und Böse oder Oben und Unten erst dann existieren, wenn einer der beiden Begriffe definiert wird. In der tiefen Erfahrung der Wesensschau – auch „Erleuchtung" genannt – erkennt der Übende, dass diese Dualität nicht existiert und stattdessen die Gegenpole eine Einheit bilden.

Daraus entspringt die Erkenntnis, dass alle Menschen gleich sind. Der Übende erkennt seine Gemeinsamkeit mit dem Anderen und handelt deshalb so, dass der Andere nicht zu Schaden kommt.

Die Übung des ZEN ist das Zazen, die gegenstandslose Meditation im Sitzen.

Dem historischen Shakyamuni Buddha (Siddartha Gautama) wird nachgesagt, dass er in seiner Erfahrung erkannt hat, dass alle Menschen vom Wesen her gleich sind und dass es keine Unterscheidung zwischen den Menschen gibt, die die Wesensschau erfahren haben und denen, die es nicht haben. Jeder Mensch/ jedes Wesen ist vollkommen, nur dass sich die meisten Menschen dessen nicht bewusst sind. Erst durch die Wesensschau (Erleuchtung) wird dem Menschen dieses klar.

Daraus entsteht die Erkenntnis, dass auch der Mensch im Einen existiert. Er ist nicht außerhalb von allem, sozusagen die „Krone der Schöpfung", sondern innerhalb und mit allem verbunden. Er erkennt, dass kein Du und kein Ich existiert, sondern nur „Sein".

Einführung ZEN

In einem Zen – Text von Daio Kokushi liest man „Über Zen": „Es gibt eine Wirklichkeit, die vor Himmel und Erde steht. Sie hat keine Form, geschweige denn einen Namen. Augen können sie nicht sehen. Lautlos ist sie, nicht wahrnehmbar für Ohren..." Diese Wirklichkeit hat keine Zeit, man erkennt das „Jetzt", das eben die Zeitlosigkeit darstellt.

Damit existiert auch nicht der Tod. Der Tod ist nur ein Wechsel von einem Zustand in einen anderen Zustand. Während des Lebens hat diese Wirklichkeit nicht aufgehört zu existieren, sie ist stets vorhanden. Sie wieder zu entdecken ist die Übung des Zazen. Denn die menschliche Ratio und auch die menschliche Psyche verdecken sie und damit erkennt der Mensch nicht das, was „wirklich" ist.

Gassho!

Drei Pfeiler des ZEN

Im Soto sind die Drei Pfeiler des ZEN zwar auch vorhanden, werden aber eigentlich nicht groß behandelt und beachtet. Man sitzt „einfach" in Shikantaza und lässt alles geschehen. Zwar gibt es im Soto auch das Satori(Erleuchtung), dieses wird aber nicht beachtet und dient nicht als „Ziel" auf dem Weg.

Im Rinzai übt man mit Koans und um diese lösen zu können, bedarf es einer bestimmten Erkenntnis, die man gemeinhin Kensho nennt. Dies ist eine „kleine Erleuchtung", die einen ersten Geschmack auf die Einheit von Leere und Form hinweist. Sie ist quasi die Tür zur Leere, bei der die Form, z. B. der Leib vorhanden ist. Im Zusammenhang mit den 10 Ochsenbildern vertritt Kensho das dritte Bild, in dem der Schwanz des Ochsen erblickt wird. Danach wird intensiv weiter geübt, um das Erwachen weiter zu vertiefen. Diese Übung ist dann die „Koan-Schulung", die zumeist viele Jahre in Anspruch nimmt. Bei Menschen, die mitten im Alltag leben – also keine Mönche sind -, kann diese auch ihr ganzes Leben lang dauern. Aber der ZEN – Weg ist eh' ein lebenslanger…

Also beginnt der ZEN – Weg in der Schule des Rinzai, der unser Zendo angehört, mit einem Ziel, das paradoxer Weise eigentlich gar keins ist: Die Erfahrung des „Kensho". Um dieses zu erreichen, muss man alles, aber wirklich alles loslassen und hinter sich bringen. Das ist am Anfang gar nicht so leicht. Denn auch das „Kensho" als Ziel selbst gilt es aufzugeben. Erst im Annehmen des Nicht – Wissens, des Nicht – Wollens kann sich das „Kensho" ereignen.
Vor allem für Anfänger sind die 3 Pfeiler des ZEN hier eine wichtige Stütze auf ihrem Weg.

Die drei Pfeiler des ZEN sind:
Rechter Glauben
Rechter Zweifel
Rechte Entschlossenheit

Um sich auf den Weg machen zu können und sich wirklich der Frage des Lebens stellen zu wollen, ist rechter Glauben notwendig. Man glaubt daran, dass es „eine Wirklichkeit gibt, die vor Himmel und Erde steht", wie es im vorher zitierten Text von Daio Kokushi heißt. Man muss ja daran glauben, sonst wäre ein ZEN – Weg zunächst sinnlos. Dann könnte man ja mit seinem jetzigen Leben weiter so verfahren. Aber irgendwie haben wir doch die große Sehnsucht, die sich oft im Suchen nach Geborgenheit, Ruhm und Anerkennung oder Geld ausdrückt. Vielleicht hat man ja schon gemerkt, dass diese o.g. Ziele nicht oder nicht mehr lohnenswert sind. Und erst im Kensho findet – zum Teil zunächst – diese Suche ein Ende. Denn im Kensho erfährt man, dass wir schon immer eins sind mit allem, dass wir schon immer Buddha-Wesen sind und dass wir immer schon von Anfang an alles haben, was wir zum glücklichen Leben brauchen.
Wenn man sich anfangs auf den Weg macht, dann erscheinen einige Dinge, die wir akzeptieren müssen, um unser „Ziel" erreichen zu können. Dies sind z.B. Schmerzen, die beim Sitzen auftauchen. Oftmals sind diese Anlass genug, wieder mit der Übung aufzuhören. „Wir haben ja gehört, dass ZEN einen innerlich zufrieden macht und ich glücklich leben kann. Und nun diese Schmerzen, die gehören nicht dazu", hört man dann oft

und die meisten lassen dann die Übung. Der Glauben – vor allem der tiefe Glauben an das „Kensho" – hilft uns über diese ersten Phänomene hinweg und lässt uns mit der Übung weitermachen.

Auch tauchen nach einiger Zeit intensiver Übungen „Makyos" auf, die oft missverstanden werden. „Makyos" sind Phänomene, die zu unserem physisch-psychologischen Leben dazu gehören und ebenso Talente sind, wie z. B. musizieren oder Sport treiben. Wenn wir in der Obhut eines kundigen Lehrers sind, dann kann dieser diese herausfiltern und uns auf dem rechten Weg halten. Leider vermitteln erste Erfahrungen uns ein schönes Gefühl, das wir fälschlicherweise als Kensho interpretieren. Wenn uns dann der Lehrer mitteilt, dass dies noch nicht das „Ziel" ist, dann ist häufig die Enttäuschung groß. So hilft uns hier wieder der tiefe Glaube über die Enttäuschung hinweg, dass es noch mehr gibt als diese schönen Erlebnisse. Wir üben dann unentwegt weiter.

Der rechten Zweifel stellt sich meist nach einigen Jahren intensiver Übung ein. Wir haben die Makyos umschifft und sind zufrieden mit der Übung. Aber, es will nichts geschehen. Das Kensho will nicht kommen. „Nun übe ich schon seit 5 Jahren..." hört man dann oft „... und es passiert nichts. Was mache ich falsch?" ist dann meist die Ergänzung. Man kommt in Zweifel, ob es dieses Kensho überhaupt gibt. Man sieht darüber hinaus keine „Entwicklung", die sich – rational gesehen – eigentlich einstellen sollte. Wir tun ja etwas dafür, also muss eine

Entwicklung stattfinden. Aber dies ist ein Irrtum. Denn das Öffnen des Auges – das Kensho – kommt immer dann unvermittelt, wenn wir wirklich aufgeben, etwas zu wollen. Wenn wir akzeptieren, das etwas so ist, wie es ist. Es gibt deshalb im engeren Sinne keine Entwicklung. Wir sind immer schon im Kensho, nur wir sind uns dessen nicht bewusst. Damit kann also keine Entwicklung stattfinden. Denn wo etwas schon da ist, dorthin kann sich nichts entwickeln.

Und dennoch ist der Zweifel warum kann ich noch nicht in das Bewusstwerden des Seins eintreten.

Dieser Zweifel ist für den Weg hin zur Wesensschau wichtig. Auch viele Meister „produzieren"– oft unbewusst – diesen Zweifel. Denn dieser führt uns in die Intensität der Übung, die möglicherweise für das „Durchbrechen" zum Kensho notwendig ist. Es ist dann wie ein Stimmen einer guten Gitarre. Wir sind wie die Saiten auf der Gitarre, deren Klang von unserer „Spannung" abhängig ist. Wenn diese zu schwach ist, dann kann der richtige Ton nicht entstehen und wenn sie zu stark ist, reißt die Saite.

So baut also der rechte Zweifel die notwendige Spannung auf, die für den richtigen Ton der Gitarre sorgt und „Es" sich mir als Übenden offenbaren kann.

Unerwartet kommt dann das Kensho. Wie gesagt oft unter dieser Anspannung, die die Japaner Joriki nennen.

Dazu braucht es nur noch einen „Tropfen", um das Fass zum Überlaufen zu bringen. Solch ein Tropfen kann z. B. ein Wort, eine Berührung, ein Schauen oder etwas ganz anderes sein.

Viele Menschen, die wahrhaft suchen, die die wirkliche Sehnsucht nach der „Einheit" des Seins haben und sich unerbittlich dieser Frage stellen, kommen meist nach jahrelanger Übung zum 3. Pfeiler: „rechte Entschlossenheit".
Sie sind sich sicher, sie glauben es, dass das Kensho existiert. Sie haben alle Zweifel angenommen und sind dennoch nicht durchgebrochen und spüren aber die Sehnsucht, die sie weitertreibt. Dann entsteht von sich aus rechte Entschlossenheit, die die letzten Hindernisse auf den Weg hin zum Kensho wegräumt.
Bei dieser Entschlossenheit wird meist vom Adepten alles in Kauf genommen und mit der Übung ohne Unterlass fortgefahren. Sogar vor dem Tod haben viele Übende keine Angst mehr und lassen sich vollkommen auf die Übung ein. Sie sind wild entschlossen, sich hinzugeben. Auch nach vielen Sesshin sind sie nicht mehr enttäuscht, Kensho noch nicht erfahren zu haben, sie machen einfach weiter.
Diese wilde Entschlossenheit ist dann der Tropfen, der wirklich das Fass zum Überlaufen bringt.

Aber Achtung. Was ich hier erzählt habe, sind nur bestimmte Voraussetzungen, die notwendig sein könnten. Sie geben weder Garantie, noch irgendwelche Anhaltspunkte zum „richtigen Meditieren". Deshalb ist es wichtig, sich immer wieder auf seine Übung des Atems, des Koans Mu oder sonstiger Übungsmethoden zu besinnen und unbeirrt diese Übung zu zelebrieren. Denn es ist wichtig, nicht in die Falle der „Richtigen Übens", also

der Unterscheidung zwischen Richtig und Falsch, zu tappen. Es ist vielmehr wichtig sein ganzes Leben auf die Übung einzustellen und sie unentwegt auszuführen. Auch nach einem Kensho ist der „Lebens-Weg" nicht zu Ende. Denn die Erkenntnis bringt uns immer wieder zu Bewusstsein, dass jeder Augenblick völlig neu ist, dass die Übung nie endet.
Und so gesehen sind die Fragen: „Gibt es ein Kensho?, kann ich es je erreichen?" eigentlich unwichtig. Denn zu erreichen gibt es nichts. Wir haben nur dies zu erkennen und uns bewusst zu werden, dass sich das Sein stets in jedem Augenblick vollzieht und in jedem neuen Augenblick neu erkannt werden muss.

Also gehen wir in unsere Übung. Ohne Unterlass mit rechtem Glauben, voller Zweifel und wilder Entschlossenheit.
Gassho!

Realität im ZEN

Was ist die Wirklichkeit?

Ist das wirklich, was wir sehen, anfassen und riechen können?
Aus dem Schulunterricht wissen wir, dass das Auge sehr häufig genarrt werden kann. Also, warum sollen wir dem glauben? Wir wissen auch aus der Schule, dass Physik mit

seinen Gesetzen vieles erklären kann, es mit seinem logisch wissenschaftlichen Ansatz in Formeln und Modellen erklären kann.
Aber ist es wirklich so, wie wir es meinen? Hat die Physik wirklich Recht?

Ist also der Baum genauso, wie ich ihn sehe, rieche, spüre?

Ist der Baum doch nur eine Vision? Entstanden aus unserem Geist, der sich in Verbindung, in Kontakt mit dem All, mit dem Universum befindet?

Ja, wir machen uns oftmals ein Bild von einem Baum. Jeder sieht ihn anders. Man sieht es daran, dass bei der Aufgabe einen Baum zu zeichnen, jeder einen anderen Baum zeichnet. Obwohl sein Vorbild gerade vor dem Haus steht. Also haben wir doch nur ein Bild vom Baum.
Ist er denn überhaupt existent?

Wenn wir den Baum so sein lassen, wie er ist. Wenn wir unsere Vorstellung, die sich ja im Zeichnen eines Bildes ergibt, bei Seite lassen, dann kann der Baum so sein, wie er ist.
Wenn wir uns umdrehen und den Baum nicht mehr sehen, dann ist er ja noch da. Physikalisch gesehen jedenfalls.
Also kann der Baum nicht nur eine Vision von uns sein. Er und alles andere, was wir Materie nennen, sind offensichtlich doch da.

Aber, wie ist er wirklich?

Einführung ZEN

Wir müssen uns immer klar machen, zumindest aus der ZEN-Sicht, dass Form und Leere eins sind. Leere existiert nicht ohne Form und umgekehrt. Erst durch das Einsteigen in das, was Baum ist, also wenn ich Baum bin, ergibt sich diese Einheit, die der Wesenskern des Seins ist. Baum können wir malen, wir entscheiden dann selbst, wie und was der Baum ist. Es ist aber nur ein Bild dessen, was er wirklich ist. Er ist dann die Form, die zur Leere gehört. Und erst durch die Einheit, wenn ich selbst Baum bin und Baum „Ich" ist, dann wissen wir, wie und ob der Baum existiert.

Wenn also einige Wissenschaftler davon sprechen, der Baum, den ich sehe, existiert nur in unserer Vorstellung, in unserem Geist, dann sagt er uns nur die halbe Wahrheit. Eine Vorstellung von einem Baum hindert uns dann daran, den Baum so zu sehen, wie er wirklich ist. Und der Baum existiert spätestens dann, wenn dem Wissenschaftler der Baum auf den Kopf fällt. Obwohl dies vielleicht nur eine Ansammlung von Energie ist. Es ist wie gesagt, nur die halbe Wahrheit.

Erst wenn wir die Einheit erfahren, Baum und ich, dann haben wir wirklich „verstanden", ob ein Baum Wirklichkeit ist oder nicht.

Wo ist der Baum?

Gassho!

Allgemeine Texte zum Verständnis des ZEN

Es geschieht etwas mit uns!

Wenn ich jetzt den Titel dieses Teishos anschaue, dann meint man, dass es doch so etwas wie einen Gott geben würde, der mit mir etwas tut.
Dem ist aber nicht so. Wir dürfen nicht aus den Augen verlieren, nicht während der Übung vergessen, dass der Augenblick immer das ist, worum es geht. Zu realisieren, was in diesem Augenblick gerade ist. Die Vergangenheit ist eine für mich als Bild gestellte Erinnerung und die Zukunft ist noch nicht das Bild, das ich mir rational davon mache. Nur hier in diesem Augenblick ist das, was wir Leben nennen.
Jetzt ist das Zuhören, das Erleben des Teishos in seinen einzelnen Worten, in seinen einzelnen Buchstaben des Augenblicks dran. Mehr nicht.

Ich erzähle euch also eigentlich nichts Neues.

Aber warum geschieht dann etwas mit uns?

Wir sitzen und sind oftmals am Warten. Worauf? Meist sitzen wir am Anfang unseres spirituellen Weges, um irgendwelche Ziele zu erreichen. Das kann ein Mehr an Stressbewältigung sein, ein Mehr an

Durchhaltevermögen, ein Mehr an Durchschlagskraft, ein Lösen von psychischen Problemen oder der Klassiker: Eine Erleuchtung.

Die Erleuchtung ist wichtig, um einmal zu erfahren, was der Augenblick wirklich ist. Aber dies ist nur ein Augenblick, vielleicht eine Stunde, ein Tag oder mehrere. Aber eben nur eine bestimmte und meist einmalige Zeit in unserem Leben.

Das Leben ist aber vorher und nachher stets vorhanden. Es will gelebt werden, so wie wir sind.

Und darauf zielt eigentlich unsere Übung. Die Realisation des Augenblicks wirklich erleben zu können. Augenblick für Augenblick.

Und wenn ich nun noch mit einer Erwartung auf irgendetwas sitze und so ziemlich frustriert bin, dass nichts geschieht, dann kann ich mir immer noch zurufen: Etwas geschieht mit mir.

Oftmals merke ich dies nicht. Auch im Nachhinein wird dies mir oder meiner Umgebung nicht bewusst. Und trotzdem: Es verändert mich.

Mein Leben, meine Handlungen, meine innere und äußere Ordnung werden klarer, deutlicher und kompromissbereiter, ohne dass ich meine Ideale oder ich mich selbst verliere.

Manche Menschen meditieren ihr ganzes Leben lang und erkennen ihre Wesensnatur nicht. Und trotzdem verändern sie sich, was sich dann im Alltag auswirkt.

Also geht es nicht so sehr um die Erleuchtung, um den phantastischen Augenblick – er ist wirklich ein besonderer Augenblick, aber dennoch nur ein Augenblick – sondern es geht um ein Begreifen der Unendlichkeit des Augenblicks, um ein Erkennen dessen, was wirklich ist in einem einzigen Augenblick. Und dies Augenblick für Augenblick.
Und so geschieht etwas mit uns, ohne dass wir es merken. Wir müssen es nicht. Es macht uns zu einem intensiveren, selbstbewussteren und reicheren Leben, ohne dass wir etwas dafür tun müssen.

Eben nur da sein, in jedem Augenblick.

Gassho!

10 Minuten

Warum gehen so viele Menschen einmal meditieren und werden anschließend nicht mehr gesehen?
Viele Personen suchen nach etwas, was sie nicht genau definieren können. Sie haben eine Sehnsucht, die sie umhertreibt und ohne Ziel ist.
Wenn sie dann etwas Interessantes gefunden haben, dann fangen sie an, erkundigen sich und gehen zum Meister. Dieser sagt ihnen meist, dass sie langsam beginnen sollen und mit 10 min. Sitzmeditation (Zazen) anfangen sollen.

Oft bleiben sie trotz Warnung nicht bei den 10 min., sondern sitzen dann die weiteren 3 x 25 min.
Warum?
Weil sie wohl neugierig und fasziniert von der ZEN-Meditation sind.
Aber sie bekommen Schmerzen, in den Beinen, im Rücken und werden dann nie wieder gesehen.
Sie haben ein Problem: Sie sehen das Ganze wie einen Wettbewerb. Ich möchte mich nicht bloßstellen, ich möchte schon so groß und stark sein.
Und genau das reißt sie aus ihrer Mitte. Sie wollen etwas tun, um etwas zu erreichen. Sie können nicht akzeptieren, dass es nicht so schnell geht. Sie können nicht annehmen, dass sie Schmerzen haben. Schmerzen sind normal, aber das erwarten sie nicht.
Verständlich ist dies. Sie lernen von Anfang an, um Sachen, um Herrschaft, um Rangordnungen zu kämpfen. Sie lernen, dass nur etwas erreicht werden kann, wenn man sich einsetzt. Dass so etwas auch wehtun kann, lernen sie zwar auch – sie halten die Schmerzen aus – aber sie erwarten dies nicht im ZEN. Sie bleiben in ihren Vorstellungen, ihren Bildern gefangen und sehen dabei nicht das, was wirklich ist.
Dass das aber genau ihr Problem oder ihre Lösung ist, erkennen sie meist erst nach einiger Zeit.
Meistens kommen Leute, die einmal gesessen haben, auch wieder zurück. Aber dies geschieht meist erst Jahre später.

Der Wettbewerb, wo es Sieger und Verlierer gibt, ist dual. Und deshalb erkennen sie nicht, was die Worte aus dem Herzsutra bedeuten: „Leere ist wirklich Form, Form wirklich Leere."

Schade ist, dass viele Personen sich nicht dem Meister anvertrauen und die Sache einfach ganz langsam angehen lassen. Schritt für Schritt 10 min lang täglich.

Warum sich nicht dem einfachen direkten Leben des ZEN nähern, ohne ihn als Wettbewerb zu sehen und damit in schnellerer Zeit die Erkenntnis erreichen, die sie in Wirklichkeit suchen.

Sie wissen noch nicht um den Wert der langsamen, aber stetigen Entwicklung.

Also warten wir ZEN-Übende geduldig auf sie. Sie werden zurückkommen.

Gassho!

Blume im Zen

Leere und Form gehören zusammen. Es gibt kein entweder oder. Vor allem dann, wenn man beschreiben will, was es, was Leere und Form, wirklich ist, dann geht man fehl. Wenn ich es beschreibe, dann ist es wieder ein Ding, was beschrieben wird.
Nein.
Es ist einfach so, wie es ist.

Genauso ist es mit der Blume. Sie blüht einfach, ohne sich die Frage zu stellen, ob eine Biene kommt oder nicht. Ohne sich zu kümmern, ob sie gesehen wird oder nicht. Sie strahlt ihre Schönheit aus, die einfach da ist. Die Schönheit ist nicht zu erklären. Sie zeigt sich einfach.
Das zu erfahren ist der Grund, warum wir hier sitzen. Im Moment der Erleuchtung erkennen wir, dass Leere und Form zusammengehören. Wir erkennen, dass wir Blume sind. Und die Blume erkennt, dass sie wir sind. Es gibt nichts mehr, worüber man reden kann, reden soll. Es ist einfach da. Auch die Schönheit, ihr Duft, ist einfach nur da. Es ist mein Duft, es ist meine Schönheit oder auch meine Hässlichkeit. Sie ist einfach nur da.
Im Moment der Erfahrung ist alles aufgelöst. Es gibt nur noch das Eine. Da gibt es nichts mehr, wohin ich will. Da ist nur noch „da sein". Und so ist die Erfahrung der Blume das eigentliche, worum es geht.
Auch das, was Schönheit, was Duft, was Erfahrung ausmacht, was es wirklich ist, ist nie beschreibbar.
Denn wir sind eins mit allem. Wir können nicht außerhalb von irgendetwas sein. Wir sind Teil eines Ganzen und sind gleichzeitig das Ganze selbst.
Wir „fühlen" uns nur getrennt von der Blume. In Wirklichkeit aber sind wir sind Blume. Und deshalb:
„Leere und Form sind eins". Nicht mehr! Und nicht weniger!

Gassho!

Dabeibleiben

Seit über 2500 Jahren besteht nun das ZEN, in der direkten Linie und Tradition nach dem historischen Buddha, Siddhartha Gautama. Die Tradition des ZEN hat sich zwar entwickelt, es wurden einige Techniken verfeinert und es hat sich ein bestimmtes System zur Erkenntnis der Wesensnatur etabliert, der Wesenskern ist aber gleichgeblieben: Das Zazen und die Versenkung in jedem Augenblick.

Warum sind in dieser Zeit stets nur 1 % der Bevölkerung oder noch weniger beim ZEN geblieben? Warum kommen heute einige Personen ins Zendo und gehen dann nach einigen Wochen oder Monaten des Sitzens wieder?

Liegt es am Meister, liegt es an der Ausstattung des Zendo, liegt es an der Atmosphäre oder liegt es an den Umständen des Zendo, des Zazen an sich? Liegt es an den Ritualen, an den Mitmeditierenden oder liegt es an dem Mangel an Wässerchen, die ich meine, für mein Wohlbefinden zu benötigen?

Das kann wohl ein Grund sein, dass einige Personen wieder gehen. Aber ist es wirklich so?
Nein, es liegt nicht am Koßwig, der aus Deutschland gekommen ist und in Südtirol Fuß fassen will. Es liegt nicht an der Atmosphäre des Zendo-Merano. Nein, es liegt nicht am fehlenden Wässerchen.

Es liegt schlicht und einfach an einem Irrtum, dem viele Menschen aufsitzen.

Es liegt daran, dass die meisten Menschen ein Bild von irgendetwas haben. Eine Erwartung. Eine Vorstellung.
Auch vom ZEN.
Viele Personen erwarten von mir einen relaxten Menschen und sagen: „Da musst du ja ganz relaxt sein!".
Sie sehen in mir die Ruhe, die ich wohl für sie ausstrahle.

Vielleicht ist das auch, dass ich Ruhe ausstrahle.

Aber sie kommen dennoch nicht öfters oder gehen nach einigen Sitzungen wieder in ihren Alltag.

Sie haben ein falsches Bild von dem, was Spiritualität, was ZEN ausmacht, was ZEN ausdrückt.
Dieses Bild haben sie im Hinterkopf, wenn sie meditieren.
Sie haben auf jeden Fall ein Bild.
Genauso, wie sie im Alltag ein Bild haben. Von dem Aufbau einer Familie, von der Präsentation, wie die Familie sein sollte, wie eine Wohnung sein sollte, wie die Person xy sein sollte.

Sie haben ihren Kopf voll von Bildern. Und sehen dabei nicht die Wirklichkeit.

Und wenn sie sich hinsetzen zum Zazen, dann wird ihnen durch die Versenkung, durch die Methode des „Erkennen des Augenblicks", der Schleier, das Bild weggerissen.

Sie sehen zum ersten Mal die Wirklichkeit vor sich. Das Bild, das sie von der Wirklichkeit hatten, ist auf einmal nicht mehr da. Das heimelige, das heimatliche, das friedliche Bild ist nicht mehr da.
Und dann kommt noch etwas anderes dazu. Der Schmerz der Beine, die vielen Gedanken, die mich im Kopf beschäftigen und nicht fortwollen. ‚Obwohl ich meditiere, werde ich nervös, nicht ruhig und relaxt, sondern nervös unruhig und habe Schmerzen'; ‚Oh, warum soll ich dann meditieren. Ich weiß doch alles, warum soll ich mir das dann antun?', denken sie.

‚Mich macht das Meditieren nervös, nicht relax.', ist die häufigste Aussage, die mir zu Ohren kommen.

Und genau das ist das Problem.

Die meisten Menschen merken erst durch die Meditation, durch das Zazen, wie es ihnen wirklich geht. Sie sind nervös, können sich nicht auf etwas einstellen, sich an die Ruhe gewöhnen, loslassen. Sie flüchten wieder in ihr Bild. Und ZEN nimmt ihnen ab der ersten Minute des Zazen dieses Bild sofort weg, das Bild, das sie unter allen Umständen aufrechterhalten wollen.

Aber warum?

Der Loslass-Prozess ist ein Prozess der Läuterung. Ein Prozess, der alle Bilder, Traumata der Vergangenheit und der Gegenwart, die als schmerzhaft empfunden werden,

beiseiteschiebt. Und erst, wenn alles losgelassen werden kann, entsteht die Erkenntnis der Einheit von Leere und Form. Erst dann entsteht das, was ZEN wirklich ausmacht: Eine tiefe innere Zufriedenheit, die über alle glücklichen und unglücklichen Momente des Lebens hinausgeht. Viele Menschen wollen zwar glücklich sein, aber wollen nicht ihre wahre jetzige Wirklichkeit erfahren. Denn sie müssten sich damit auseinandersetzen und sich ihr stellen. Sie müssten ehrlich und konsequent dabei sein, sie müssten sich ganz nackt machen.
Aber das wollen die meisten nicht.
Sie wollen lieber ein paar Wässerchen auf irgendwelchen Messen kaufen, sie wollen sich zwar für ZEN interessieren, sich aber nicht wirklich darauf einlassen. Sie suchen in der Regel auch händeringend nach einer Entschuldigung für das Nicht-Sitzen.
Sie wollen alles haben. Sofort und ohne Umschweife. Ohne sich wirklich mit sich selbst und dem Leben auseinandersetzen zu müssen.

Und deshalb kommen so wenige Menschen für längere Zeit oder für das ganze Leben zum ZEN.

ZEN ist etwas Faszinierendes, eben weil es direkt ist. Es führt ohne Umschweife in die Wirklichkeit, ohne Wässerchen, ganz nackt.
Das aber macht Angst. Weil man sich häufig so nicht aushalten kann, wie man im Moment ist. Der Spiegel der Realität ist unerbittlich, er zeigt aber die Wahrheit. Deshalb rufen ihm viele zu: „Aber bitte mit Schleier".

Das aber kann ZEN nicht. ZEN ist immer der Spiegel der Wahrheit. ZEN kann nicht verschleiern. Das Bild von mir, das ich im Spiegel sehe, ist die nackte Wahrheit, die Wirklichkeit.
Und wenn ich die Nervosität, die Müdigkeit, die Schmerzen im Spiegel-Bild sehe, dann habe ich Angst davor. Will weglaufen. Aber das geht nicht.
Deshalb gehe ich lieber vom Spiegel weg. Schaue in mein Fantasiebild und lebe danach.
Die „tiefe innere Zufriedenheit" kann mir den Buckel runterrutschen. Es lebe das Bild.

Und deshalb bleiben viele Menschen nicht beim ZEN. Weil der Spiegel unerbittlich ist.
Dass dahinter wirklich etwas liegt, was ich mir eigentlich zutiefst wünsche, hat keinen Reiz für viele. Sie wollen den nächsten Kick, bis zum nächsten depressiven Moment. Und dann wieder. Und wieder. Und wieder.

Und diejenigen, die bleiben, erkennen irgendwann einmal, dass Schmerz, Tod, Trauer, negative Erfahrungen nur in der Definition des Dualen bestehen. Sie erkennen, dass alles Glück, das wahre tiefe Begreifen der Einheit von Leere und Form, in allem vorhanden ist. Es ist vorhanden im Alltag, im Gehen, Schritt für Schritt, im Trinken des Kaffees, Schluck für Schluck, im Anschauen einer Blume, Schauen für Schauen, im Zuhören beim Gespräch, Hören für Hören...

In jedem Augenblick ergibt sich das Glück. Im Annehmen der Wirklichkeit, so wie sie ist, gemein, ungerecht und tödlich. Im Annehmen der Freude, im Annehmen der Trauer. So wie es ist. Einfach so.
Mehr nicht!
Gassho!

Das Koan

Am zweiten Tag eines „Einführungskurses in ZEN" darf das Koan nicht fehlen.
Das Koan gehört zum ZEN dazu, denn es ist die Haupt – Übungspraxis für die meisten ZEN – Schulen. Unsere Zen-Linie, die Zenlinie „Leere Wolke" Willigis Jäger, übt mit Koans.
Eine andere Übungsmöglichkeit ist das Shikantaza, das insbesondere in der Soto – Linie praktiziert wird. Es ist etwas schwieriger, weil man bei dieser Übungsmethode bereits einige Zeit gesessen haben sollte, um sich nicht so sehr von allem drum herum ablenken zu lassen.
Es ist das „Sitzen im Nichts" oder besser noch das „Sitzen in der vollkommenen Präsenz". Man haftet an nichts, weder an Gedanken, noch an Gefühlen, noch an irgendwelchen äußeren Aktionen. Man sitzt nur da und nimmt alles wahr.
Zur Soto – Linie ist noch zu sagen, dass sie noch einen anderen Zugang zum Selbst, zur Wesensnatur hat. Man weiß, dass man bereits erleuchtet ist, strebt also die Erleuchtungserfahrung nicht an, negiert sie aber auch nicht. Da man bereits erleuchtet ist, ist die tägliche Übung

des Shikantaza nur ein Gewahr-werden der Erleuchtung, ein Entwicklungsprozess hin zur klareren Wahrnehmung der Wirklichkeit.
Ein Dokusan ist dann nur ein Gespräch über den Bewusstseinszustand und der Meister prüft die Tiefe dieses Zustands.

Wir gehören der Rinzai Tradition an, die das Koan als Hilfsmittel benutzt, um eine Erfahrung der Erkenntnis machen zu können. Um sich seiner Wesensnatur bewusst zu werden.
Viele große Meister übten mit Koans, um ihren Schülern zur Erkenntnis zu verhelfen.
Vor allem Rinzai (chin. Lin Chi,), der im 9 Jh. in Chin lebte, war es, der das Koan regelmäßig gebrauchte. Er verfeinerte die Technik des Gebrauchs und strukturierte die Koan-Ausbildung.

Wie arbeitet man nun mit dem Koan?
Zunächst einmal aber die Frage: „Was ist ein Koan?"
Das zu erklären, ist genau wie im ersten Vortrag: „Was ist ZEN?"
Auch hier ist die Erfahrung, die man mit einem Koan macht, die Lösung eines Koans. Es wird intuitiv gelöst. Aber davon später mehr.
Es ist ein Rätsel, das nicht rational lösbar ist. Man muss eins werden mit ihm und es dann spontan im Augenblick des Dokusan demonstrieren.
Es zeigt stets die Erfahrung des Übenden, vor allem aber die Erkenntnis des Seins, sowie die Erfahrung, dass Leere und Form nicht getrennt, sondern Eins sind.

Deshalb wird ein Koan erst nach einer ersten „Erleuchtungserfahrung", dem Kensho gegeben. Dazu wird am Anfang einer Schülerschaft, die der Meister offiziell bestätigt, zunächst dem Schüler ein Eingangs-Koan gegeben, mit dem er sich bis zum ersten Kensho zu beschäftigen hat. Eines dieser Eingangs-Koans werde ich später noch vorstellen.

Das Koan dient damit der Vertiefung der Erkenntnis und der Hinführung zur Übung im Alltag.
Dabei muss man sich immer bewusst sein, dass die Realisation des Selbst nur im Augenblick möglich ist. So wie es im Sanskrit steht, das wir am Abend hören: „...Gestern ist nichts anderes als ein Traum ... Das Heute jedoch – recht gelebt – macht jedes Gestern zu einem Traum voller Glück...".
Alles andere ist nur ein rationales Bild, ist Dualität, die nichts mit der Wirklichkeit zu tun hat.

Wenn der Schüler Kensho erfahren hat, dann macht er normalerweise alle Koans durch, um eine Vertiefung seiner Erfahrung zu erreichen. Das Koan ist also ein Hilfsmittel dafür.
Wie aber sind Koans eigentlich entstanden? Was macht ihren Kern aus?
Koans sind Begebenheiten, bei denen in der Vergangenheit oftmals ein Schüler zum Meister mit derselben Frage gekommen ist: „Was ist Zen?" oder anders formuliert: „Was ist der Weg" oder „Wer bin ich?".
Und der Meister antwortete im Kontext seiner Wesensnatur, das, was er selbst im Augenblick realisiert hat, was den Ausdruck der Wirklichkeit ausmacht. Er

antwortet also nicht direkt rational mit Erklärungen. Diese Erklärungen wären ja wieder nur Konzepte und Dualismen, sondern er antwortet direkt ohne Umschweife mit dem, was im Moment dran ist.
Dies ist eine intuitive Antwort und zeichnet die Deutlichkeit und Tiefe der Erkenntnis des Meisters aus. Oftmals ist diese intuitive Antwort genau die Antwort, die dem Schüler hilft, durchzubrechen, also ein Kensho zu erfahren. Und so handeln die meisten Koan auch von direkten Kenshos, die ein Schüler nach der „Antwort" erfahren hat. Der Schüler erkennt also intuitiv das, was auch der Meister in dem Moment der Antwort realisiert. Und deshalb ist ein Koan nur intuitiv zu lösen. Mit dem Verstand geht man immer in die Irre und erkennt den Wesensgrund des Koans nicht.
Wie arbeitet man also dann mit einem Koan?
Nun, nach dem ersten Kensho hat man einen Zugang zur Wirklichkeit, „... die vor Himmel und Erde steht", wie es in Daio Kokoshi heißt. Und die Realisierung des Kerns des Koans ergibt sich aus der eigenen Erfahrung, die ein Schüler mit dem Koan hat. Er demonstriert dann seine Antwort, so, wie seine derzeitige Tiefe der Erkenntnis ist. Hat er den Kern des Koans getroffen und dies im Augenblick des Dokusans gezeigt, dann wird das nächste Koan zur Aufgabe gestellt.
Und wie arbeitet man nun praktisch damit?
Nun, das wird im Dokusanraum besprochen, wenn es soweit ist. Denn dies zu erklären, wäre wieder ein Konzept, ein Studienplan für Menschen, die auf dem Weg sind, sich aber von solchen Anweisungen wieder vom Weg abbringen lassen würden.

Und genau das soll es nicht sein. Es muss immer eine Lösung sein, die vom Selbst her stammt, direkt, ohne Konzept und nicht in der Vergangenheit vorgefertigt ist.

Koans werden in sogenannten Rokus gesammelt. Die klassischen Koans, auf die auch wir uns in unserer Linie stützen, sind in 5 Rokus zusammengefasst. Sie heißen Mummonkan – Roku und Hekigan-Roku bzw. Denko- und Shoyo – Roku. Das 5. Roku beinhalten die „Gemischten Koans", die Yamada – Roshi, der Dharma-Vorgänger von Willigis, herausgebracht hat.

Heute möchte ich euch ein berühmtes Koan vorstellen, das im Mumonkan Roku als erster Fall vorkommt. Es ist deshalb berühmt, weil es als sogenanntes „Eingangs-Koan" jedem Schüler gegeben wird.

Ich stelle euch also nun das Koan „Mu" vor:

Fall 1 Mumonkan Roku: Joshus Hund

„Ein Mönch fragte Joshu in allem Ernst: „Hat ein Hund Buddha Natur oder nicht?" Joshu sagte: „Mu!"."

Aha. Das ist also ein Koan.

Mu, bedeutet: „Nichts" im Japanischen.
Joshu wird also mit der o.g. Frage konfrontiert. Was ist die Wesensnatur, was ist die Buddha Natur. Hat auch ein Hund Buddha Natur?
Dazu muss man wissen, dass im Buddhismus nach der Erkenntnis alle Wesen Buddha Natur besitzen. Also

müsste eigentlich die Antwort auf die Frage „Ja" heißen. Aber Joshu antwortet nicht mit „Ja", sondern mit „Mu", also „Nichts". Warum? Er will den Schüler von Konzepten, Vorstellungen, Dualismen wegholen, weil diese nicht auf die Wirklichkeit hinweisen. Er will den Schüler ins „Jetzt", in die Realisation des „Jetzt" führen und Konzepte stören dabei nur. Und er selbst handelt intuitiv. Er übt in der Achtsamkeit des „Jetzt" und ist sich dessen auch bewusst. Deshalb teilt er einfach mit, was jetzt für den Schüler dran ist: „Nichts". Nicht denken, keine Konzepte, keine Vorstellungen, kein Nachplappern irgendwelcher Texte.

Die Lösung dieses Koans wird dann im Dokusan-Raum demonstriert, deshalb will ich es heute mit diesem Koan dabei belassen möchte.

Kehren wir zur Lösung dieses Koans zurück, zu dem, was im Moment dran ist. Wir zählen den Atem. (Atmet ein, Atmet aus). Und lassen uns vom Jetzt des Atemzählens nicht aus dem Konzept bringen.

Einatmung, Ausatmung.

Gassho!

Allgemeine Texte zum Verständnis des ZEN

Shikantaza

Neben dem Koan, das die Kern-Übung beim Zazen unserer ZEN-Linie „Leere Wolke" Willigis Jäger ausmacht, gibt es noch eine weitere Übung, die im eigentlichen Sinne keine Übung ist: Das Shikantaza.
Im Lexikon der östlichen Weisheitslehren wird das Wort mit: „nichts als treffend sitzen"[4] übersetzt. Kurz übersetzt wird es auch als „Nur-Sitzen" bezeichnet und auch so behandelt. Denn es ist wichtig zu wissen, dass Shikantaza nur einen geistigen Zustand darstellt, der im engeren Sinne keine Übung ist. Denn wenn ich eine Übung vollziehe, dann tue ich etwas, ich bin aktiv. Aber genau diese Aktivität hindert mich daran, die eigentliche Wesensnatur, die ich nämlich stets suche und versuche zu erfassen, zu erkennen. Die letzte Übung für dieses Erfassen ist eben das Loslassen und das „Geschehenlassen" dessen, was im Moment dran ist. Und genau dies ist im engeren Sinne auch der Zustand, den wir als „Übende" einnehmen sollten, dies ist nämlich wirklich das Shikantaza.
Das Shikantaza ist also die geistige Haltung, die ich einnehme, indem ich nur sitze.
Sonst nichts.
Das einzig Wichtige dabei ist, den Augenblick zu realisieren, wie er in Wirklichkeit ist. Ich greife nicht ein, ich lasse alle Gedanken, Gefühle und Emotionen so stehen, wie sie sind und begebe mich in die Haltung des Annehmens dessen, was gerade ist.

---

[4] Lexikon der östlichen Weisheitslehren, Hg. Fischer-Schreiber, Ingrid, Schuhmacher, Stephan, Bern, 3. Auflage der Sonderausgabe, 1995, S. 342

Diesen Zustand, diese geistige Haltung einnehmen zu können ist oftmals sehr schwierig und problematisch, weil wir es in unserem Alltag normalerweise nicht gewohnt sind. Wir sind „Macher" und nicht „Annehmer". Wir wollen immer etwas erreichen und tun alles dafür, es zu erreichen.

Und genau deshalb wird bei uns und auch von mir diese „geistige Haltung" als eine Form der spirituellen Übung wenig propagiert.

Trotzdem können auch Anfänger auf dem Weg zum Selbst damit konfrontiert werden. Einige Übende haben Probleme mit einem Koan klarzukommen. Meist wird am Anfang das Koan „Mu", das ja schon beschrieben wurde, gegeben. Dabei können sich manche Übende in dem Paradoxon der „Nichterfassung über den rationalen Geist" und einem Muss an Präsentation als Lösung dieses Koans verrennen. Sie versteifen sich durch ihre gewohnte Einstellung des Lösens eines Problems mit Hilfe rational logischer Gedankengänge. Sie werden quasi „verrückt" bei dem Versuch, das Koan durch Denken lösen zu können. Dass das Verrückt-Werden ein Ziel der Übung ist, um aus dem Denkmuster aussteigen zu müssen, um die Wesensnatur eben nicht rational erfassen zu können, können sie nicht begreifen und verlieren sich in dem Problem.

Diesen Personen wird dann angeraten, einfach mal zur Ruhe zu kommen und nur zu sitzen. Einfach nur zu meditieren und „präsent zu sein". Dieser Zustand ist dann schon Shikantaza.

Aber keine Angst, keiner wird gezwungen Shikantaza zu „praktizieren". Jedem Übendem fällt die ihm geeignete

Übung zu. Diese werden wir dann im Dokusanraum besprechen.

Denn beim Shikantaza gibt es einige Probleme, die man meist unterschätzt, wenn man sich ohne Begleitung eines Meisters ins Shikantaza begibt.

Willigis hat diese Problematik einmal so ausgesprochen:

„Die Übung des Augenblicks [**Shikantaza**] *hat nichts zu tun mit Konzentration. In der Konzentration ist der Geist aktiv. Konzentration schneidet aus. Sie gleicht einem Messer, das ein Stück herausschneidet. Konzentration hat ein Objekt. Man konzentriert sich auf etwas. Präsenz im Augenblick ist eine reine Wachheit des Bewusstseins."*[5]

Es gilt also sich auf nichts zu konzentrieren oder etwas voranzutreiben, es ist nur ein „Loslassen" und „Zulassen", was ich ja vorhin schon gesagt habe. Und die eigentlichen Probleme sind dann folgende:

Viele Personen neigen beim „Nur-Sitzen" dazu, in den Gedanken, die auftauchen, hängen zu bleiben. Sie „konzentrieren" sich auf diese, verlieren sich dabei in ihnen und sind damit sofort aus der Übung. Sie müssen die Gedanken loslassen und an sich vorbeiziehen lassen. Weil wir aber zu rational denkenden Menschen erzogen wurden, die das Problem durch Nachdenken zu lösen versuchen, können wir nicht den Augenblick des Jetzt und damit unsere Wesensnatur erfassen.

Eine weitere Problematik ist der Zustand des „Dösens" während des Zazen. Wenn ich keine Übung, keinen Fokus mehr habe, dann neige ich dazu alles so „gelassen" hinzunehmen und mich in den geistig unachtsamen

---

[5] https://www.benediktushof-holzkirchen.de/zen/uebung/shikantaza.html vom 27.07.2018

Zustand zu begeben, der meist einem Zustand vor dem Schlafen und nach einer körperlichen Aktivität entspricht. Dies ist dann der Dämmerzustand des Dösens. Noch nicht schlafen, aber nicht mehr wach sein. Und in genau diesem Zustand kann ich eben auch nicht meine Wesensnatur erfassen und Erleuchtung erlangen. Ich muss trotzdem hellwach sein, ohne Aktivität. Und das ist ohne einen Fokus zu besitzen sehr schwierig.
Eine dritte Problematik kann beim Shikantaza entstehen. Es ist das geistige Abdriften in bestimmte psychologische Flow-Zustände, die emotional aufwühlend oder beruhigend sind, aber nicht dem geistigen Zustand der Präsenz des Augenblicks, eben des Shikantaza entsprechen. Man hängt hierbei ähnlich wie oben beschrieben an dem Abdriften in die Gedankenwelt der Emotionen nach und verpasst so das Wesen des Augenblicks und damit wieder die Möglichkeit des Erfassens der Wesensnatur.
Aber trotz dieser Probleme kann jeder, der meint mit einem Koan nicht klar kommen zu können, sich in Shikantaza versuchen. Wenn ihr das machen wollt, dann sprecht mich darauf an und wir besprechen diese Möglichkeit.

Eben wegen der Vielzahl an Problemen, die Shikantaza heraufbeschwören kann, wird das Shikantaza meist nur Fortgeschrittenen, also länger Übenden empfohlen. Oft begibt man sich in den Zustand des Shikantaza nach dem Ende des Koan-Studiums. Denn auch die Koans sind begrenzt und hören irgendwann einmal auf. Ein Wiederholen wäre möglich, aber nicht Ziel der Übung. Denn wie ich oben schon Willigis zitiert habe, geht es nur

um die „...Präsenz im Augenblick, [die] ist eine reine Wachheit des Bewusstseins.". [6]
Sonst um gar nichts.
Und wenn ich diesen Zustand erfahre, dann ist alles unwichtig, nichts mehr zu erreichen und alles in Ordnung.
Und so soll es sein.

Gassho!

Achtsamkeit

„Einmal kam ein Mann zum Zen-Meister Ikkyu und bat um Belehrung. Ikkyu nahm den Pinsel und schrieb „Achtsamkeit". Der Mann bat um weitere Erläuterung. Wiederum nahm Ikkyu den Pinsel und schrieb: „Achtsamkeit! Achtsamkeit!" Da wurde der Mann ärgerlich und fragte, ob das denn wirklich alles sei. Ikkyu nahm erneut den Pinsel und schrieb: "Achtsamkeit! – Achtsamkeit! – Achtsamkeit!"[7]

---

[6] ebda
[7] Cornelius von Collande, „Achtsamkeit bei der Stressbewältigung, Achtsamkeit im Zen – Das Selbe?" In: Buddhismus aktuell 2016/1 S. 39, 1, Deutsche Buddhistische Union e.V. – Buddhistische Religionsgemeinschaft, München

Im Moment gibt's einen Achtsamkeit-Hype, wie es Mechthild Klein in einem Artikel in der „Zeit-Online" vom 11.03.2018[8] angesprochen und sich kritisch dazu geäußert hat. Da sie sich aber meiner Meinung nach zu wenig zum Wesentlichen geäußert hat, möchte ich dazu ebenfalls etwas sagen.
Vor allem deshalb, weil die in modernen Kursen gelehrte „Achtsamkeit" und die „Achtsamkeit", die Ikkyu meinte, oftmals zwei verschiedene Haltungen sind.

Denn eine „Achtsamkeits-Übung" ist nicht ein sauber gedeckter Tisch, an dem alle Teller, Gabeln und Messer am richtigen Ort, die Blumen ordentlich gesteckt sind und perfekt auf das Gesamtbild passen, sondern etwas ganz anderes.
Es geht bei der Achtsamkeits-Übung darum, dass man achtsam ist mit dem, was man macht. Man stellt in einem Augenblick den Teller auf. Und beobachtet dabei das „Teller-Aufstellen". Im nächsten Augenblick beobachtet man, wie man die Gabeln auflegt und die Blume zupft, um die faulen Blätter zu entfernen. Man beobachtet also genau das, was man gerade macht. In diesem Moment ist man völlig „im Auflegen des Tellers", „im Auflegen der Gabel", „im Zupfen der Blume". Da interessiert es nicht, wie ordentlich der Tisch einmal gedeckt sein wird, da ist nur „das Auflegen" oder „das Zupfen".
Und genau das ist mit Achtsamkeit von Ikkyu gemeint. Unsere Übung ist also nicht das Decken des Tisches nach Ordnungsregeln, sondern das „Präsent-Sein" im

---

[8] Mechthild Klein in: https://www.zeit.de/wissen/gesundheit/2018-03/meditation-achtsamkeit-hype-anti-stress-depression-psychologie/komplettansicht?print vom 11.03.2018

Augenblick des Tuns. Die Ordnung des Tisches interessiert uns nicht. Wenn ich allerdings beim „Tischdecken" in jedem Augenblick bei allen Aufgaben, die das Tischdecken erfordert, achtsam bin, dann kann auch ein ordentlich und schön gedeckter Tisch – was auch immer man darunter verstehen will – entstehen.

Aber es kann auch bei der Achtsamkeits-Übung trotz vollständiger Achtsamkeit passieren, dass ein Gedeck vergessen wurde oder eben nicht sauber gerade gedeckt wurde. Das ist aber für die eigentliche Achtsamkeitsübung völlig irrelevant.

Und das verstehen viele leider nicht.

Also bleiben wir im Augenblick. Erkennen den Augenblick, so wie er ist. Dann sind wir voll in der Achtsamkeit, von der Ikkyu uns in dieser Geschichte berichten wollte.

Gassho!

„Töte Buddha, wenn du ihn triffst!"

Jeder Augenblick ist neu! Immer wenn wir Vorstellungen haben von dem, was sein könnte oder was ist, dann sind wir in der Dualität.

Auch wenn wir Erleuchtung erlangt haben, geht die Übung weiter. Wie es im Herz-Sutra heißt: „..., weil es nichts zu erreichen gibt." Immer wieder müssen wir uns das klar machen, müssen wir uns – unser ganzes Leben

lang – der Übung hingeben. Denn jeder Augenblick ist neu!
Unsere Übung heißt: In jedem Augenblick vollständig wach sein, ohne Konzepte Vorstellungen und Bilder.

Und genau das meint der Ausspruch: „Töte Buddha, wenn du ihn triffst!"

Jegliche Konzepte und dualistische Ansichten müssen abgelegt werden. Erst dann kann die Wirklichkeit so aufscheinen, wie sie wirklich ist.

Und den Spruch „Töte Buddha..." muss man radikal sehen. Es wird auch in der Geschichte von Hui-Neng deutlich, der den Spiegel nicht reinigen lässt, weil es gar keinen Spiegel gibt, der zu reinigen ist.
Auch die Aussage „Töte..." ist ein Ausdruck der Dualität. Denn diese impliziert die Aufforderung: „damit du wirklich die Buddha-Natur ausdrückst."
Der Spruch möchte also darauf hinweisen, dass wir alle Konzepte loslassen müssen, auch das Konzept, einen Buddha töten zu müssen. Denn in Wirklichkeit sind wir bereits von Anfang ein Ausdruck der Buddha-Natur.
Wir wissen dies aber ab einem bestimmten Zeitpunkt nicht mehr, entfernen uns von unserer Wesensnatur und gehen dann in die Irre. Wir leben dann nicht mehr im Jetzt, sondern in der Zukunft oder Vergangenheit und kreieren von allem Konzepte.

Auch nach der Erkenntnis unserer Wesensnatur ist dieser Spruch sehr wichtig. Denn auch, wenn wir meinen es erkannt zu haben, sind wir in der Dualität. In den

Ochsenbildern ist das 8. Bild – die Erleuchtung – nicht das Ende der Übung. Diese ist erst zu Ende, wenn wir auf den Marktplatz gehen (10. Bild) und uns nicht einmal der Natürlichkeit des Seins bewusst sind, sondern einfach „nur leben". Aber voll und ganz im Jetzt, um zu erkennen, was der nächste Schritt ist.
Auch die Erkenntnis der Wesensnatur müssen wir über Bord werfen. Der Ochs der Wesensnatur muss verschwinden, ebenso die Peitsche und alles, was mit der Erkenntnis zu tun hat.

Also, auch nach der Erkenntnis geht die Übung weiter, die da heißt:

Jetzt!

Gassho!

Um zu!

Viele Menschen tun irgendetwas, „um zu". Meist ist dies um etwas zu erreichen, zu halten oder zu verbessern. Dies bedeutet, dass sie ein Ziel haben, eine Richtung. Das ist Dualismus. Denn ein Ziel bedeutet, dass ich irgendwo hin will, wo ich noch nicht bin. Ich bin hier und dort ist das Ziel. Also zwei unterschiedliche Punkte. Und beide Punkte sind die duale Sichtweise der Strecke.
Vor allem Anfänger tappen in diese Falle, weil sie sitzen um zu:

1. Ihre Ruhe zu haben
2. Dem Alltag entfliehen zu wollen
3. Die Erleuchtung erlangen zu wollen
4. Die erlebte Erfahrung (Erleuchtung) zu vertiefen
5. Gesundheit zu erreichen...

Wenn ich also etwas tue „um zu", dann bin ich im Dualismus und nicht mehr in der Übung der Spiritualität des ZEN.
Was also sollen wir im ZEN tun. Wie schaffen wir es, auch als „Profi"-ZEN-Übende, eben aus dem Dualismus auszusteigen?

Einfach nur „sitzen", nur gehen, nur stehen, nur essen, nur traurig sein, nur glücklich sein. Dann erfüllt sich das Leben, dann eröffnen sich die Möglichkeiten, die mir als als Mensch meinen Weg zeigen. Im nächsten Augenblick, im nächsten Schritt kann sich aber der Weg ändern. Mal gehe ich nach rechts, mal nach links.
Dabei könnte man meinen, dass ich nun kein Ziel habe. Das stimmt insoweit, weil ich wirklich kein Ziel habe, das ich erreichen muss. „Das Ziel ist der Weg", wie es so schön heißt. Er entsteht, indem man ihn geht. Mehr nicht!

Für die Menschen aus meiner unmittelbaren Umgebung kann dies deshalb auch manchmal problematisch sein. Ich bin nicht mehr berechenbar, meine künftigen Reaktionen – im Zusammenhang mit meinem Charakter – nicht mehr kalkulierbar. Das macht vielen Menschen Angst.
Aber es bietet ihnen, wenn sie sich darauf einlassen, selbst einmal das „um zu" zulassen zu können. Den Augenblick

zu hören oder zu spüren. Sie können damit selbst auf einen spirituellen Weg gelangen.
Für einen spirituellen Menschen ist diese Ungebundenheit an ein „um zu" keine Absicht, einen anderen Menschen vor den Kopf zu stoßen, sondern sie ergibt sich eben aus dem Weg selbst. Es ist für sie als Mensch genauso frustrierend, traurig und ernüchternd, wenn sie erkennen, dass andere Personen ihnen nicht mehr folgen können, weil sich ihr Weg anders gestaltet als der eigene Weg.

Und da sind wir wieder beim „um zu"!
Im Alltag als Mensch aus Materie ist es ebenso notwendig, ein Ziel zu haben. Das kann z. B. das Ziel des Einkaufens sein. Damit ich etwas zu essen habe, muss ich dies ja tun. Also ist der Alltag des ZEN-Übenden genauso mit dem „um zu" verhaftet, wie bei allen anderen Menschen auch. Aber: In der Spiritualität ist dies ein Hindernis, um den Augenblick wirklich zu erfahren, wie er wirklich ist. Beim Essen der Geschmack, beim Gehen das Gefühl des Gehens, beim Hören, das Erleben des Hörens. Das ist dann absichtslos, ohne ein „um zu".

Somit ist es wichtig zu wissen, dass die Meditation auf dem Kissen ein „um zu" nicht benötigt. Absichtslos erleben wir den Augenblick, so wie er ist. Grün oder gelb, traurig oder freudig, geräuschvoll oder leise. Ohne ein darauf eingehen, ohne ein Beobachten, ohne ein bewusstes Atmen.

Nur Jetzt!

Ohne „um zu" in der Spiritualität, mit dem „um zu" im Alltag!

Gassho!

Flucht aus dem Alltag!

Zen ist eine besondere Art der Meditation. Wir sitzen im Schweigen und sind alleine mit uns selbst. Und wenn wir unsere Ruhe haben wollen, dann ist dies die ideale Möglichkeit, diese zu bekommen.
Aber so ist es eben nicht!

Zen führt uns direkt in den Alltag.

So wie Willigis es einmal gesagt hat: „Wenn die Spiritualität nicht in den Alltag führt, dann ist es keine wahrhaftige Spiritualität."

Deshalb kann hier im Zendo nicht davon gesprochen werden, dass wir uns zurückziehen, um vor dem Stress des Alltags zu fliehen oder dass wir uns in Ruhe hinsetzen wollen. Der ZEN-Weg ist eine Übung zur Bewusstwerdung des Lebens, so wie es ist, Aber dies sollte in jedem Augenblick geschehen. Eben auch im Alltag. Auch im

Stress. Auch beim Putzen, beim Sitzen, beim Unterrichten.
Und beim Sitzen üben wir dies. Wir üben den Augenblick zu nehmen, so wie er ist.
Die Übung heißt dann nicht: „Ruhe", sondern „Schweigen". Das Schweigen führt uns dazu, dass es aufscheinen kann, was es wirklich ist.

Und genau das hilft uns, uns dem zu widmen, was wir eigentlich im Zen wollen. Wir wollen „nichts", wir üben für das „Nichts". Wir üben dafür, uns bewusst zu werden, dass das Leben die Frage nach dem Sinn unseres Daseins beantwortet. Dass wir bereits erleuchtet sind, dass wir durchs Meditieren die Erfahrung des Ungetrenntseins machen können, dass vom Anfang unseres körperlichen Lebens nie eine Trennung zwischen uns und unserer Wesensnatur bestanden hat.

Auch wenn es den Anschein hat, dass wir, wenn wir uns für einige Tage oder sogar Wochen in strenge Sesshins zurückziehen, uns einigeln, nur noch für uns sind, kein Gespräch suchen, uns schwarz anziehen, um den Blickkontakt zu vermeiden: Wir üben stets für das Leben, für den Alltag, dass wir das Leben erfahren, wie es wirklich ist.

Wir üben, damit wir nicht üben, wir üben, damit wir ohne „um zu" üben. Wir üben das Üben für den Alltag.

Und damit gibt es für uns keine Flucht aus dem Alltag. Denn das Üben ist der Alltag.

Sogar in einem Sesshin gibt es einen Alltag, der etwas ungewöhnlich, etwas gewöhnungsbedürftig ist, aber trotzdem ein Alltag ist. Die Übung dabei ist: Sitzen.

Und so setzen wir uns hin und sitzen noch ein paar Runden. Einfach so. Um des Sitzens willen.

Gassho!

Gemeinsam (Sitzen)

Warum sitzen wir zusammen? Könnten wir nicht einfach zu Hause bleiben? Da ist es gemütlicher, da haben wir unseren Platz und müssen uns nicht um ihn bemühen. Müssen nicht aufstehen, uns anziehen und uns in die Kälte hinauswagen!

Nun, wir sind Menschen. Wir brauchen Menschen um uns herum, die mit uns etwas gemeinsam tun. Es ist genauso, wie unser morgendlicher Kaffee, den wir um 10.00 Uhr mit unseren Kollegen oder Freunden trinken. Dieser brake ist nicht nur Kaffee trinken, sondern er ist auch eine Pause, um aus dem täglichen Stress, den wir mitmachen (müssen), auszusteigen. Wir halten dabei auch ein Schwätzchen mit ihnen und erkundigen uns nach deren befinden. Wir mögen unsere Kollegen. Sie geben uns ein Gemeinschaftsgefühl, das den meisten Menschen wichtig ist. Ebenso besteht im brake eine Möglichkeit wieder zu uns selbst und in den Augenblick zu kommen, um zu erleben, wie er wirklich ist.

Genauso ist es auch mit unserem gemeinsamen Sitzen. Wir sitzen mit den Personen, mit denen wir den gemeinsamen ZEN-Weg gehen. Wir sitzen in dem Bewusstsein, dass die anderen Mitsitzenden genau denselben Weg gehen, dieselbe Spiritualität leben. So gesehen trinken wir an diesem heutigen Abend Kaffee miteinander und halten unser Schwätzchen. Nur mit dem Unterschied: Wir schweigen.
Genauso, wie es im Herzsutra heißt: „Im Reden schweigt es, im Schweigen redet es."

Es gibt auch noch einen anderen Grund, gemeinsam zu sitzen. Durch das gemeinsame Sitzen – vor allem in einem Sesshin, also bei längerem Sitzen über mehrere Tage – entwickelt sich eine besondere Kraft, die uns auf dem gemeinsamen Weg, hilft, in den Augenblick zu kommen. Dies nennt man im Japanischen: Joriki. Es ist eine energetische Kraft, die uns hilft, intensiver zu sitzen und uns bewusster und den Augenblick erleben lässt. Auch hält sie uns wacher. Genauso ist es mit den körperlichen Schmerzen, die uns am Anfang des Sesshin stören. Mit dieser Energie können sie besser in unseren Alltag integriert werden.

Auch ist es möglich mit unseren während des Sitzens aufkommenden Emotionen besser und leichter umgehen zu können. Obwohl wir schweigen, wissen wir, dass uns die anderen „tragen". Sie können uns begleiten in ihrem Schweigen und helfen uns, eine differenziertere Sicht zur eigenen Problematik einzunehmen. Sie wissen durch ihr Sitzen, genauso wie wir, dass wir nicht alleine sind, dass wir durch unsere Erfahrung des Eingehens in das All-Umfassende im Grunde nicht voneinander getrennt sind, dass wir alle Eins sind. Und dass Emotionen nur ein Teil unseres Menschseins sind. Sie wissen ebenso, dass der Mensch zwar in der Psyche verletzt werden kann, seine Wesensnatur bleibt aber davon unberührt.

Und noch einen wichtigen Grund gibt es für das gemeinsame Sitzen: Es ist unsere Erfahrung des Eins-seins mit allem. Manchmal „spüren" wir die anderen Teilnehmer. Wir sind mit ihnen zusammen.
Mir ist das einmal so intensiv bei einem Sesshin ergangen, als der Kyosaku geschlagen wurde. Der Schüler, der den Kyosaku zu schlagen hatte, war nicht ganz bei der Sache und schlug meinen Nachbar nicht auf den Akupunkturpunkt, sondern auf das Schulterblatt. Dieses schmerzte offenbar, denn ich spürte förmlich den körperlichen Schmerz so, als ob es mein eigener Schmerz gewesen wäre.
Um Missverständnisse auszuräumen, möchte ich euch sagen, dass das Schlagen eines Kyosakus nicht eine Strafe ist, sondern es soll den durch das lange Sitzen ermüdeten Körper, ermuntern und den Übenden „aufwecken". Ein richtig geschlagener Kyosaku (Erweckungsstab) hilft dem Übenden, sich wieder in eine angenehme Sitzposition zu begeben. Meist fühlt er sich danach wieder frischer uns ist wieder motiviert, seiner Übung nachzugehen.
Zurück zum Thema.
Dieses Verbunden-sein mit allem, vor allem mit meinen Begleitern auf dem Weg, gibt uns das besondere Gefühl, auf dem „richtigen" Weg zu sein.

Natürlich sind wir immer mit allem verbunden; spirituell gesehen. Aber eben auch, weil wir Menschen sind, brauchen wir Kollegen, Freunde, mit denen wir einmal einen Kaffee trinken und ein Schwätzchen halten können, müssen.

Der letzte Grund für ein gemeinsames Sitzen ist der, dass unser Meister uns bei diesem Sitzen begleiten kann. Er hält extra für uns Dokusan oder Teisho, was uns wiederrum hilft, uns den Augenblick klarer vor Augen zu führen.
Im gemeinsamen Sitzen liegt eine „besondere" Atmosphäre, die unserer Erfahrung des Augenblicks sehr zuträglich ist.
Lasst uns gemeinsam im Schweigen sitzen. „Im Reden schweigt es. Im Schweigen redet es!" (Shodoka)[9]

Gassho!

---

[9] „Die Flöte des Unendlichen" S. 80

Schritt für Schritt!

„Der Augenblick kennt kein Verweilen..." heißt es im Abendspruch eines Sesshin.

Genau dessen müssen wir uns bewusst sein. Es geht immer um diesen einen Augenblick. Nur dann wissen wir, was der nächste Schritt ist.

Im Kinhin können wir dies sehr gut üben. Der eine Schritt zeigt die ganze Deutlichkeit des Universums, des Lebens. Nur dieser eine Schritt, nur dieser eine Augenblick. Dafür üben wir.

Es geht nicht um bombastische Erleuchtungen oder irgendwelche Erfahrungen, auch nicht um die Erfahrung unserer eigenen Leere oder unseres eigenen Ursprungs.

Nein, es geht nur um diesen einen Schritt.

Und wenn dieser Schritt beendet ist, dann kommt der nächste. Wir dürfen also nicht in diesem einen Schritt – auch im Augenblick der Erkenntnis – stehen bleiben. Es geht unaufhörlich der eine Schritt in den nächsten Schritt über. Der nächste Augenblick ist sofort da, nach diesem einen Augenblick.

Nur wenn wir in diesem einen Augenblick vollständig da sind und uns dieser Schritt, dieser Augenblick bewusst ist, dann sind wir völlig in der Präsenz. Dann wissen wir aber auch um unseren nächsten Schritt und können gelassen das Leben leben, so wie es sich uns bietet. Ohne dass wir werten, einteilen oder uns Vorstellungen von irgendetwas machen, was gar nicht existiert.

Schritt für Schritt, Augenblick für Augenblick.

Gassho!

Kleider machen Leute!

Viele ZEN-Übende ziehen sich eine schwarze Robe an und meditieren mit dieser. Genau zu diesem Zeitpunkt, wenn sie sich hinsetzen, dann ziehen sie die Robe an. Klar erkennbar ist, dass sie als Mönche oder Nonnen, genauer gesagt als ZEN-Mönche, ZEN-Nonnen Zazen üben.

Ihre Kleidung zeigt ihre Art des Lebens und ihren Stand an. Was ist aber, wenn sie die Kleidung ausziehen? Sind sie dann nicht mehr Nonnen oder Mönche, sind sie dann nicht mehr ZEN-Übende, sind sie dann nicht mehr in der Übung?

„Kleider machen Leute" heißt es. Das kann man auch bei manchen ZEN-Übenden sehen. Sie ziehen ihre besondere Kleidung beim Zazen an und legen diese dann danach wieder ab. Meist handelt es sich hierbei auch um Laien, die sich nicht mit einem Ritual für ein Klosterleben verpflichtet haben.

Allgemeine Texte zum Verständnis des ZEN

Ist dies dann überhaupt ZEN?

Da die meisten Menschen, die ZEN-Übende sind, heutzutage Laien sind, haben sie keine Verpflichtung zu besonderer Kleidung. Sie üben dennoch ZEN und sind genauso eifrig dabei. Nur mit dem Unterschied, dass sie noch einen anderen Alltag haben, als den der Angehörigen eines ZEN-Klosters. Für die Laien ist es wichtig zu wissen, dass es mit dem Anziehen besonderer Meditationskleidung nicht getan ist. Es ist nicht das Anziehen der besonderen Kleidung, sondern die Haltung, die auch ohne Kleidung einen ZEN-Übenden ausmacht.

Deshalb müssen wir uns stets darüber klar sein, dass das Anziehen einer Robe nicht ZEN ist, wenn wir mit dem Anziehen dieser Robe einen Zweck verfolgen. Nämlich den, den anderen Menschen zu zeigen, dass wir ZEN üben. Das ZEN ist nur das Anziehen und auch wieder das Ausziehen. Es dient nicht irgendwelchem Zweck, außer dem der bequemeren Sitzkleidung.

Wir werden nicht „Leute", wenn wir die Robe anziehen. Wir sind „Leute", wenn wir mit Achtsamkeit sitzen und alles andere loslassen. Eben auch die Kleidung. Ansonsten wäre es wie im Kinderfasching, bei dem ich einmal eine andere Position, einen anderen Charakter, eine andere Sichtweise ausprobiere. Wo ich dann am nächsten Tag wieder in meinen gewohnten Alltag zurückkehre.

Das aber ist nicht ZEN.

Also: Kleider machen eben nicht Leute, sondern die innere Einstellung zum ZEN macht aus mir einen ZEN-Adepten.

Und die heißt wie immer: Achtsamkeit in jedem Augenblick.

Wenn ich die Robe anziehe, ist es nur „die Robe anziehen". Mehr nicht! Nur Anziehen, ausziehen. Mehr nicht!

Deshalb kann ich auch im Alltag Zazen üben. Ich kann in der Zahnarztpraxis Zazen üben, ohne die bestimmte Zazenhaltung einzunehmen. Ich kann beim Hören eine Vogels Zazen üben. Ich kann beim Gehen Zazen üben.

Überall, wo ich achtsam in dem bin, was mir der Alltag entgegenbringt, kann Zazen sein.

Dafür benötige ich keine Robe. Sondern nur die Achtsamkeit des Augenblicks.

Gassho!

Allgemeine Texte zum Verständnis des ZEN

Realität im ZEN

Was ist die Wirklichkeit?

Ist das wirklich, was wir sehen, anfassen und riechen können?
Aus dem Schulunterricht wissen wir, dass das Auge sehr häufig genarrt werden kann. Also, warum sollen wir dem, was wir sehen, anfassen und riechen, glauben? Wir wissen auch aus der Schule, dass Physik mit seinen Gesetzen vieles erklären kann, es mit seinem logisch wissenschaftlichen Ansatz in Formeln und Modellen erklären kann.
Aber ist es wirklich so, wie wir meinen – es auch aus physikalischer Sicht –erkennen zu können?

Ist also der Baum wirklich so, wie ich ihn sehe, rieche, spüre?

Oder ist der Baum doch nur eine Vision? Entstanden aus unserem Geist, der sich in Verbindung, in Kontakt mit dem All, dem Universum befindet?

Ja, wir machen uns oft ein Bild von einem Baum. Jeder sieht ihn anders. Man sieht es daran, dass bei der Aufgabe, einen Baum zu zeichnen, jeder einen anderen Baum zeichnet. Obwohl sein Vorbild gerade vor dem Haus steht. Also haben wir doch nur ein Bild vom Baum.
Ist er dann überhaupt existent?

Wenn wir den Baum so sein lassen, wie er ist. Wenn wir unsere Vorstellung, die sich ja im Zeichnen eines Bildes

ergibt, bei Seite lassen, dann kann der Baum sein, so wie er ist.
Wenn wir uns umdrehen und den Baum nicht mehr sehen, dann ist er ja noch da. Physikalisch gesehen.
Also kann der Baum nicht nur eine Vision von uns sein. Er und alles andere, was wir Materie nennen, sind offensichtlich doch da.

Aber, wie ist er nun wirklich?

Wir müssen uns immer klar machen, zumindest aus der ZEN-Sicht, dass Form und Leere eins sind. Leere existiert nicht ohne Form und umgekehrt. Erst wenn ich den Baum wirklich erfahre, wenn ich also Baum bin, dann ergibt sich diese Einheit, die man Wesenskern des Seins nennt. Einen Baum können wir malen, wir entscheiden dann selbst, wie und was der Baum ist, wie er aussieht. Dies ist aber nur ein Bild dessen, was er wirklich ist. Er ist dann der eine Teil des Ganzen, er ist die Form. Die Leere hingegen ist der Akt des Zeichnens. Dies ist der andere Teil. Aber erst in der Einheit von ich und Baum, also wenn ich mich als Baum erlebe, weiß ich genau, was Baum ist. Dann erfahre ich die Einheit von Leere und Form.

Wenn also einige Wissenschaftler davon sprechen, der Baum, den ich sehe, existiert nur in unserer Vorstellung, unserem Geist, dann sagen sie uns nur die halbe Wahrheit. Eine Vorstellung von einem Baum hindert uns dann, den Baum so zu sehen, wie er wirklich ist. Und er existiert spätestens dann, wenn den Wissenschaftlern der Baum auf den Kopf fällt. Aua!

Obwohl dieser Baum vielleicht auch nur eine Ansammlung von Energie ist. Dies ist, wie gesagt, nur die halbe Wahrheit.

Erst wenn wir die Einheit erfahren, Baum und ich, dann haben wir wirklich „verstanden", ob ein Baum Wirklichkeit ist oder nicht.

Wo ist der Baum?

Gassho!

Raus aus den Mönchskleidern!

Die Übung des ZEN endet nicht im Achten Bild, dem Bild, das die große Erleuchtung darstellt. Sie endet mit dem Zehnten Bild, in dem der Mönch in den Alltag tritt, um anderen Menschen zu helfen.

Was nutzt mir die ganze Übung des Zazen, wenn ich es nicht schaffe, im Alltag meinen Mann/meine Frau zu stehen. Erst im Alltag zeigt es sich, ob ich wirklich in der Präsenz, im Augenblick bin.

Also raus aus den Mönchskleidern und rein in den Alltag!

Denn die eigentliche Übung ist der Alltag. Die eigentliche Übung ist das MU beim Kochen, beim Putzen, beim Gespräch mit dem Klienten.

Der Alltag ist der WEG!

Gassho!

Allgemeine Texte zum Verständnis des ZEN

„Ich habe den ‚Zustand xy' erreicht"

Im Herz-Sutra heißt es: „... weder Erkennen noch Erreichen, weil es nichts zu erreichen gibt."
Das ist wirklich war. Wir müssen uns stets nur den jetzigen Augenblick vergegenwärtigen, die Gegenwärtigkeit des Augenblicks erfassen, dann sind wir voll im Zustand, den wir meinen erreichen zu müssen.
Viele Menschen kommen zu mir, sitzen ein paar Einheiten bei mir und teilen mir dann mit, dass sie einen bestimmten Zustand erreicht haben oder dass sie im x-ten Bild sind. Meist werden sie dann nicht mehr gesehen.
Das ist schade, aber sie dürfen überall hingehen, wo sie wollen. Ich will sie nicht aufhalten.
Allerdings haben sie das, was sie meinen Erreichen zu müssen, nicht verstanden. Denn wie schon im Zitat angedeutet, gibt es nichts zu erreichen. Und wenn sie davon sprechen, etwas erreicht zu haben, einen bestimmten Zustand nun zu besitzen, dann sind sie in der Dualität und haben genau das nicht erreicht, was sie meinen Erreichen zu müssen.

Sie gehen dem Ego, das etwas erreichen will, das also hier steht, ein Ziel vor Augen hat und dieses dann anvisiert, auf den Leim. „Hier" und „dort" ist dualistisch gedacht und auch gehandelt. Es ist nicht der Zustand, von dem man in den Schriften spricht. Dieser Zustand ist eben genau dann erst „erreicht", wenn ich als Mensch aufhöre, ihn erreichen zu wollen.

Allgemeine Texte zum Verständnis des ZEN

Es geht nur um die Gegenwärtigkeit des Augenblicks. Um das Erkennen, dass es eben nichts zu erreichen gibt, … außer das Erfassen der Gegenwärtigkeit des Augenblicks.

Auch wenn man diesen Zustand in diesem Augenblick erreicht hat, dann ist er im nächsten Augenblick wieder zunichte. Denn der nächste Augenblick will wieder vollständig gegenwärtig erfahren werden. Deshalb hört auch die Übung der Gegenwärtigkeit, der Erfahrung von Einheit von LEERE und FORM, nie auf. Der nächste Augenblick ist wieder gegenwärtig zu erfassen.
Das ganze Leben lang.

Und so gehen wir in die Übung der Atmung oder des Koan „Mu" im Zendo und im Alltag, um zu erfahren, dass es nichts zu erreichen gibt.

Gassho!

ZEN und Alltag

Viele Personen sehen ZEN als:

- „Zu männlich, weil es zu wenige Frauen als ZEN – Meisterinnen gibt; zu hart für Frauen wegen des Drills";

- „Zu esoterisch, weil niemand ZEN versteht und nur die Eingeweihten es verstehen"

Allgemeine Texte zum Verständnis des ZEN

- „Zu sehr vom Alltag entfernt, weil es ZEN immer nur im Kloster gibt und häufig ganztägig meditiert wird.

- „ZEN ist zu viel vom Verstand geleitet."

Zu den oben genannten Punkten möchte ich folgende Kommentare abgeben:

<u>„zu männlich"</u>
Tatsache ist, dass es wirklich nur wenige Frauen gibt, die als ZEN-Meisterinnen erkannt werden. Dies liegt vor allem daran, dass sie sich nicht herausputzen müssen und lieber als stille nicht erkannte ZEN-Meisterin leben wollen. Zusätzlich hat sich herausgestellt, dass Frauen oft vor allem in Extremsituationen, was z. B. das Meditieren in einem Sesshin (längere Sitzperioden über mehrere Tage) ist, zäher sind, als ihre männlichen Kollegen. Auch sind Frauen prädestinierter für die Erleuchtungserfahrung, weil sie das ZEN weniger rational angehen. Sie erreichen schneller und z. T. intensiver die Erkenntnis ihrer Wesensnatur.

<u>„zu esoterisch"</u>
ZEN kann man wirklich nur verstehen, wenn man die Erkenntnis (Erleuchtung) gewonnen hat, dass nichts zu erreichen ist und dass wir lt. historischem Buddha schon immer die Erkenntnis besitzen, dass diese leider im Laufe unserer rationalen, gesellschaftlich geprägten psychologischen Entwicklung verloren gegangen ist. Es ist auch eine persönliche Erfahrung, die man nicht erlernen kann, sondern nur erfahren kann. Ein Glas Wein zu

trinken ist immer eine persönliche Erfahrung, die man niemals durch die Beschreibung des Weins erreichen kann. Damit ist ZEN eigentlich keine „Geheimlehre", sondern eine Tatsache, die nur durch unsere rationale Lebensart verloren gegangen ist.

„...zu sehr vom Alltag entfernt"
Auch diesen Punkt möchte ich entkräften. Viele erfahren die Wirklichkeit, so wie sie ist (=Erleuchtung) nicht im Zendo (Meditationsraum), sondern bei einer – meist einfachen – Arbeit im Alltag wie z. B. beim Fegen, auf der Toilette oder beim Gehen über eine Brücke oder ...
Das bedeutet, dass die ZEN-Übenden sich im Zendo auch auf den Alltag vorbereiten und nicht von ihm entfernen.

„zu rational"
Dieses Argument habe ich noch nie ganz verstanden, denn genau die Rationalität stellt für den ZEN-Übenden ein großes Hindernis auf dem Weg zur Erkenntnis dar. Deshalb versucht er durch das Zazen im Zendo die vorherrschende rationale Einsicht zu überschreiten und eine nicht rationale Erfahrung zu machen.
Ein Koan zum Beispiel ist rational nicht lösbar.
Da ZEN aber viele Intellektuelle anzieht, könnte man dem ZEN eine gewisse Form der Rationalität zuordnen. Die Intellektuellen haben aber bei der Übung meist mehr Schwierigkeiten als eine Person, die an die Suche nach der Erkenntnis in anderer Art und Weise herangeht.

Und so komme ich zu meinem eigentlichen Thema: ZEN und Alltag.
Was hat also ZEN mit Alltag zu tun?

Viel!
Denn: „Es gibt keine Trennung zwischen Spiritualität und Alltag. Kontemplation [und damit auch ZEN] und Aktion gehören zusammen. Erst wenn wir das erkannt haben, sind wir auf dem spirituellen Weg angelangt", schreibt Willigis Jäger (Kyoun Roshi)[10]. Erst wenn wir also die Meditation und ihre damit verbundene Einstellung in den Alltag integrieren, können wir von einem spirituellen Leben sprechen.
Und das führt uns zur Übung im Alltag. Alle haben wir von unseren Lehrern eine Übung zur spirituellen Reifung erhalten. Dies kann ein Koan (ein Rätsel, das rational nicht lösbar ist und einen spirituellen Hintergrund besitzt), das Atemzählen, ein Mantra wie z. B. die Silbe OM oder Shalom o.ä. sein. Diese Übung können wir in den Alltag integrieren, in dem wir bei jeder Tätigkeit an das Koan denken oder den Atem zählen oder die Silbe MU in uns klingen lassen. Dies führt dann soweit, bis alle Tätigkeiten nur noch MU, nur noch dieser Atem, nur noch das Koan sind. Es ergibt sich dann die Einheit mit der Übung, wir sind Einheit mit der Tätigkeit und können erfahren, was eigentlich schon immer vorhanden ist. Wie und was die Wirklichkeit ist.
Das erfordert allerdings eine Voraussetzung, die in unserem Alltag immer schwer zu erreichen ist. Die vollste Aufmerksamkeit und die vollste Hingabe in die Tätigkeit, die wir gerade tun. Das kann auch eine „profane" Tätigkeit sein, wie z. B. das Latrinenputzen oder das Spülen. Wenn

---

[10] Willigis Jäger, WeisheitsSpuren, Der Spirituelle Jahresbegleiter 2010, Hg. Ursula Richard und Christa Spannbauer, Kösel-Verlag München, 2009 S. „31.Woche 2010"

wir nur putzen mit dem Atem, dem Koan o.ä., dann leben wir ein spirituelles Leben. Aber wir müssen nur diese Tätigkeit tun. Nur Putzen, nur Autofahren, nur Sitzen, nur Gehen. Und nicht mehrere Dinge gleichzeitig wie z. B. telefonieren während des Autofahrens oder essen während des Gehens oder lesen, während wir mit den Kindern spielen...

Damit wird unser Alltag eine wirkliche Übungswiese des ZEN. Da ist nicht mehr „ZEN=Meditation im Zendo" und „Alltag da draußen". Sondern: ZEN ist überall. Wir sehen auf einmal die Blume, wie sie blüht, ohne Sinn, ohne Erwartung, angeschaut zu werden, geduldig wartend,– der Sinn ist sicherlich die Weitergabe der Samen zur Vermehrung durch die Biene –, aber ohne Rufen:
„Hey Biene komm' zu mir", sondern nur:
Blühen.
Wir sehen auf einmal das Abspülen ganz anders. Da genießen wir jeden Wisch vom Teller. Da ist nur noch der Wisch. Ohne Sinn und ohne Ziel – natürlich wollen wir es sauber haben, aber im Moment ist nur der Wisch.

Gassho!

Allgemeine Texte zum Verständnis des ZEN

Zen und Alltagsentscheidungen

Wo bleibt das Zen, wenn wir ständig rationale Entscheidungen treffen müssen. Wo bleibt unser Selbst.
Im Grunde sind wir ja schon erleuchtet. Wir müssen also nichts erreichen. Wir müssen uns nur dessen bewusst werden. Dieses ist nur durch das Erfahren des Augenblicks möglich.
Deshalb wird das getan, was im Moment dran ist.

Leicht gesagt im Alltag. Nehmen wir einmal an, ich bin zu Fuß auf dem Weg zu einer Verabredung. Im Moment bin ich zielorientiert. Meine Übung ist dann das Gehen. Gehen in Richtung des Ortes der Verabredung. Was soll ich dann tun, wenn ich am Bäcker vorbeikomme und mir gerade einfällt, dass noch Brot zu kaufen ist. Was ist dann zu tun? Weiter gehen, weil ich ja gerade eben gehe oder das Brot kaufen, weil es sonst nichts zu essen gibt? Und dann zu spät zur Verabredung zu kommen.
Die Übung ist, wie schon gesagt, das zu tun, was dran ist. Aber was ist dran?
Wichtig ist zu realisieren, egal, was ich tue, dass das, was ich dann tue, gerade das ist, was dran ist. Ich entscheide nicht, was zu tun ist, es entscheidet sich von selbst.
In einer Situation kaufe ich das Brot, in einer anderen Situation gehe ich direkt zur Verabredung. Je nachdem wie die Intuition mich leitet.
Wenn man tief in der Übung des ZEN ist, dann realisiert man sofort, ohne nachzudenken, was zu tun ist. Es tut sich einfach.

Allgemeine Texte zum Verständnis des ZEN

Es ist genauso wie die Geschichte von zwei Mönchen und einer Frau, die den Fluss überqueren will, aber keine Brücke in der Nähe vorfindet. Kurzer Hand nimmt einer der Mönche die Frau auf die Schulter und trägt sie über den seichten Fluss. Nach einer Weile fragt der andere Mönch ihn, warum er das getan hat. Es ist ihnen doch verboten, eine Frau anzufassen oder gar herumzutragen. Der Mönch antwortet, er selbst habe die Frau auf dem Flussufer abgelegt, er aber trägt immer noch die Frau.
Das, was getan werden muss, muss getan werden. Ohne nachzudenken, ob es dran ist oder nicht. Es wird einfach getan.
Und genauso ist es wie im Beispiel vom Bäcker. Vielleicht hat ja die Ehefrau das Brot schon gekauft, wenn ich einfach weiter gehe. Oder ich kaufe eventuell ein zweites, was notfalls eingefroren werden kann. Egal, wie ich mich entscheide, es ist stets „das Richtige".
Wichtig ist dabei, nicht nachträglich darüber nachzusinnen, ob die Entscheidung richtig oder falsch war. Das was getan wird, wird mit vollster Hingabe getan. Einkaufen oder Weitergehen. Es geht dann nur um „das Einkaufen" oder nur um „das Weitergehen", ohne Wertung, ohne rationale Reflexion, ohne sich Sorgen zu machen, was jetzt als nächstes dran ist.

Im Alltag ist also nur die Übung „Achtsamkeit" zu befolgen, dann ergibt sich der Weg von selbst, ohne nachzudenken, ohne zu bewerten.

Tun wir es mit voller Hingabe, egal was, dann sind wir auf dem Weg!
Gassho!

Allgemeine Texte zum Verständnis des ZEN

ZEN hat nichts mit Kensho zu tun

Es geht nicht um Kensho(Erleuchtung). Das muss man sich bei der täglichen Meditation voll bewusst sein.
Denn diesen Zustand erreicht man erst, wenn man ihn nicht erreichen will. Es ist eine Erfahrung, die über alle Definitionen und rationalen Vorstellungen hinausgeht.

Wenn man Kensho erreichen will, dann hat man ein Ziel, das nichts mit der Erfahrung des Augenblicks zu tun hat. Man hat eine Vorstellung von einem Punkt, von dem man ausgeht und einem anderen Punkt zu dem man hin will. Dies ist eine rationale Einstellung, die der Erfahrung des Augenblicks entgegensteht.

Es geht aber vielmehr im Zen nicht um ein „Erreichen" eines Zustands, sondern um die Erfahrung des Augenblicks. Und nur diese Erfahrung kann uns die Wirklichkeit, die „...vor Himmel und Erde steht..." (Daio Kokoshi) erkennen lassen.

Unsere Übung ist also das zu realisieren, was im Moment in diesem Augenblick ist. Diesen können wir positiv oder negativ erleben. Ihn nicht als positiv oder negativ zu definieren, macht uns fähig, diesen Moment des Augenblicks ganz und gar zu erfahren.

Zwar ist Kensho ein Zustand, der die Wirklichkeit „wirklich" erkennen lässt, was demjenigen, der es erfährt, unbeschreiblich glückselig macht, es ist aber nur dann erfahrbar, wenn man keine Vorstellung von diesem Zustand hat.

Dieser Zustand lässt uns erkennen, dass die Dualität eine Non-Dualität ist und dass die eigentliche Wirklichkeit ein Verschmelzen von Leerheit und Form ist.

Also was machen wir mit Kensho und unserer täglichen Übung:

Nur da sein, nur Sitzen, nur Stehen, nur Essen, nur Gehen. Ohne Vorstellung, ohne Ziel, ohne Bedürftigkeit. Ohne Bewusstsein des Kensho, ohne Gedanken an Kensho.
Und wenn wir ständig Gedanken an Kensho haben, dann ist das auch die Übung. Wir realisieren diese Sehnsucht, ohne auf sie einzugehen, sie zu verdrängen oder zu verdammen.

Gassho!

Impuls und der nächste Schritt

Im Zen gibt es den nächsten Schritt. Und wir haben gelernt, dass das das wichtigste ist. Den nächsten Schritt zu tun. Denn wir wollen ja im Augenblick das tun, was dran ist.
Was aber macht uns dabei so viele Schwierigkeiten?
Was macht uns Stress.
Warum sind wir dann trotzdem nicht in der Präsenz des Augenblicks?

Das möchte ich heute genauer betrachten.

Wir müssen im Zen genau unterscheiden zwischen Impuls und dem nächsten Schritt.

Ein Impuls ist auch lt. Fremdwörterduden[11] eine Anregung von „relativ kurzer Dauer" und kommt meist spontan. Was hier gemeint ist, ist nicht der physische Impuls, also die Formel $p = m \cdot v$ (Impuls ist gleich Masse mal Geschwindigkeit). Es ist der innere psychische Anstoß etwas zu tun gemeint. Also ein spontanes Ereignis, das nach Erledigung drängt.

Und was ist dann „der nächste Schritt"?

Er ist etwas differenzierter. Auch ihm liegt eine innere Anregung, die Intuition, zugrunde. Dieser ist aber stets ohne Vorgabe, ohne Ziel, ohne Voraussetzungen und meistens nachhaltiger. Das bedeutet, dass dieser nächste Schritt meist größere Konsequenzen nach sich zieht. Er ist in der Regel längerfristiger und betrifft oft die gesamte Persönlichkeit.
Hier möchte ich das Gesagte, also den Unterschied zwischen Impuls und „nächster Schritt", genauer an einem Beispiel ausführen.

Zunächst das, was am deutlichsten den Unterschied zeigt. Nämlich meine Tätigkeit des Teisho – Schreibens. Im Moment schreibe ich also an meinem Teisho, das ich in der Vergangenheit – Gestern – vorgetragen habe.

---

[11] Das Fremdwörterbuch, Duden, 4. Auflage 1982, S. 334

Während meiner Büroarbeit – diese ist nun mein nächster Schritt – klingelt das Telefon oder eine SMS kommt herein. Das Herangehen ans Telefon wäre nun ein Impuls, der mich mitten in meiner Büroarbeit überkommt. Wenn ich nun den Telefonhörer abnehme wäre ich aus dem nächsten Schritt – der Büroarbeit – heraus. Und das wäre nicht wahres ZEN. Denn nun habe ich nicht konsequent meinen nächsten Schritt verfolgt, bin nicht bei meiner Übung geblieben, habe nicht im Augenblick gelebt, sondern habe mich von mir selbst entfernt und bin einem psychischen Störfeuer (Impuls) gefolgt.

Und was ist das Problem? Warum kann ich nicht meinem Impuls folgen?

Nun, wie schon gesagt, ich bin in meiner Übung: Büroarbeit. Und die hat eine Berechtigung, erledigt zu werden und zwar vollständig, ordentlich und genau. Deswegen ist es nicht angebracht während dieser Übung anderen Tätigkeiten zu tun. Ich sollte mich voll auf die Übung einlassen, sie in mein ganzes Wesen aufnehmen und mich nicht um die Welt scheren. Dann bin ich vollständig im Augenblick. Und dann bleibt der Impuls (SMS) außen vor und stört mich nicht.

Was aber sollte ich tun, wenn ein wichtiger Anruf kommt?

Erste Antwort: „Ist dieser Anruf wirklich wichtig?"
Wenn ja, dann ... ja was dann?

Problematisch. In solchen Situationen kann man kurzfristig dem Impuls folgen und abheben, aber eben nur

kurzfristig und dem Partner mitteilen, dass man später zurückruft und das Problem klärt.
Wenn die Aufgabe natürlich keinen Aufschub duldet, dann sollte man sich vollständig auf dieses Problem einlassen und eben die jetzige Tätigkeit verschieben. Aufgeschoben ist nicht aufgehoben.

Am besten ist allerdings, dass man sich vor Impulsen schützt, in dem man entweder den Anruf, die SMS ignoriert oder gleich das Handy ausschaltet. Wenn allerdings das Telefonieren zur Büroarbeit gehört, dann sollte man auch auf einen Anruf antworten und eingehen. Dann ist eben die Übung auch während einer Schreibarbeit ein Telefonat zu führen.

Wichtig ist mir dabei euch zu sagen, dass man diese Situation zu vermeiden versuchen sollte und sich eben während einer Tätigkeit / Übung nicht aus der Übung bringen lassen sollte. Vorher „das handy ausschalten" oder nicht auf den Impuls „handy" eingehen.

Wenn einem ein Impuls – vor allem am Anfang seiner ZEN-Übung kann dies häufiger der Fall sein – überkommt, dann gibt es auch die Möglichkeit, diesen Impuls aufzuschreiben und später als nächsten Schritt zu bearbeiten.

Dies kann insbesondere dann sinnvoll sein, wenn einem während einer Übung ein wichtiger Gedanke kommt, einem ein wichtiger Termin einfällt, der noch nicht im Tagesplan eingetragen ist oder endlich das

Allgemeine Texte zum Verständnis des ZEN

Telefongespräch zustande kommt, das man schon die ganze Zeit erwartet hatte.
Man nimmt sich einen Block, einen Bleistift und legt ihn neben sich, damit man die Gedanken oder Impulse, die wichtig sein könnten, gleich aufschreiben kann und sich dadurch nicht von seiner Übung abbringen lässt. So bleibt man in der Übung und folgt dem Impuls, der zu einem nächsten Schritt werden kann.

Gassho!

ZEN ist nicht schwer!

Im Shinjin Mei, Verse über den Glaubensgeist, von Seng-t'san steht:
„Der höchste Weg ist nicht schwer, wenn du nur aufhörst zu wählen. Wo weder Liebe noch Hass, ist alles offen und klar. Aber die kleinste Unterscheidung bringt eine Distanz wie zwischen Himmel und Erde."[12]

Wenn ihr zu mir ins Dokusan kommt, dann wundert euch nicht, wenn ihr genauso zweifelnd und ratlos herauskommt, wie ihr hineinkamt.
ZEN kann man nicht verstehen, man muss es immer erfahren.

---

[12] Die Flöte des Unendlichen, Willigis Jäger (Hg), Wege der Mystik, 6. Auflage 2016,S.70

Und wenn ihr Fragen stellt, dann habt ihr meist eine Vorstellung von dem, was geantwortet werden sollte. Ihr kommt meist mit Wünschen persönlicher Art oder Ideen über das ZEN oder über eine Vorstellung davon, was sein sollte.
Im Grunde ist das gut, wenn ihr bei Fragen zu mir kommt. Denn sie zeigen, dass ihr auf dem Weg seid, dass ihr der eigentlichen Frage: „Wer bin ich?" auf den Fersen seid. Und diese Fragen möchte ich als Zen-Lehrer auch beantworten.
Nur: Die Antwort ist nicht die, die ihr erwartet. Ihr erwartet von mir eine überlegte, ja weise Antwort. Eine Antwort, die man verstehen kann, die einem erklärt, was ist, wie es ist.
Nur diese Art von Antwort gibt es im Dokusan nicht.
Rationale, erklärende Antworten gehen am Wesentlichen vorbei.
ZEN schaut immer direkt ins Herz. Und dieses ist nicht rational. Ja nicht einmal emotional, wie man meinen möchte, wenn man das Wort „Herz" hört. Es hat was mit der Wirklichkeit des Seins zu tun und diese ist immer nur die Erfahrung des Seins.
Den Wein kann man nur in seiner Wesensnatur erfahren, wenn man ihn trinkt.
Also trinkt.
Aber bitte nicht so, wie viele Jugendliche, die im Koma saufen meinen, etwas beweisen zu wollen, wie stark, wie überlegen, wie sie meinen sich unter Kontrolle zu haben. – Sie beweisen damit genau das Gegenteil. Sie zeigen, dass sie ihre Grenzen nicht kennen. Sich also nicht selbst einschätzen können. Und warum?
Das ist ein anderes Kapitel... -

Trinkt um des Trinkens willens. Dann werdet ihr erfahren, was die Wesensnatur ist.
Und genau darauf hin zielen meine Antworten. Sie sind immer darauf ausgerichtet, euch eure Wesensnatur in diesem einen Augenblick erfahren zu lassen. Im Hier und Jetzt. Und dies ist meist ein Sprung ins Ungewisse, der nur plötzlich passieren kann.
Die Antworten dienen der Verwirrung, der Verwirrung des Rationalen. Denn nur, wenn ich nicht verstehe, dann bin ich verwirrt. Ihr sollt aber nicht verstehen, ihr sollt erfahren.
„Der Weg ist nicht schwer, wenn du nur aufhörst zu wählen..." bedeutet also, dass wir alle nur die Erfahrung des Jetzt, also den Geschmack des Weines, in diesem einen Augenblick machen sollen und keine Gedanken oder Vorstellung darüber anstellen, was sein könnte oder was sein soll.

Nur Jetzt!

Wenn euch also meine Antworten abstrus vorkommen, ihr nicht die Antwort erhält, die ihr erwartet habt, dann seid ihr auf dem richtigen Weg. Durch die Verwirrung kommt ihr ins „Jetzt".
Ich will euch wegziehen von der Rationalität. Sie hindert uns an der Erfahrung, weil sie immer dual ist. Dieses Wegziehen ist aber nicht als Gemeinheit gedacht, sondern kommt intuitiv. Sie ist immer aus der Barmherzigkeit eines Bodhisattvas, der solange nicht ins Nirvana eingeht, bis nicht alle Lebewesen die Erfahrung gemacht haben.
Diese Hilfe ist vielleicht nicht die Hilfe, die ihr erwartet. Aber es ist die einzige wirkliche Hilfe für die Erfahrung der

Wirklichkeit, des „Jetzt". Denn dann erkenne ich, dass „... Wo weder Liebe noch Hass, ist alles offen und klar..." ist. Und die Erfahrung macht frei von Leid, weil ich erkenne, dass Leid nur aus meiner psychologischen Bedürftigkeit oder von meinem Körper stammt, die Wesensnatur aber nicht verletzt werden kann. Diese bringt eine tiefe Zufriedenheit, die über die alltägliche Bedürfnisbefriedigung hinausgeht.

Zum Schluss möchte ich allerdings noch eine Warnung aussprechen.
Trotz Erleuchtungserfahrung, trotz Satori, trotz 10. Bild, bleibe ich Mensch. Der Mensch ist gebunden an den Körper, an die Psyche. Als Mensch kann ich auch leiden, kann Freude empfinden oder Trauer. Ich bin als Mensch nicht von den negativen und positiven Erfahrungen befreit.
Ich kann sie nur für mich befriedigend einordnen.
Sie sind ein Teil dessen, was ich bin. Aber eben nur ein Teil. Die Wesensnatur, die Leere, gehört genauso dazu wie die Form, der Leib, der Mensch.
Wie es im Herzsutra heißt: „Leere ist nichts anderes als Form."

Also: Lasst euch verwirren, damit alles klar wird.

Klaro!

Gassho!

ZEN und Staub saugen!

ZEN geht immer direkt ins Herz. Es trifft einen vollkommen und meist unerwartet. Wenn man Zen beschreiben will, dann ist man schon in der Rationalität. Wenn man ZEN beschreiben will, wenn man eine Aktion beschreiben will, dann ist man immer in der Dualität. Da gibt es jemanden, der es beschreibt (ich) und etwas, das getan wird (Staub saugen). Aber es ist was anderes. Es ist nur Staub saugen. Mehr nicht.

Es ist genauso wie das Koan Nr. 26 aus dem Mumonkan: „Einmal kam vor dem Mittagessen ein Mönch zu Dahogen von Seiryo und bat um Unterweisung. Gen zeigte mit seiner Hand auf die Bambusvorhänge. Zwei Mönche, die gerade dort waren, gingen in gleicher Weise zu den Vorhängen und rollten sie hoch. Gen sagte: „Der eine hat gewonnen, der andere verloren."[13]

In Wirklichkeit gibt es niemanden, der gewonnen oder verloren hat. Nur der eine hat es getan, so wie ich es meine: er hat die Rollläden hochgerollt. Und der andere hat es nur getan. Wenn beide bei sich wären und ohne Überlegung oder ohne über das Hinaufrollen nachgedacht hätten, hätten sie verstanden, was es ist, die Rollläden hochzurollen.

Was ist es nun? Es ist: „Staub saugen." Mehr nicht. Wenn ich eine Beschreibung des Staubsaugens abgebe, dann bin

---

[13] Mumonkan S. 150

ich nicht mehr in der Übung. Und „Staubsaugen" ist nicht mehr Staubsaugen. Es ist die Beschreibung des Staubsaugens. Das genau ist dual. Und im Spirituellen geht die Beschreibung an dem vorbei, was Zen wirklich ist.

Auch das zweite Koan beschreibt dies (Koan 37 Mumonkan, Der Eichbaum im Garten): „Ein Mönch fragte Joshu in allem Ernst: „Welchen Sinn hat das Kommen des Patriarchen aus dem Westen?" Joshu antwortet: „Der Eichbaum da im Garten". [14]

Hier genau ist erneut die Lösung. Der Eichbaum. Mehr nicht. Es ist genauso wie das Rollläden hochziehen oder das Staubsaugen.

Nur so verstehen wir den Augenblick der Spiritualität. Nur so können wir die Spiritualität erkennen. Augenblick für Augenblick.

Und das ist auch der Grund, warum wir sitzen. Wir sitzen, damit wir erkennen, was es wirklich ist. Damit wir erkennen, dass es keine Beschreibung des Tuns ist. Es ist das Tun selbst. Dann erkennen wir auch die Wirklichkeit, den Augenblick, so wie er ist.

Und was ist nun das „Staubsaugen"?

Staubsaugen! Rollläden hochziehen. Eichbaum im Garten.

Gassho!

---

[14] Mumonkan S. 200

Reden / Worte

„Im Reden schweigt es, im Schweigen redet es."[15]
So steht es im Shodoka von Yoka Daishi (665-713) und so ist es auch!

Im Grunde ist nichts zu sagen, denn das ist nur wieder Rationalität.
Wenn wir verstehen, was damit gemeint ist, brauchen wir uns um nichts zu kümmern.

Dann kennen wir die Sprache der Frösche, die Sprache des Staubsaugers, die Sprache des Windes, die Sprache des Weges.

Und wenn wir sitzen, dann sind wir eins mit den Worten. Eins mit den Nicht-Worten, mit dem was das Eigentliche aussagt.

Worte sind nicht das, was das Eigentliche ist. Worte sind nicht der Duft, Ton oder Geschmack, den wir spüren. Das Zen ist stets das Erleben der Einheit des Ganzen. Das Erkennen, dass nichts außerhalb existiert. Weil es kein Außen gibt. Alles ist Eines, Eines ist alles, heißt es.

Und deshalb braucht man auch nichts zu sagen. Ein Teisho kann nicht sagen, wie der Wein schmeckt. Wir müssen ihn trinken, um es zu erfahren. Aber dieses Trinken muss voll und ganz Trinken sein. Nicht eine Frage

---

[15] Die Flöte des Unendlichen, Willigis Jäger (Hg), Wege der Mystik, 6. Auflage 2016, S. 80

damit verbinden. Wie schmeckt der Wein, wie mundet er mir? Nur Trinken. Voll und ganz.

Was sind dann aber die Worte vom Wind, vom Staubsauger, vom Frosch?

Das zu erkennen ist unsere Übung!

Gassho!

Sitzen in der Gemeinschaft

Viele große Meister haben sich nach ihrem großen Satori erst einmal für ein paar Jahre zurückgezogen. Meist sind sie sogar Emeriten geworden und haben sich erst nach eingehender Selbt-Prüfung und Entwicklung an die Öffentlichkeit gewagt. Es war nicht so, wie in heutiger Zeit, wo gleich nach einer kleinen Erkenntnis, die z. T. noch nicht einmal eine Erleuchtung ist, die Menschen als Meister an die Öffentlichkeit gehen und alles Mögliche predigen.

Die großen Meister sind also in die Einsamkeit der Spiritualität gegangen, um sich fortzubilden. Das entspricht aber nicht der modernen Zeit und den meisten heutigen Menschen. Diese benötigen Gemeinschaft und einen Austausch mit Mit-Meditierenden und dem anwesenden Meister.

Warum? Was ist so sinnvoll am gemeinsamen Sitzen?

Das gemeinsame Sitzen hat mehrere Gründe. Zum einen ist da einmal die psychische Komponente. Viele Menschen fühlen sich geborgen in der Stille des Sitzens, müssen nichts tun, außer sitzen, werden ernst genomen, weil sie so sein können, wie sie sind und es gibt viele Gründe mehr. Das Zendo ist also eine Stätte der Geborgenheit, wo alles sein darf, was ist. Ich habe auch in diesem Zusammenhang schon alles erlebt, außer, dass jemand einen anderen erschossen hat. Aber alle Emotionen, die beim Meditieren aufkommen können, sind im Zendo schon aufgetaucht. Da wird manchmal geweint, gelacht, geschnarcht o.ä. Und niemand ist auf die Emotionen eingegangen, hat Hilfe angeboten oder sich um die betroffene Person gekümmert. Wir sind aber alle mitgesessen, haben die Emotionen gespürt und es, ohne dass wir etwas dafür taten, mitgetragen. Es hat uns bestärkt, weiter zu üben, weil es keine „gutmeinenden Ratschläge" gab, keine unwichtigen und nicht adäquaten Tipps gab, wie es besser zu machen wäre. Nein, wir haben immer nur gesessen.

Und das tut gut für emotional gebeutelte Menschen.

Denn unsere Übung heißt: „Loslassen", nicht „Verdrängen" oder „Herzaubern" wie z. B. „Ruhe und Gelassenheit" oder Mitgefühl. Diese Dinge sind Auswirkungen unseres inneren Prozesses des Loslassens und Zulassens, dessen was ist. Unseres Gewahr Werdens dessen, was wirklich in diesem Augenblick zu tun ist. Und nicht das, was wir uns wünschen oder vorstellen.

Das zweite ist die energetische Komponente. Wir sitzen alle in einem Energiefeld, wir sind Energie und geben diese auch an die Umgebung ab. Wenn wir frei werden von allen Vorstellungen und Wünschen, wenn wir aufhören, uns durch Gedanken zu blockieren, dann fließt die Energie in uns und wir strahlen sie aus. Diese ausgestrahlte Energie, man nennt sie beim ZEN Joriki. Sie trägt alle im Zendo Anwesenden und hilft ihnen, ihre Emotionen zuzulassen. Oftmals passiert es mir in einem Sesshin, dass ich nach dem 3. Tag kaum mehr schlafe. Nicht, weil ich mir zu viele Gedanken über das nächste Koan mache, sondern weil es das Joriki ist, dass mir die Energie gibt, fit und wach zu sein.

Eine dritte Komponente ist die äußere Struktur, die dem Übenden Halt auf dem doch so steinigen Weg zu sich selbst gibt. Denn auf dem ZEN – Weg kommen wir um die Wechselfälle des Lebens nicht drumherum.

Da gibt es Wüsten, die wir durchschreiten müssen, weil wir alles loslassen müssen, was wir uns aufgehalst haben. Es wird eine Zeit geben, wo wir meinen, es würde nicht mehr weiter gehen. Wir sehen auf einmal keinen Sinn mehr an unserer Übung. Oder ein Kindheitstrauma ergreift uns, das wir noch nicht „verarbeitet" haben. Wir können im Sitzen dieses loslassen und uns befreien von diesem Klotz. Aber wir müssen das hervorholen und aussitzen, damit wir es loslassen können. Damit wir uns davon befreien können. In diesen Momenten meinen wir meist, dass wir es nicht aushalten. Dass wir es nicht schaffen, es ist zu schmerzhaft.

Da sage ich euch, ja, es lohnt sich da durchzugehen, weil der Schmerz nie so stark ist, wie die Befreiungsfreude, die nach dem Loslassen aller Emotionen entsteht.

Und die vierte Komponente des gemeinsamen Sitzens ist das Mittragen und das „Auf dem Boden bleiben" nach einer Erleuchtungs-Erfahrung. Denn viele Menschen, die eine wirkliche Erfahrung gemacht haben, sind oftmals erst verwirrt und kennen sich nicht aus. Das ist übrigens eine meiner Aufgaben als ZEN-Lehrer, diese Menschen zu begleiten und ihnen die richtige Einordnung ihrer Erfahrung zu geben. Aber auch das Zendo mit seinen „Geübten" und „Nicht-so-viel-Geübten" kann diejenigen mittragen und sie in ihrer Erfahrung bestätigen.

Und! Die Gemeinschaft bremst durch ihre Schweigsamkeit den „Erfahrenen", sich als etwas Besonderes oder Besseres zu fühlen und schließlich egozentrisch oder gar überheblich zu werden. Denn dann ist er wieder aus der Übung und geht den „falschen Weg", der ihn wieder von der Spiritualität fortträgt.

Deswegen ist auch das wöchentliche Sitzen am Donnerstag hier im Zendo so wichtig für diejenigen, die den Weg ernsthaft gehen wollen. Alles darf sein. Die Erkenntnis, das Mitgefühl, die Konzentration und die Ruhe, die wir uns so sehr wünschen, ergeben sich von alleine. Aber, wie gesagt, nur dann, wenn wir verstanden haben, keine Vorstellungen und Wünsche mehr von dem zu haben, was unserer Meinung nach sein sollte. Nur dann, wenn wir authentisch sind und durch unsere Übung realisieren, was im Moment dran ist, nur dann werden wir konzentriert, achtsam, mitfühlend und innerlich ruhig.

Heißt das aber jetzt, wir sollen nicht mehr alleine sitzen?

Nein, das alleinige Sitzen ist für die tägliche Übung wichtig, um sie auch in den Alltag zu integrieren. Das gemeinsame Sitzen sollte eine Ergänzung zu unserer Übung sein. Wir werden merken, dass es beiden, dem Zendo und mir selbst, gut tut.

Gassho!

Warum ist es so schwer, beim ZEN als Meditationsform zu blieben?

Vorweg: ZEN ist nicht für jedermann!
Aber: Jedermann könnte ZEN machen!

Dies ist auch die Erkenntnis, die der historische Buddha bei seiner Erleuchtung gewonnen hat, dass alle Menschen, ja alle Wesen, die Möglichkeit haben, ihre eigene Wesensnatur zu erkennen. Und dass alle Wesen dieselbe Erleuchtung, wie Siddharta Gautama sie hatte, erlangen können.

Aber warum ist es dennoch so schwer ausgerechnet beim ZEN zu bleiben und genau diese Erkenntnis anzustreben?

Allgemeine Texte zum Verständnis des ZEN

Warum haben so viele Personen, die sich alle im Innern ihres Herzens nach der Erkenntnis, nach der Einheit mit allem, was das Universum ausmacht, nach der Vereinigung von Leere und Form sehnen, so viele Schwierigkeiten?
Warum?

Nun, ZEN ist wie bereits oben angedeutet, nicht für jedermann. Denn dazu gehört ein starker und gefestigter psychologischer Charakter, der alle Mühen des Weges zur Erlangung der Erkenntnis auf sich nimmt, ganz egal, wie es um ihn steht.
Und viele Menschen fangen an, ZEN zu meditieren aus einem Bedürfnis heraus, etwas erreichen zu wollen, dass es ihnen besser als vorher geht, dass sie glücklich sind usw. Und erleben dabei ständig Enttäuschungen und „Niederlagen". Auch ist meist ihr psychologischer Charakter nicht so stark ausgeprägt, sich einmal in eine Wüste zu begeben, in der sie nichts als Sand = „Nichtwissen" vor sich sehen und enttäuscht sind, weil sie keinen Erkenntnisgewinn zu erlangen meinen.

Und genau das ist wahrscheinlich das Problem. Und gleichzeitig die Lösung.
Sich genau in die Ungewissheit des Weges, des Neuen, Unbekannten zu begeben und nur mit „Gottes-Vertrauen", aber ohne rationale Zielorientierung, seinen Weg zu gehen.
Denn die Erkenntnis erlangt man nicht durch rationale Beschäftigung mit irgendetwas, nicht mit Rezitation von Sutren oder mit einem bestimmten Ritual. Man erhält sie nur, wenn man sich wirklich auf das „Nichts", auf die

Wüstenbilder oder auf die Langeweile einlässt und sich innerlich, wie äußerlich von allem löst und damit alles loslässt.

Wenn aber Buddha davon spricht, dass alle die „Buddha-Natur" besitzen, warum können viele nicht die Buddha-Natur erreichen? Zumindest jetzt nicht?

Weil sie schon Buddha sind. Sie müssen sich nur darauf einlassen. Sie müssen es voll und ganz loslassen, etwas sein zu wollen, etwas darstellen zu wollen oder überhaupt etwas zu wollen. Buddha sind wir immer, vor unserem Anfang und über unser Ende hinaus. Das Einzige, was wir können, ist dieses zu erkennen.

Ein anderer Grund ist in unserer beständigen Rastlosigkeit des Alltags zu suchen. Wir fangen stets eine Sache an und denken dabei häufig bereits an die nächste Arbeit. Wir sind nicht im Augenblick, wir versenken uns nicht vollständig in diese Arbeit. Wir wollen ständig etwas erreichen und vergessen dabei die Arbeit als Arbeit an sich. Wir fegen nicht, wenn wir fegen. Wir denken stets, wann hört dieses lästige Fegen endlich auf. Ich habe noch „Wichtigeres" zu tun, als dieses blöde Fegen. Wir sind stets auf die Zukunft fixiert. „Wann hört es endlich auf, denn..."
Nein. Wenn wir fegen, sollten wir fegen, wenn wir schwimmen, denken wir ja auch nicht ans Ufer, sondern wir schwimmen, damit wir nicht untergehen. Und genauso sollten wir mit dem Fegen umgehen. Es geht nicht um die Reinlichkeit des Raumes, es geht um das Fegen, nur Fegen.

Und diese Unbeständigkeit des Geistes ist unsere Problematik, die uns auch auf dem Kissen, vor allem auf dem Kissen, begegnet.
Deshalb halten die meisten Menschen die Stille, die Ruhe, die innerliche Ruhe, das „Nichtstun" nicht aus. Sie können nicht einfach loslassen und sich in das „Nur-Sitzen" einlassen, weil sie stets dabei sind, zu planen, etwas Sinnvolleres, etwas Wichtigeres als dieses blöde „Rumsitzen" zu tun.

Aber genau darin liegen das Problem und die Lösung. Es ist gleichzeitig!

Wenn wir einmal dabeiblieben, beim ZEN, dann könnten wir das, was wir uns sehnlichst erhoffen, erfahren.

Ein anderes Problem ist ein psychologisches.

Oftmals kommen wir ja mit einem psychologischen Problem, einer Bedürftigkeit, einem Gefühl, dass „etwas nicht stimmt", zum ZEN. Und wir erhoffen oftmals durch das Sitzen das Lösen des Problems oder auch das „Verschwinden des Problems".
Genau das Gegenteil erleben wir aber oft. Denn ZEN ist ein „Lösungsweg", ein lebenslanger Prozess der Loslösung von allem, was unsere Vorstellungen sind. In diesem Prozess tauchen – zwangsläufig – alle Probleme, die wir nicht wirklich verarbeitet haben, die nicht wirklich gelöst wurden, massiv auf. Alles was wir versucht haben zu verdrängen, was wir tief in der letzten Ecke unseres Seins gestopft haben, damit es nie mehr hervorkommt. Dieses kommt aber hervor. Garantiert! Und wir werden

enttäuscht. Ist dieses Problem immer noch da? Habe ich es nicht ins Sankt-Nimmerleinsland geschickt. Zur Hölle soll es fahren?

Ja, es ist immer noch da! Leider! Es ist unser Begleiter auf unserem Weg. Es will nochmals „bearbeitet" werden, es will vor allem nochmals betrachtet werden. Aber dieses Betrachten/Bearbeiten ist nicht eine aktive Arbeit, ein Hinwegschieben. Nein es ist ein „Loslassen".
Wir müssen dieses Problem als ein Problem, das zu mir gehört, betrachten. Wir müssen erkennen, dass wir als Mensch Verletzungen davon tragen können, dass das zu uns als Mensch gehört. Und über dieses Akzeptieren, erkennen wir, dass wir noch aus etwas anderem bestehen, als aus diesem physiologischen und psychologischen Köper. Dieses etwas, was man gar nicht benennen kann – manche sprechen von Wesensnatur – kann gar nicht verletzt werden.
Und deshalb müssen wir uns als Menschen so hinnehmen, mit unseren ganzen Traumata, Verletzungen und Bedürfnissen, damit wir erkennen können, dass wir noch ein „Mehr" sind, als nur dieses Fleisch und Blut.

Und das ist ein weiterer wichtiger Grund, warum so viele Menschen nicht beim ZEN bleiben. Sie möchten nicht sich mit sich selbst auseinandersetzen. Alte Verletzungen nochmals mit Liebe behandeln und sie so in die Person integrieren, dass sie damit „akzeptabel" leben können. Viele Menschen jedoch wollen nur kurzfristige Beruhigung, nur kurzfristige Lösung von Schmerz. Eine langfristige Lösung wollen sie zwar auch, aber nur durch Wegschieben und Ignorieren. Und genau da liegt der

Hund begraben. Durch das Wegschieben kommt der Schmerz immer wieder bei jeder Gelegenheit hoch. Erst wenn wir ihn in uns integrieren, wird er aufgelöst oder zumindest so akzeptabel, dass wir damit leben können.

Aber ZEN ist ein Lebensweg, die Verletzungen im psychischen Bereich hören nie auf, aber über die Übung der Meditation kann ich lernen damit umzugehen.

Deswegen möchte ich allen raten, die heute nach der ZEN-Meditation weggehen möchten: Bleibt ein wenig dabei, bleibt auch in diesem psychischen Schmerz, den ihr habt. Rührt nicht in ihm herum, verdrängt ihn nicht, sondern seid mit ihm einfach gegenwärtig.
Dann habt ihr die Gelegenheit, in jedem Augenblick eures Seins das zu erfahren, was diesen Schmerz erträglich machen kann. Die Erkenntnis der Wesensnatur. Denn das ist etwas, nach was es euch in diesem Leben zieht. Die Erkenntnis des Seins. Nicht mehr und nicht weniger. Und in dieser Erkenntnis hört der Schmerz auf, weil er nichts mehr hat, woran er sich haften kann.

Aber Achtung! Wir bleiben unser Leben lang Mensch und auch als Mensch können wir auch trotz Erkenntnis der Wesensnatur Schmerzen erfahren. Sie besetzen uns aber nicht so, weil wir um unsere Wesensnatur wissen. Weil wir sie „erfahren", in jedem Augenblick!

Also bleibt und geht dem nach, was euer innerster Antrieb ist. Die paar Schmerzen werdet ihr wohl integrieren können.

Allgemeine Texte zum Verständnis des ZEN

Leere und Form gehören zusammen!

Gassho!

Bestimmte Texte zum Zitieren

Herzsutra

(Maka Hannya Haramita Shingyo)
Sutra von der vollkommenen Weisheit des Herzens

*Bodhisattva Avalokitesvara
In der Übung der tiefen transzendenten Weisheit
erkannte, dass alle fünf Skandas leer sind,
und überwand so alles Leiden.*

*Sariputra, Form ist nichts anderes als Leere
Leere nichts anderes als Form.
Form ist wirklich Leere,
Leere wirklich Form.*

*Das Gleiche gilt für Empfindung, Wahrnehmung,
Wollen und unterscheidendes Denken.
Sariputra, die Formen aller Dinge sind leer,
sie entstehen nicht und vergehen nicht.
Sie sind nicht rein und nicht unrein,
nehmen nicht zu und nicht ab.*

*Daher ist in der Leere keine Form,
weder Empfindung, Wahrnehmung,
Wollen oder unterscheidendes Denken,
weder Auge, Ohr, Nase, Zunge oder Körper,
weder Farbe, Ton, Duft oder Geschmack,
weder Berührbares noch Vorstellung,
weder ein Bereich der Sinnesorgane
noch ein Bereich des Denkens,*

Bestimmte Texte zum Zitieren

weder Unwissenheit noch Ende von Unwissenheit.

*Und so gibt es weder Alter noch Tod,
noch ein Ende von Alter und Tod,
weder Leiden noch Entstehen von Leiden,
kein Anhäufen, Vernichten, keinen Weg,
weder Erkennen noch Erreichen,
weil es nichts zu erreichen gibt.
Ein Bodhisattva lebt auch dieser Weisheit,
ohne Hindernis im Geiste,
ohne Hindernis und daher ohne Furcht.
Jenseits aller Illusionen ist endlich Nirvana.*

*Alle Buddhas der Vergangenheit
Leben aus dieser transzendenten Weisheit,
erreichen die höchste Erleuchtung
vollkommen und unübertroffen.*

*Wisse daher, dass die transzendente Weisheit
Das große, heilige Mantra ist,
das große, strahlende Mantra,
das unübertroffene Mantra,
das alle Leiden nimmt.*

*Das ist wahr und ohne Fehl.
Das ist das Mantra, verkündet in der transzendenten Weisheit.
Es lautet:*
GATE GATE PARAGATE PARASAMGATE BODHI SVAHA[16]

---

[16] Die Flöte des Unendlichen, Willigis Jäger (Hg), Wege der Mystik, 6. Auflage 2016, S. 66

Bestimmte Texte zum Zitieren

(Mitgeschnitten am: 17.09.2016 im Zendo Merano)

Gerade eben haben wir über Daio Kokushi, „Über ZEN" gesprochen, das ich im nächsten Zazenkai behandeln möchte. Um die wichtigsten Texte der ZEN – Literatur verstehen zu können und sie einordnen und in unsere westlichen Verständnisweise übersetzen zu können, ist es mir wichtig, diese etwas näher zu erläutern.

Heute möchte ich mich dem Herz – Sutra widmen. Es ist ein sehr beliebtes Sutra, weil es die Kernaussage des ZEN sehr treffend wiedergibt und in vielen Klöstern, in vielen Zendos und auch bei uns immer am Ende eines Sesshin oder Zazenkai zitiert wird.
Es ist ein wichtiges Koan – jetzt sage ich Koan, aber es ist auch ein Koan. Ein Koan ist ein nicht rational lösbares Rätsel, das nur intuitiv erfasst werden kann. Es ist aber kein Rätsel, sondern es ist die Wirklichkeit, die wir meistens nicht erkennen. Wenn wir gehen, dann sind wir meistens schon in Gedanken am Ziel, wenn wir beim Ziel sind, denken wir wieder daran, wie wir weiter gehen sollen. Es geht nur ums Gehen uns sonst um nichts. Und genauso sollte man auch mit dem Herz-Sutra oder überhaupt mit Sutren umgehen. Man sollte es hören aufnehmen und allen Inhalt vergessen und nur wirken lassen.

Trotzdem ist es wichtig, einige für uns fremde Bezeichnungen oder Fremdworte zu erklären, um den Text und seine Mächtigkeit der Aussage besser erfassen zu können.
Dies möchte ich heute mit diesem Teisho tun. Wichtig ist allerdings, dass man stets sich bewusst macht, dass die

Wesensnatur nur erfahren werden kann und alle Erklärungen ohne wirkliche Erfahrung nur hohle Erklärungen sind, die mit dem eigentlichen, dem wirklichen nicht viel zu tun haben. Also: Einfach zuhören, die Erklärungen aufnehmen und wieder vergessen. Es einfach wirken lassen und nicht aktiv nach weiteren logischen Zusammenhängen suchen.
Denn nicht umsonst haben einige ZEN-Meister viele ZEN-Schriften verbrennen lassen, weil sie erkannt haben, dass ihre Schüler sich zu sehr an Erklärungen, logischen Zusammenhängen und an die Worte selbst hielten ohne eine intuitive Aufnahme der Kernaussagen vollzogen.

Wenn man also das Sutra wirklich aufnimmt, dann ist es im Grunde eigentlich ein Koan. Und das Herz-Sutra ist etwas Feines, weil es eigentlich genau den Kern trifft, worum es geht. Es geht um den Augenblick und was es mit ihm zu tun hat.

(Herz-Sutra wird vorgelesen)

Lange Rede kurzer Sinn.

Warum wird es überall zitiert? Es ist genau dort, wo die Wirklichkeit ist, genau dort, wo „...die Wirklichkeit, die vor Himmel und Erde steht..." wie wir es gerade eben in Daio Kokushi zitiert haben.
Die Kernaussage ist im zweiten Absatz:

„Sariputra, Form ist nichts anderes als Leere, Leere nichts anderes als Form, Form ist wirklich Leere, Leere wirklich Form."

(Klatscht in die Hände)
Das ist alles. Mehr gibt es nicht. Das zu erkennen, ist unser Weg. Im Grunde ist jeder spirituelle Weg dieses zu erkennen. Ob das jetzt ein kontemplativer Weg des Christentums ist oder das ursprüngliche Yoga ist. Es führt stets auf denselben Berg.
Es geht immer darauf hinaus, dass wirklich Leere und Form eins sind.
Was heißt das eigentlich?

Wenn ich es dualistisch sehe, dann sind zwei verschiedene Dinge. Dann ist es immer ein Du und ein Ich. Dann ist einmal die Hand und dann ist es das Heben der Hand. Aber das ist es eben nicht. Die Erfahrung im Kensho oder Satori ist wirklich eine Einheitserfahrung mit allem und allen Dingen. Es löst das Ich auf und man erfährt wirklich die Einheit von Form und Leere.

Es ist nicht voneinander getrennt. Es ist keine Erhabenheit oder wie es im Text heißt: „...weder Empfindung, Wahrnehmung, Wollen oder unterscheidendes Denken..." Das bedeutet, man erfährt, dass alles zusammengehört. Es einmal die Hand da, die sich nach oben bewegt und die Bewegung selbst. Beides ist nicht voneinander zu trennen. (Hebt die Hand).
Und trotzdem ist in der ganzen Hand und in den Fingern und im ganzen All Leerheit. Das haben auch schon die Physiker erkannt, die feststellten, dass es offensichtlich in Materie zwar einen Atomkern gibt und sich drehende Elektronen um den Kern herumschwirren, aber dazwischen viel leerer Raum existiert. Die Hand mit ihren

Molekülketten ist im Großen und Ganzen dennoch leer. Physisch gesehen ist also mehr Leere als Form/Materie da. Das ist eigentlich alles, mehr ist nichts zu sagen.

Es existiert nur die Nicht-Zweiheit. Die Dualität ist aufgehoben. Und nur das zu erkennen ist unser Weg. Mehr nicht.

Kommen wir zum „Herzsutra" mit seinen Worten und seinen Erklärungen.
Es ist manchmal sehr schwer zu „verstehen", weil viele Fremdworte oder fremdartige Worte darin vorkommen.
Ich möchte nun diese Fremdworte ein bisschen erklären. Nicht um das Herzsutra zu verstehen im rationalen Sinne, sondern mehr um einen Geschmack der Spiritualität, die dieser Text beinhaltet, zu bekommen.

Fangen wir an. Der Text fängt gleich mit einem Fremdwort an, mit „Bodhisattva".
Ein Bodhisattva ist eine Person, der vollkommen erleuchtet ist, den Vorhang vollständig geöffnet hat und aus der vollen Erkenntnis des Augenblicks, der Einheit von Leere und Form lebt. Er verzichtet nach buddhistischem Ideal auf ein Eingehen ins Nirvana (sog. Verlöschen), weil er das Rad der Wiedergeburt verlassen hat. Er verzichtet darauf, um andere Menschen auf ihren Weg zur Erkenntnis zu helfen und geht solange nicht ins Nirvana ein, solange nicht der letzte Mensch die „vollkommene Weisheit" erlangt hat. Er lebt also nahezu ewig, wenigstens solange es Menschen gibt. Nach den 10 Ochsenbildern lebt er also im 10. Bild.

In den vier großen Gelübden wird dieses Ideal auch von jedem angestrebt:
„Zahllos sind die Lebewesen, ich gelobe sie alle zu retten" – oder – „...von ihrem Leid zu befreien."
Der Bodhisattva bleibt also im Leben und lebt ganz normal unter Menschen als Mensch. Mit seinen Leiden, Wünschen und Gedanken.
Er geht nicht auf im reinen Sein, das was „Verlöschen" meint, sondern bleibt Mensch.
Wichtig ist dabei, dass man sie nicht als „Messias" oder der eine Mission zu erfüllen hat, ansieht, sondern nur als einer der hilft, wenn jemand es will und zu ihm kommt, um diese Hilfe zu erfahren. Er ist nur da. Wenn niemand ihn sucht, dann bleibt er da, achtsam aber ohne Eingreifen. Er geht nicht auf die Menschen zu, um ihnen zu sagen: „Hallo, ich habe es erkannt!", – das kann er gar nicht, weil er sonst vom „Ich" sprechen würde – er wartet einfach. Und wenn jemand bereit ist, den Schritt zu gehen, dann hilft er ihm.

Avalokitesvara ist ein besonderer Bodhisattva, der Erbarmen gibt und eine große Weisheit besitzt. ... er ist befähigt Menschen in die Spiritualität zu führen.

„... Er erkannte, dass alle 5 Skandas leer sind..."
Skandas sind Ausdruck der Persönlichkeit, also eines Menschen, die folgendes darstellen:
- Körperlichkeit
- Empfindung
- Wahrnehmung
- Gestaltung psychischer Art
- Bewusstsein (6. Sinn – Geistbewusstsein)

Diese Anhaftungen werden weiter unten im Text genauer mit Erfahrungen beschrieben:
Wie z. B.: „...weder Auge, Ohr ..." die Sinnesorgane
„... weder Farbe, Ton, Duft oder Geschmack...", was wir also mit den Sinnesorganen aufnehmen.
Weiter: „... weder Berührbares noch Vorstellungen..." hier wird über die Ratio geredet

Und diese 5 Skandas sind leer. Das was vorher schon gesagt wurde, dass „Form Leere ist und Leere Form ist", hat also der Bodhisattva Avalokitesvara erkannt. Dann kommt noch eine Sache dazu „... und überwand so alles Leiden". Als der große historische Buddha, also Siddharta Gautama seine große Erleuchtung hatte, hat er erkannt – er wollte ja wissen, woher kommt das Leid, was ist das Leid überhaupt – wollte er aufstehen – er hatte ziemlich lange gesessen, unterm Bodhi Baum. Und als er das erkannt hat, hat verstanden, wo das Leid herkommt.
Leid kommt immer nur aus Unterscheidungen, wenn ich etwas bewerte, wenn ich gewertet werde und darauf eingehe. Wenn es ein Ich gibt und ein Du gibt. Aber in der Leerheit und gleichzeitig in der Form ist aber die Leerheit. Diese Leerheit bedeutet, dass wir Menschen eigentlich mehr sind, und das was wir meinen, was wir sind, Körper Psyche und was damit alles zu tun hat, sind mehr. Und was dahintersteckt, hinter der Psyche, hinter dem Körper ist diese Leerheit. Diese Leerheit kann nicht verletzt werden. Also, wenn ich das erkenne, kann ich auch kein Leid erfahren.
Das heißt natürlich nicht, dass wenn ich leide, als Mensch, nicht leiden darf, „Oh, das gibt's nicht, das ignoriere ich",

das ist es nicht. Sondern ich gehe nicht auf das Leid ein. Ich leide, weil ich leide. Und erfahre dann, wo es wirklich geht. Ich bin nicht nur Leere, ich bin nicht nur Form, sondern ich bin beides. Ich bin auch Leere. Da ist nicht mehr ein Ich da, sondern da ist nur noch „Leere". Nur noch Form, nur noch Leid.
Genau dasselbe ist auch mit der Fröhlichkeit, Wenn ich nicht darauf eingehe, dann kann ich immer das erfahren, was wirklich ist. Dann ist es so Freude, und im nächsten Augenblick ist es wieder anders.

„... Und so gibt es weder Alter noch Tod, noch ein Ende von Alter und Tod".
Ja, das ist ziemlich gnadenlos gesprochen. Im Grunde für mich logisch. Wenn es letzten Endes keine Dualität gibt, eine Nicht – Zweiheit, die Dualität ist eins, dann gibt es kein Anfang, kein Ende, weil wenn ich einen Anfang oder Ende definiere, dann definiere ich immer das Gegenteil.
 Das ist Dualität.
In der Einheitserfahrung ist dies aber zusammen! Leere und Form ist das gleiche. Damit ist auch ganz klar, dass der Tod nur ein Abschnitt. Nur ein Punkt auf unserem ewigen Weg. Der Weg ist für mich ewig. Es beginnt nicht mit der Geburt und endet nicht mit dem Tod.
Als Mensch schon! Als Mensch werde ich geboren von meiner Mutter und sterbe irgendwann einmal. Aber nur in dieser physischen Realität. In meiner rational definierten Realität. In der Wesensnatur, in der Leerheit, ist dieses nicht vorhanden.
Und so wird es auch beschrieben. „... und so gibt es weder Alter noch Tod, noch ein Ende von Alter und Tod" „... weder Entstehen von Leiden..." und dann kommt das, was

wir Menschen nicht so gerne mögen, „…kein Anhäufen, kein Vernichten, keinen Weg…"
Und jetzt, was noch wichtiger ist, „… weder Erkennen, noch Erreichen…"
Wir sind schon da. Wir brauchen nichts zu erreichen. Das ist eine wunderbare Sache. Ich bin frei von alledem. Ich muss nicht mehr irgendwohin. Ich muss nicht mehr irgendwo ein Diplom erreichen, wenn ich es nicht erreiche, ist es auch in Ordnung. Das ist manchmal etwas schwieriger zu erkennen und zu akzeptieren als Mensch. Aber ich habe nichts zu erreichen. Ich brauche nur da sein, jeden Augenblick erleben, Jeden Augenblick da sein. Und das ist es schon. Das macht mich frei, flexibel. Jeder Augenblick ist neu. Wenn es plötzlich rechts herum geht, dann gehe ich rechts herum. Wenn es links herum geht, dann gehe ich links. Ohne Wertung, ohne Definition.

„…Ein Bodhisattva lebt aus dieser Weisheit".
Ja, er hat es erkannt, also kann er völlig frei gehen. Das macht vielen Menschen Verwirrung. Ist aber so. Da kann man nichts dagegen tun.

Das Letzte ist dann, was ich noch erzählen möchte: „… wisse daher, dass die transzendente Weisheit das große, heilige Mantra ist…"

Was ist ein Mantra?
Ein Mantra ist im Grunde genommen ein wieder bewusst machen auf das, was es ist. Nur der Augenblick.
Es kann ein Wort sein, ein Ton sein. Meistens ist es ein Wort, das mir immer wieder zu mir nehme, das in mir spielt, das in mir sagt, das in mir singt, das plötzlich

überall ist. Das berühmte Koan „MU" bzw. „Hat ein Hund Buddha Natur?" Und Joshu antwortet: „Mu"
Wer das aufbekommen hat, dann ist das im Grunde ein Mantra. (Tönt Mu). Und dieses Mantra hilft mir, in den Augenblick zu kommen, um genau zu erkennen, was es ist.
Leere und Form sind eins. Und in der Leere ist Form und in der Form ist Leere.

Und was soll ich jetzt mit der täglichen Übung machen?

Wenn ihr wollt, könnt ihr ein Mantra nehmen. Nehmt irgendein Wort für euch. Z. B.: „Ja" oder „Hallo" Ein berühmter Zen Meister hat ständig zu sich gesagt: „Ich bin da. Ganz wach, ganz wach!" Jedes Mal. Er hat es immer zu sich selbst gesagt. Ist in den Augenblick gekommen.
Und wenn ich diese Übung soweit mache, dass sie in einer ganz normalen alltäglichen Normalität kommt, dann ist das Mantra überall. Dann kann ich erfahren, dass Leere und Form eins sind.

Und dann... fängt 's an.

Gassho!

Bestimmte Texte zum Zitieren

„Der Ochs und sein Hirte"

I Die Suche nach dem Ochsen

*Verlassen in endloser Wildnis schreitet der Hirte dahin
durch wucherndes Gras und sucht seinen Ochsen.
Weit fließt der Fluss, fern ragen die Gebirge,
und immer tiefer ins Verwachsene läuft der Pfad.
Der Leib zu Tode erschöpft und verzweifelt das Herz.
Doch findet der suchende Hirt keine geleitende Richtung.
Im Dämmer des Abends
hört er nur Zikaden auf dem Ahorn singen.*

Bestimmte Texte zum Zitieren

II *Das Finden der Ochsenspur*

*Unter den Bäumen am Wassergestade sind hier und dort
die Spuren des Ochsen dicht hinterlassen. Hat der Hirte den Weg gefunden
Inmitten des dicht wuchernden, duftenden Grases?
Wie weit auch der Ochse laufen mag,
bis in den hintersten Ort des tiefen Gebirges:
Reicht doch seine Nase in den weiten Himmel,
dass er sich nicht verbergen kann.*

Bestimmte Texte zum Zitieren

III *Das Finden des Ochsen*

Auf einmal erklingt des Buschsängers helle Stimme
Oben im Wipfel.
Die Sonne strahlt warm, mild weht der Wind,
am Ufer grünen die Weiden.
Es ist kein Ort mehr, dahinein der Ochse sich entziehen könnte.
So schön das herrliche Haupt mit den ragenden Hörnern,
dass es kein Maler erreichte.

Bestimmte Texte zum Zitieren

IV Das Fangen des Ochsen

*Nach höchsten Mühen hat der Hirte den Ochsen gefangen.
Zu heftig noch dessen Sinn, die Kraft noch zu wütend,
um leicht seine Wildheit zu bannen.
Bald zieht der Ochse dahin, steigt fern auf die hohen Ebenen.
Bald läuft er weit in die tiefen Stätten der Nebel und Wolken
und will sich verbergen.*

Bestimmte Texte zum Zitieren

V Das Zähmen des Ochsen

Von Peitsche und Zügel darf der Hirte seine Hand
keinen Augenblick lassen.
Sonst stieße der Ochse mit rasenden Schritten vor in den Staub.
Ist aber der Ochse geduldig gezähmt
und zur Sanftmut gebracht,
folgt er von selbst ohne Fessel und Kette dem Hirten.

Bestimmte Texte zum Zitieren

VI *Die Heimkehr auf dem Rücken des Ochsen*

*Der Hirte kehrt heim auf dem Rücken des Ochsen,
gelassen und müßig.
In den fern hinziehenden Abendnebel
klingt weit der Gesang seiner Flöte.
Takt auf Takt und Vers auf Vers
Tönt die grenzenlose Stimmung des Hirten.
Hört einer auf den Gesang, braucht er nicht noch zu sagen,
wie es dem Hirten zumute*

Bestimmte Texte zum Zitieren

VII Der Ochse ist vergessen, der Hirte bleibt

*Schon ist der Hirte heimgekehrt auf dem Rücken des Ochsen.
Es gibt keinen Ochsen mehr.
Allein sitzt der Hirte, müßig und still.
Ruhig schlummert er noch,
da doch die rot brennende Sonne schon hoch am Himmel steht.
Nutzlose Peitsche und Zügel,
weggeworfen unter das stroherne Dach.*

Bestimmte Texte zum Zitieren

VIII Die vollkommene Vergessenheit von Ochs und Hirte

Peitsche und Zügel, Ochs und Hirt
Sind spurlos zu Nichts geworden.
In den weiten und blauen Himmel
Reicht niemals ein Wort, ihn zu ermessen.
Wie könnte der Schnee auf der rötlichen Flamme
Des brennenden Herdes verweilen?
Erst wenn ein Mensch in diesen Ort gelangt ist,
kann er den alten Meistern entsprechen.

Bestimmte Texte zum Zitieren

IX Zurückgekehrt in den Grund und Ursprung

*In den Grund und Ursprung zurückgekehrt,
hat der Hirte schon alles vollbracht.
Nicht ist besser, als jäh auf der Stelle
wie blind zu sein und taub.
In seiner Hütte sitzt er und sieht keine Dinge da draußen.
Grenzenlos fließt der Fluss, wie er fließt.
Rot blüht die Blume, wie sie blüht.*

Bestimmte Texte zum Zitieren

X Das Hereinkommen auf den Markt mit offenen Händen

Mit entblößter Brust und nackten Füßen
Kommt er herein auf den Markt.
Das Gesicht mit Erde beschmiert,
der Kopf mit Asche über und über bestreut.
Seine Wangen überströmt von mächtigem Lachen.
Ohne Geheimnis und Wunder zu mühen,
lässt er jäh die dürren Bäume erblühen.

Bestimmte Texte zum Zitieren

Text aus China der Sung-Zeit (1126-1279)[17]

Tuschezeichnungen von Holde Wössner[18]

Teisho

In den nächsten drei Zazenkai möchte ich mich intensiv mit den Ochsenbildern beschäftigen. Sie stehen für den ZEN – Weg schlechthin und zeigen die gesamte Entwicklung eines ZEN-Lebens oder auch eines spirituellen Lebens auf. Dabei darf man die Abschnitte nicht als Zeiteinteilung sehen, bei der man sagt, nach vier Jahren hast du das zweite Bild, nach 5 Jahren das vierte Bild erreicht etc., sondern man muss sich die Bilder als Abschnitte, die unterschiedlich lang sein können oder unterschiedlich intensiv sein können, ansehen. Auch sind die Zeiten der Abschnitte je nach Person ganz verschieden. Und die Unterschiede zwischen den einzelnen Abschnitten sind nicht ganz eindeutig, sodass man manchmal meint, im 3. Bild und ein anderes Mal meint im 4. Bild zu sein. Zudem kann es möglich sein, dass manche Übende nicht alle Bilder bis zum Ende durchlaufen werden.

Nichts desto trotz haben diese Bilder ihre Berechtigung und sind ein guter Hinweis, welche Aufgaben, welches Lebens- oder Lebensabschnitts-Koan ich noch zu lösen habe.

Und: Wir müssen uns immer klar sein, dass wir eigentlich schon im zehnten Bild, also auf dem Marktplatz, sind. Wir besitzen, wir sind Buddha-Natur von Geburt an und brauchen nichts zu

---

[17] Zitiert nach: Die Flöte des Unendlichen, Willigis Jäger (Hg), Wege der Mystik, 6. Auflage 2016, S. 87-89

[18] Künstlerin aus Stuttgart, Dtl.

erreichen, weil es nichts zu erreichen gibt, wie es im Herz-Sutra steht.

Wofür sind dann also die Ochsenbilder?

Sie sind als Bilder unserer augenblicklichen Befindlichkeit hilfreich, denn sie können als Ansporn oder als Warnung für die Unablässigkeit der Übung dienen. Jeder Augenblick ist neu und dieser ist auch stets neu zu erfahren.

Zunächst einmal ein bisschen zur Geschichte.

„Der Ochs und sein Hirte" (chin. Pinyin Shiniu tu) ist in den Zeiten des Chan-Buddhismus in China im 12. Jh. entstanden und offensichtlich von Kuoan Shiyuan (jap. Kakuan Shien) geschrieben und illustriert worden. Zunächst waren in früheren Darstellungen nur 8 Bilder vorhanden. Der Autor (Kakuan) meinte aber, es sei sinnvoll, noch zwei andere Bilder hinzuzufügen, weil der Mensch ja im Alltag lebt.[19]

Dies ist wichtig zu betonen, denn oftmals meinen viele Menschen, die nicht ZEN praktizieren, dass das Ziel des ZEN die Erleuchtung sei. Dem ist aber nicht so, wie ich dies bereits in anderen Teishos konkretisiert und erklärt habe.

Fangen wir mit dem ersten Bild an.

Der „Ochs" und „sein Hirte" versinnbildlichen in der chinesischen Sprache zwei Teile des einen Ganzen. Der „Ochs" symbolisiert die Wesensnatur, als das was ich schon immer bin, aber mir nicht mehr bewusst bin, was es also erneut zu

---

[19] Lexikon der östlichen Weisheitslehren, Hg. Fischer-Schreiber, Ingrid, Schuhmacher, Stephan, Bern, 3. Auflage der Sonderausgabe, 1995, S. 173, siehe auch: Philipp Kapleau (Hg), Die Drei Pfeiler des ZEN, 5. Auflage, Bern, 1981, S. 407

erkennen gilt. Der „Hirte" bin ich selbst als Person, die den Ochsen „fangen" muss und mit ihm eine Symbiose eingehen muss, um zu erkennen, was die Wesensnatur ist. Das Auflösen der Dualität zwischen Leere und Form ist im Grunde dasselbe, wie das Eingehen von Ochs in den Hirten und umgekehrt.

Das 1. Bild:

Die Suche nach dem Ochsen

Verlassen in endloser Wildnis schreitet der Hirte dahin
durch wucherndes Gras und sucht seinen Ochsen.
Weit fließt der Fluss, fern ragen die Gebirge,
und immer tiefer ins Verwachsene läuft der Pfad.
Der Leib zu Tode erschöpft und verzweifelt das Herz.
Doch findet der suchende Hirt keine geleitende Richtung.
Im Dämmer des Abends
hört er nur Zikaden auf dem Ahorn singen.

Im ersten Bild ist uns noch gar nicht bewusst, dass es eine Wirklichkeit außerhalb unseres rational bedingten Horizontes gibt. Wir wissen noch nicht, dass wir eigentlich auf der Suche sind. Unser Streben hat immer ein Ziel vor Augen, das es in Wirklichkeit gar nicht gibt. Dies ist uns in diesem Abschnitt nicht klar. In diesem Bild befinden sich alle Menschen, die sich noch überhaupt nicht auf einen spirituellen Weg gemacht haben, sondern einfach vor sich her leben.

Bitte versteht mich jetzt nicht falsch. Ich möchte zu den Menschen, die ohne spirituellen Ansatz leben, keine Kritik äußern. Sie sollen so leben, wie sie meinen, dass es das Beste für sie ist. So ist diese ZEN-Geschichte eine Geschichte von allen Menschen und nicht von einer auserwählten Elite.

Bestimmte Texte zum Zitieren

Also: Alle Menschen befinden sich in diesem Bild. Viele bleiben auch darin, weil sie kein Interesse an einer spirituellen Lebensweise haben. Und das ist auch in Ordnung. Jeder Mensch kann sein Leben gestalten, wie er will.

Und trotzdem taucht schon der Ochse auf: „... schreitet der Hirte dahin durch wucherndes Gras und sucht seinen Ochsen."

Stimmt das nun mit dem überein, was ich gerade gesagt habe?

Ja, wenn man es sich genau anschaut, stimmt es damit überein. Denn der Hirte ist verzweifelt und sein Leib zu Tode erschöpft. Der suchende Hirte findet keine geleitende Richtung.

Er ist sich nicht bewusst, dass er sucht. Er sucht zwar nach Geld, Ruhm und Anerkennung, aber in Wirklichkeit sucht er den „Ochsen", nämlich sich selbst. Ihm ist das nur nicht bewusst. Er spürt zwar, dass ihm etwas fehlt, aber er kann es nicht einordnen. Sein Bedürfnis nach dem „Ochsen" lässt ihn also nach Geld, Ruhm oder Anerkennung suchen.

Ihm fehlt hierbei tatsächlich eine leitende Richtung, die zu geben eigentlich meine Aufgabe als ZEN-Lehrer sein müsste. Aber es ist einem ZEN-Lehrer fremd, nach Schülern zu suchen oder jemandem hinterherzulaufen. Denn nur, wenn der künftige Schüler wirklich an des Lehrers Klause vorbeikommt und an seine Tür klopft, dann wird er ihm helfen können. Es muss der Schüler wirklich die Spiritualität suchen, was ihm am Beginn seines ZEN-Weges vielleicht nicht bewusst ist. Denn nur dann kann ein Lehrer durch seine Intuition und Erfahrung auf ihn eingehen, ihm einen Weg aufzeigen und ihm dadurch helfen, den Berg zu erklimmen und diesen danach wieder hinabzusteigen. Anders geht der Weg fehl. Denn eine ZEN-Schule ist nicht eine natürliche Schule, die mit Hilfe von Klausuren auf Erreichen von Diplomen aufbaut. Man wird nicht nach irgendwelchen Fähigkeiten abgefragt. Es geht im ZEN vielmehr um die Eigenentdeckung, genauer gesagt, um die Wiederentdeckung der eigenen Buddha-Natur, die wir ja von Anfang an das Leben zutiefst sind.

Deshalb muss der Schüler die geleitende Richtung von sich heraus suchen, muss beim Lehrer anklopfen und ihm sein Bedürfnis schildern. Das ist leider so, denn eigentlich müssten alle Personen auf der ganzen Welt meditieren und die Erkenntnis des ZEN erfahren, dann würden aufgrund ihres Mitgefühls keine Kriege mehr entstehen und alle Menschheit glücklich und zufrieden leben können.

Und so hört der Hirte nur „…die Zikaden auf dem Ahorn singen.", was versinnbildlicht, dass er sich seiner Suche und seines Bedürfnisses nach Spiritualität nicht bewusst ist. Und man kann für ihn hoffen, dass der Ochse ihn irgendwann einmal auf sein eigentliches Suchen stupst. Man kann nur hoffen, dass der Hirte versteht, dass Ruhm, Geld und Anerkennung ihm nicht die ersehnte Befriedigung geben wird.

Das *zweite* Bild

Das Finden der Ochsenspur

*Unter den Bäumen am Wassergestade sind hier und dort
die Spuren des Ochsen dicht hinterlassen. Hat der Hirte den
Weg gefunden
Inmitten des dicht wuchernden, duftenden Grases?
Wie weit auch der Ochse laufen mag,
bis in den hintersten Ort des tiefen Gebirges:
Reicht doch seine Nase in den weiten Himmel,
dass er sich nicht verbergen kann.*

Bestimmte Texte zum Zitieren

Die meisten Schüler, die mit „Mu" arbeiten, befinden sich im zweiten Bild. Sie haben die Spur gefunden, sind also auf dem Weg und sind sich im Klaren, was sie suchen. Nämlich den Ochsen. Sie haben sich auf den Weg gemacht, diesen mit Hilfe eines  authentischen Meisters zu gehen. Sie wissen auch um ihre Sehnsucht und kanalisieren diese in der Übung des „MU".

„Hat der Hirte den Weg gefunden, inmitten des duftenden Grases?" wird noch als Frage gestellt. Dies ist deshalb, weil viele, vor allem Anfänger, sich nicht immer und zu jeder Zeit im Klaren sind, ob sie wohl das „Richtige" tun. Manchmal meinen sie auch vom Weg abgekommen zu sein. Denn viele empfinden die Zeit des 2. Bildes als eine Reise durch die Wüste, wo sie kein Fortkommen erkennen können. Es ist dann die Aufgabe des Meisters, die Schüler anzuspornen und gleichzeitig sie zu beruhigen und ihnen zu vergewissern, dass sie auf dem richtigen Weg sind.

Durch diesen Zweifel und die Bestätigung durch den Meister, dass alles in Ordnung ist, sind sie sich sicher, dass sie nur intensiv üben müssen, um „weiter zu kommen" und um den Ochsen zu finden. „Wie weit auch der Ochse laufen mag, ... dass er sich nicht verbergen kann.", zeigt dies sehr deutlich.

Wir sind hier im Zazenkai, haben also die Spur des Ochsen gefunden und gehen jetzt den Weg mehr oder wenig intensiv.

Lasst also nicht nach, auch wenn ihr meint, euch mitten in der Wüste zu befinden. Ihr geht richtig. „Reicht doch seine [eure] Nase in den weiten Himmel, dass er sich nicht verbergen kann." Seid also zuversichtlich, dass, wenn ihr die Ochsenspur gefunden habt, ihr auf dem richtigen Weg seid.

Bestimmte Texte zum Zitieren

Eine Empfehlung möchte ich euch noch mitgeben:

Geht regelmäßig zum Zazen, ins Zazenkai und ins Sesshin. Denn nur durch den beständigen Präsenz, durch das Bewusstwerden des MU s im Alltag, kann ich weiter auf dem Weg des Ochsen vorankommen. Auch wenn ihr noch nicht Schüler seid – ihr müsst nicht bei mir Schüler sein, um an meinen Kursen teilnehmen zu können – solltet ihr euch einem kundigen Meister anvertrauen. Dies ist wichtig, weil auch die vermeintlich tote Wüste Gefahren mit sich bringt. Und sich zu verlaufen, wäre dahingehend nicht so sinnvoll.

Macht euch auch bewusst, dass das Verbleiben im 2. Bild sehr lang dauern kann, z. T. gibt es Schüler, sehr erfahrene Schüler, die schon über 30 Jahre lang über MU üben. Das ist übrigens nicht schlimm, weil wir trotz Wüste ständig eine stärkere Präsenz im Augenblick zu sein entwickeln. Und wenn ihr verstanden habt, dass es nicht um die Dauer des Verweilens in einem Bild geht, sondern um die Zeit-losigkeit des Augenblicks, dann könntet ihr schneller das Bild durchlaufen, als ihr es euch vorgestellt habt. Keine Person, auch ich nicht als Lehrer, weiß um den Zeitpunkt, wann eine Erfahrung gemacht werden kann. Nicht einmal der Himmel oder der Geier wissen es, wie es so schön in ZEN-Kreisen heißt. Denn der Durchbruch kommt irgendwann oder auch gar nicht. Vor allem kommt er dann, wenn ihr es am wenigsten erwartet.

Also erwartet nichts, geht auf dem Weg beständig und intensiv. Übt MU, wenn möglich auch im Alltag, dann werdet ihr das 2. Bild voll und ganz verstehen.

Das *dritte* Bild.

Das Finden des Ochsen

Auf einmal erklingt des Buschsängers helle Stimme
Oben im Wipfel.
Die Sonne strahlt warm, mild weht der Wind,
am Ufer grünen die Weiden.
Es ist kein Ort mehr, dahinein der Ochse sich entziehen könnte.
So schön das herrliche Haupt mit den ragenden Hörnern,
dass es kein Maler erreichte.

Das dritte Bild ist für viele, die dieses erfahren haben, das schönste Bild. Zwar sieht man in den Bildern stets nur den Schwanz des Ochsen, aber ihre Erfahrung ist eine der glückseligsten, die sie bis dahin erlebt haben. Gerne erinnern sich viele an  diese Erfahrung zurück. Aber auch das müssen sie wieder loslassen...

Trotzdem ist es wichtig, sich klar zu sein, dass noch 7 weitere Bilder zu durchlaufen sind. Das MU ist noch nicht wirklich im Alltag angekommen. Der Ochs als Dharma-Natur wird sich sehr intensiv zeigen und uns im wahrsten Sinne vom hohen Ross der Erfahrung herunterreißen. Und wir müssen uns immer bewusst machen, in diesem Bild sehen wir nur den Schwanz. Die Mächtigkeit des Ochsen wird später noch deutlich.

Es heißt also trotz der Schönheit der Erfahrung des 3. Bildes weiter in der Übung zu bleiben.

Dabei möchte ich noch eine Warnung und Bitte aussprechen: Seit vorsichtig mit dem Umgang eurer Erfahrung. Oftmals wird sie – vor allem im Bereich der Esoterik – missverstanden und fehlinterpretiert. Erst, wenn ihr eine wirkliche Erfahrung gemacht habt, werdet ihr den Unterschied erkennen, den ich meine. Kommt mit eurer Erfahrung zu mir oder auch zu einem anderen Meister, wenn ihr bei diesem Schüler seid, und sprecht nur mit ihm darüber. Dann schweigt. Das EGO, der große Gegner, wird oftmals durch diese Erfahrung in die Ecke gedrängt. Es meint nun, die Macht über euch zu verlieren und versucht mit allen Mitteln, wieder in den Vordergrund zu kommen.

Nicht, dass ich was gegen das Ego habe, aber in dem Bereich des wirklichen Lebens hat es seine Berechtigung verloren. Nur zur Organisation unseres Alltagslebens, unserer Form als Mensch hat das Ego seine Berechtigung. Im spirituellen Bereich hat es zu schweigen. Und wenn das Ego sich in den Vordergrund drängt, sind wir wieder im Dualismus und damit weg von unserer Erfahrung des Augenblicks.

Diesem Irrtum erliegen im esoterischen Bereich leider oftmals einige Personen, die meist nur eine ansatzweise spirituelle Erfahrung gemacht haben. Manche meinen dann, sich als „Gott-ähnliches Wesen" aufführen zu müssen, was überhaupt nichts mit meiner erfahrenen Spiritualität zu tun hat.

Auch einen zweiten Grund möchte ich angeben, warum ihr über das Kensho schweigen solltet. Die Erfahrung ist immer individuell. Und wenn ich jemandem über diese Erfahrung erzähle, der noch keine hat, dann macht dieser sich Vorstellungen von dem, was sein könnte. Und damit hindert ihn dies daran, zu einer wirklich echten Erfahrung zu kommen.

Also schweigt, wenn ihr wirklich durchgebrochen seid.

Nun zum Text.

„Auf einmal erklingt des Buschsängers helle Stimme oben im Wipfel." Das ganze Universum erbebt, wie viele meinen, wenn sie das erste Kensho (Erleuchtung) erfahren haben.

Das dritte Bild ist also die Darstellung der ersten Erfahrung. Hier im dritten Bild spricht man nicht von der großen Erleuchtung, also einem Satori, sondern von einer kleinen Erleuchtung, die noch anzeigt, dass der Übende sich des Dharmas noch nicht in jedem Augenblick bewusst ist.

Zu bemerken ist dabei, dass hier vortrefflich die Plötzlichkeit der Erfahrung herausgehoben wird. „Auf einmal..." sagt dies deutlich. Wie schon gesagt, das Kensho und auch das Satori sind plötzliche Ereignisse, auf die man sich nie vorbereiten kann und auch nicht sollte.

„Die Sonne strahlt warm, mild weht der Wind, am Ufer grünen die Weiden."

Das soll uns klar machen, dass sich nichts verändert hat. Dass das Ereignis ein Augenblick war und dass alles andere, obwohl wir es vielleicht persönlich anders wahrnehmen und erfahren, stets gleichbleibt. „Die Sonne strahlt warm...", ich habe noch keine Sonne gesehen, die nicht warm strahlt. „...Der Wind weht mild und am Ufer grünen die Weiden..." will uns sagen, dass es Frühling ist. Alles entsteht, alles beginnt, so auch meine eigene spirituelle Entwicklung. Wir sind uns dieses schönen Augenblicks bewusst, es ist ja Frühling, aber wir wissen ja auch, dass es noch Sommer, Herbst und den Winter gibt. Also üben wir fleißig weiter.

„Es ist kein Ort mehr..." will uns zeigen, dass wir wirklich bei der Erfahrung alles als MU erkennen können. Wir erfahren MU in jedem Stein, jedem Fluss, in jedem Menschen, jeder Sinneswahrnehmung. Wir sind völlig absorbiert von MU.

Deshalb ist es für uns im zweiten Bild so wichtig, dass wir MU auch im Alltag üben, denn MU sollte uns mitnehmen ins dritte Bild. Erst dann haben wir wirklich das MU „verstanden".

Und schließlich: „So schön das herrliche Haupt mit den ragenden Hörnern, dass es kein Maler erreichte."

Es meint zwei Dinge. Die Erfahrung ist, wie ich bereits vorher erwähnte, eine wirklich bedeutende und für viele Menschen auch einschneidende Erfahrung, die über alles hinausgeht, was man davor und danach erfährt. „So schön das herrliche Haupt und dass es kein Maler erreichte" meint dies. Das andere ist „Das herrliche Haupt mit den ragenden Hörnern". Es meint, dass wir uns noch mit dem Ochsen auseinander zu setzen haben, dass wir auf diese Hörner noch aufpassen müssen. Und das interessante dabei ist, dass das dritte Bild stets nur einen Ochsenschwanz zeigt und nicht den gesamten Ochsen mit seinen ragenden Hörnern.

Gassho!

Bestimmte Texte zum Zitieren

Das *vierte* Bild

Das Fangen des Ochsen

*Nach höchsten Mühen hat der Hirte den Ochsen gefangen.
Zu heftig noch dessen Sinn, die Kraft noch zu wütend,
um leicht seine Wildheit zu bannen.
Bald zieht der Ochse dahin, steigt fern auf die hohen Ebenen.
Bald läuft er weit in die tiefe Stätten der Nebel und Wolken
und will sich verbergen.*

Heute nun kommen die nächsten 3 Bilder dran. Das 4. Bild ist das Bild, in dem der Ochse sich richtig zeigt. Er ist kräftig, unbeherrschbar scheint er zu sein und er zeigt mir ständig, dass ich nie, aber wirklich nie von meiner Übung lassen darf. In diesem Bild ist der Ochse sehr dominant  und ich bin oft in meiner Übung nachlässig. Er zeigt mir dann, dass es noch eines weiten Weges bedarf, um vollständig im Jetzt zu sein. Man fällt häufig in die Dualität zurück und man merkt dies meist erst nach einiger Zeit, nach der man Präsenz erfahren hat.

Wenn man sich im 4. Bild befindet, dann beginnt man auch mit der eigentlichen Koan-Schulung. Das MU als Einstiegs-Koan ist gelöst und es wartet nun eine Reihe von vielen, vielen Koans. Sie sind als Stütze, nicht als Prüfung gedacht. Natürlich prüft der Meister ständig die Lösung, die Präsentation des Koans, aber nur damit der Schüler immer mehr in der Präsenz des Augenblicks sein kann.

Deshalb darf man nicht enttäuscht sein, ein Koan ein zweites Mal als Übung aufbekommen zu haben. Da zeigt sich dann die ganze Kraft des Ochsen. Ich habe noch das eine Koan nicht gelöst und er stößt mich damit in den Sand oder er führt mich, nicht ich ihn, durch die Gegend.

Die Übung mit dem Koan ist übrigens der entscheidende Unterschied zum Soto-ZEN. Die Schüler des Soto kennen zwar auch das Koan, legen es aber nicht als eine Übung aus. Meist erhalten die Soto-Schüler nur ein Koan, um sich und ihren Weg nicht völlig aus den Augen zu verlieren. Dieses behalten sie dann ihr ganzes Leben lang als Begleiter für den Alltag.

In unserer Linie, der Zen-Linie „Leere Wolke", gibt es ca. 350 Koans, die in sogenannten Rokus (Koan-Sammlungen) zusammengefasst werden. Für einen ZEN-Schüler werden allerdings für die Koan-Schulung nur ca. 200 Koans benutzt. Oftmals löst man in einem Sesshin ein Koan pro Tag. Da meist die Sesshin für einen Laien nur einmal bis dreimal im Jahr durchführbar sind, hat man dann mit den Koans sehr lange zu tun. Aber es ist hierbei zu erwähnen, dass es wichtig ist, das Koan nicht als eine Art Test zu betrachten, den man schnell abhaken soll, um dann den nächsten Test zu schreiben, sondern dass jedes einzelne Koan stets die Wesensnatur, zwar jedes Mal in anderer Form, aber immer wieder die Wesensnatur erfahren lässt. Jedes Koan ist wichtig und stellt die Wirklichkeit in verschiedener Form dar. Denn die Koans sind ursprünglich aus dem Alltag entstanden, der auch bei uns als hilfreicher Helfer für die Präsenz im Augenblick dienen soll. Häufig erfährt man erst nach einiger Zeit die Tiefe des Koans, wenn es nach dem Sesshin im Alltag zur vollen Geltung kommt. Übt also mit jedem Koan so, wie ihr mit MU geübt habt. Denn jeder Augenblick ist neu zu erkennen. Der Augenblick kennt kein

Verweilen und er ist stets neu! Am Anfang der Koan-Schulung wird man also des Öfteren damit konfrontiert, ein Koan nicht vollständig oder „richtig" lösen zu können. Lasst euch dabei nicht entmutigen, sondern nehmt es als Herausforderung an, noch intensiver zu üben. Ein schnelles Abhaken der Koans bringt auf dem Weg der Erkenntnis keinen großen Nutzen.

Dies meint übrigens auch der Text: „Zu heftig noch dessen Sinn, die Kraft [des Ochsen] noch zu wütend, um leicht seine Wildheit zu bannen."

Aber nochmals zurück am Anfang des Textes vom 4. Bild: „Nach höchsten Mühen hat der Hirte den Ochsen gefangen.", beschreibt das, was ich vorhin schon sagte, nämlich dass nun der Ochse erst sichtbar wird und ich wirklich in der Übung bin. Ich weiß zwar nun, worum es wirklich geht, aber mir geht es häufig wieder verloren.

Dazu möchte ich übrigens noch eine Warnung aussprechen.

Übende, die etwas fortgeschritten auf dem Weg sind, vor allem diejenigen, die ein erstes Kensho erlebt haben, neigen dazu nun die Erfahrung des Kensho öfters anzustreben. Das geht mit Willen und Vorstellung nicht. Vor allem, wenn man bedenkt, dass diese Erfahrung etwas Einmaliges gewesen ist. Sie lässt sich nicht wiederholen, denn der Augenblick ist vorbei und unwiderruflich verloren. Und wenn ihr danach strebt, die Erfahrung zu wiederholen, dann werdet ihr ständig vom „Ochsen" hin und hergerissen und ihr findet euch wieder am Anfang des Weges. Geht achtsam eurer Übung nach und kümmert euch nicht um die Äußerlichkeiten oder um euren Seelenheil im Alltag. Die Entwicklung, die eigentlich keine ist, läuft im Geheimen ohne Kontrolle ab. Willigis hat einmal dazu gesagt: „Es geschieht etwas mit euch, ihr könnt es nur nicht sehen. Habt Vertrauen!" Also nur weiter jedes Koan durchnehmen, ernstnehmen und lösen. Bald wird man nicht vom Ochsen geführt, sondern fängt an, ihn zu führen: „Bald zieht der Ochse dahin, steigt fern auf die hohen Ebene. Bald läuft er weit in tiefe Stätten der Nebel und Wolken und will sich verbergen."

Die Übung hat hier erst richtig begonnen!

Das *fünfte* Bild:

Das Zähmen des Ochsen

*Von Peitsche und Zügel darf der Hirte seine Hand keinen Augenblick lassen.
Sonst stieße der Ochse mit rasenden Schritten vor in den Staub.
Ist aber der Ochse geduldig gezähmt
und zur Sanftmut gebracht,
folgt er von selbst ohne Fessel und Kette dem Hirten.*

In jedem Augenblick ist Achtsamkeit gefragt. Jetzt muss man sich in den Koans bewähren. Die „Arbeit" ist nun voll im Gange. Dieses und das nächste Bild zeigen noch einen Kampf mit dem Ochsen auf. Wir müssen uns noch mit ihm auseinandersetzen, weil wir noch zu häufig in die Dualität zurückfallen. Weil unser Ego sich nun vermehrt meldet und meint, sich hervorheben zu müssen. Wir sind noch nicht in dem, was man Gelassenheit in der Einheit nennt.

Wichtig ist dabei zu betonen, dass wir eigentlich keinen Kampf durchführen müssen. Wir müssen uns und der Umwelt, sowie

dem Meister nichts beweisen. Und je mehr wir das kapieren, desto mehr können wir wirklich das Dharma wirken lassen. Desto mehr werden wir im Augenblick der Wirklichkeit gewahr sein und desto mehr „verstehen" wir die Unendlichkeit des Seins.
Aber wie gesagt, es ist nun stets noch darauf zu achten, die Übung des Koan vollständig und gewissenhaft durchzuführen. Es ist kein Ausruhen auf dem Kensho erlaubt, sondern vermehrt das Koan als wichtiges Hilfsmittel zum unmittelbaren Zugang zur Wesensnatur zu benutzen.

Deshalb: „Von Peitsche und Zügel darf der Hirte seine Hand keinen Augenblick lassen. Sonst stieße der Ochse mit rasenden Schritten vor in den Staub."

Auch hier macht euch bewusst, dass das Koan nur ein Hilfsmittel ist und es nicht schlimm ist, dass ein Koan mehrmals durchlaufen werden muss, dass wir am Anfang nicht immer das Koan vollständig erfasst haben und es falsch lösen. Verlasst euch darauf, dass das Koan seine Wirkung bei euch nicht verfehlt, dass wir es möglicherweise erst Jahre später wirklich vollständig erfassen.

Trotzdem zeigt das Bild schon auf eine Tendenz hin. Nach Jahren der Übung mit dem Koan werden wir routiniert. Auf einmal, ohne großes Zutun, haben wir verstanden, haben wir intuitiv erfasst, wie das Koan zu lösen ist. Wir können so langsam die Peitsche und den Zügel loslassen. Der Ochse, also unsere Dharma-Natur kommt häufiger zum Vorschein und wir müssen uns immer weniger „anstrengen", um das Koan, die Wesensnatur zu erfassen.
In vielen Situationen können wir nun intuitiv handeln und brauchen uns keine Sorgen mehr um unser Wohlbefinden oder um unsere Zukunft machen.

Bestimmte Texte zum Zitieren

Wir haben den Ochsen gezähmt. Oder besser gesagt, wir sind dabei, ihn zu bezähmen.
„Ist aber der Ochse geduldig gezähmt und zur Sanftmut gebracht, folgt er von selbst ohne Fessel und Kette dem Hirten."

Diese Situation macht uns selbstsicherer und auch selbstbewusster, im wahrsten Sinne des Wortes. Wir können vermehrt das tun, was uns wirklich auf dem Herzen liegt und was uns wichtig ist. Wir sind nicht mehr so abhängig von dem Urteil anderer Menschen und haben weniger Angst, nicht geliebt zu werden. Haben weniger Angst davor, einsam zu sein.

Nun zum *sechsten* Bild.

Die Heimkehr auf dem Rücken des Ochsen

*Der Hirte kehrt heim auf dem Rücken des Ochsen,
gelassen und müßig.
In den fern hinziehenden Abendnebel
klingt weit der Gesang seiner Flöte.
Takt auf Takt und Vers auf Vers
Tönt die grenzenlose Stimmung des Hirten.
Hört einer auf den Gesang, braucht er nicht noch zu sagen,
wie es dem Hirten zumute*

In diesem Bild wird angezeigt, dass man sich nun in Richtung Einheit von Ochs und Hirte bewegt. Die Einheit ist eine wesentliche Voraussetzung für die große Erleuchtung, die nochmal alles deutlicher und klarer werden lässt.

Wir begeben uns nun auf den Weg nach Hause. Dorthin, wo wir sowieso schon von Anbeginn unserer Zeit auf dieser Erde gewesen sind. Nämlich in der Einheit des Seins.

Bestimmte Texte zum Zitieren

Wir kommen so langsam wieder in die Klarheit des Augenblicks.

„Der Hirte kehrt heim auf dem Rücken des Ochsen, gelassen und müßig."

Wir setzen nicht mehr die Peitsche ein. Wir haben den Ochsen gezähmt und er lässt uns sogar auf sich reiten.
Nun sind wir in jedem Augenblick präsent. Wir lösen jedes Koan, ohne mit der Wimper zu zucken und können uns auf uns selbst vollständig verlassen.
Und trotzdem ist noch eine Dualität von Peitsche, Ochs und Hirte vorhanden.
Die Aussage „Töte Buddha, wenn du ihn triffst.", tritt hier nochmals zutage. Wir müssen den Beobachter und das, was zu beobachten, das was zu erfahren ist, die Definition des Dharma an sich loslassen. Wir müssen vollständig alles vergessen. Auch das Kensho, die Erfahrung der Wesensnatur und das Bewusstsein des Augenblicks.

Und trotzdem hört man uns und erkennt man uns nun als geistigen, spirituellen Menschen, der die Erfahrung nicht in irgendwelchen Reden oder Handlungen demonstrieren muss. Man erkennt uns, ohne sich dessen bewusst zu sein oder ohne ein Zutun unsererseits.

„... klingt weit der Gesang seiner Flöte. Takt auf Takt und Vers für Vers tönt die grenzenlose Stimmung des Hirten. Hört einer auf den Gesang, braucht er nicht noch zu sagen, wie es dem Hirten zumute.", drückt dies besonders aus.

Grämt euch nicht, wenn ihr noch nicht so weit seid. Das ZEN-Leben und die Übung enden nie. Sie wird euch die ganze Zeit begleiten. Und es ist nicht wichtig, ob ihr im 10. oder im 2. Bild seid. Es ist nur wichtig, die Übung, das MU oder das Koan oder nur „das Atem zählen" mit voller Inbrunst auch im Alltag zu vollziehen.

Und das ist genau das, was wir hier im Zazenkai tun. Vielleicht habt ihr auch einmal Lust oder noch besser das innere Bedürfnis, das Zazenkai zu verlängern und auch ein Sesshin zu besuchen.
Wichtig ist mir zudem, dass ihr die Möglichkeit des Dokusan in den Zazenkais oder in den Sesshin vermehrt nutzt. Auch wenn ihr meint, nichts sagen zu können oder zu müssen. Im Dokusanraum besteht stets die Möglichkeit, die Präsenz des Augenblicks, der Wesensnatur zu zeigen und zu üben. Meist ergibt sich im Dokusanraum der nächste Schritt, der vorher noch nicht einmal angedeutet wurde.

Also üben wir weiter: Takt auf Takt, Vers auf Vers unser MU!

Gassho!

Bestimmte Texte zum Zitieren

Bleiben uns heute nur noch die letzten 4 Bilder.
Jetzt wird's interessant.

Das *siebente* Bild

Der Ochse ist vergessen, der Hirte bleibt

Schon ist der Hirte heimgekehrt auf dem Rücken des Ochsen.
Es gibt keinen Ochsen mehr.
Allein sitzt der Hirte, müßig und still.
Ruhig schlummert er noch,
da doch die rot brennende Sonne schon hoch am Himmel steht.
Nutzlose Peitsche und Zügel,
weggeworfen unter das strohene Dach.

Der Ochs ist vergessen. Es gibt ihn nicht mehr. Er hat sich quasi in Luft aufgelöst. Das ist es zwar nicht, denn der Ochse ist ja das Symbol für das Dharma. Das Dharma wirkt also nun von alleine. Ich brauche mich nicht mehr darum zu kümmern. Es ist nun so, dass der Buddha
getötet wurde. Es gibt kein Subjekt mehr, das zu betrachten ist, das in mein Sein eingebettet werden muss.
Der Hirte ist jetzt frei, er hat nichts mehr zu erreichen.
Nun fängt die natürliche Art des Lebens an.
Vor dem Kensho war der Baum ein Baum. Nach dem Kensho ist der Baum kein Baum mehr so, wie ich es mir vorstelle. Er ist anders, weil ich ihn endlich so sehen kann, wie er wirklich ist. Nun beginnt die Zeit, wo sich auch die besondere Sichtweise auflöst, nämlich die, was ein Baum ist, wie er wirklich ist. Der Baum wird wieder zum Baum, wie er vorher war. Nur sehe ich ihn ohne Unterlass, so wie er wirklich ist. Ich bin eins mit dem Baum.

Bestimmte Texte zum Zitieren

„Schon ist der Hirte heimgekehrt auf dem Rücken des Ochsen. Es gibt keinen Ochsen mehr. Allein sitzt der Hirte, müßig und still."

Ich sitze nun da im Sein, erinnere mich nicht ans Dharma und übe mich in der Präsenz des Augenblicks.

„Ruhig schlummert er noch, da doch die rot brennende Sonne schon hoch am Himmel steht."

„Nutzlose Peitsche und Zügel, weggeworfen unter das strohene Dach."
Ich übe nicht mehr mit den Koans. Sie kommen einfach und ergeben sich. Ich brauche nichts mehr zu tun. Es ergibt sich alles von alleine.

Und dennoch sind wir nicht am Ende. Wir sind noch jemand, der übt. Es ist noch keine Einheit mit dem Ganzen. Da ist noch ein „Ich" vorhanden, das eingehen muss ins Ganze.

Und deshalb gibt's noch 3 Bilder. Wir sind noch nicht zu Ende. Der Berggipfel ist noch nicht erreicht und wir haben den Abstieg, oftmals das gefährlichste, noch nicht begonnen. Denn die Reise ist erst zu Ende, wenn wir wieder im Tale wandern.

Bestimmte Texte zum Zitieren

Das *achte* Bild

Die vollkommene Vergessenheit von Ochs und Hirte

Peitsche und Zügel, Ochs und Hirt
Sind spurlos zu Nichts geworden.
In den weiten und blauen Himmel
Reicht niemals ein Wort, ihn zu ermessen.
Wie könnte der Schnee auf der rötlichen Flamme
Des brennenden Herdes verweilen?
Erst wenn ein Mensch in diesen Ort gelangt ist,
kann er den alten Meistern entsprechen.

Dieses Bild ist wohl das berühmteste. Man sieht in der Zeichnung nur einen Kreis ohne Inhalt und ohne Symbole.
Die große Erleuchtung. Das Satori!
Hier hört alles auf. Hier geht der Übende in der Übung vollständig auf.
Er ist nun wirklich alles und eins. Er erkennt, dass Leere und Form eins sind. Und erkennt im gleichen Augenblick, dass „Leere" das Dharma(Ochs) und „Form" der Hirte ist. Und diese Dualität ist gleichzeitig in der Non-Dualität.
Das zu verstehen ist nicht möglich. Man muss es wirklich erfahren.

Der Hirte ist nun auch aufgelöst.
„Peitsche und Zügel, Ochse und Hirt sind spurlos zu Nichts geworden."

Das Nichts, die Leere ist das, was man erfährt. Es ist eine Erfahrung der Gleichzeitigkeit von Leere und Form. Alles ist vollkommen nichts.

Sogar die Wissenschaft ist auf diesen Trichter gekommen. Wenn wir uns klarmachen, dass das Atom aus einem Atomkern und darum herumschwirrenden Elektronen besteht. Dazwischen ist aber wirklich nur Leere, nur Nichts. Dann wird uns klar, dass auch ein Stein, obwohl wir ihn spüren, wenn er auf unseren Kopf fällt, eigentlich fast leer ist. Zwar nur fast, aber eben fast vollständig leer ist. So können wir uns auch als rational denkende Spezies dieser Leere bewusstwerden.

„In den weiten und blauen Himmel reicht niemals ein Wort, ihn zu ermessen."

„Niemals ein Wort, ihn zu ermessen."
Das ist das, was ich meinte. Es ist nicht beschreibbar, was da geschieht in dem Augenblick, der auch manchmal mehrere Tage dauern kann. Und deshalb kann man auch ZEN letztendlich nicht beschreiben. Es ist nur erfahrbar. Nur den Wein, den wir selbst trinken, können wir wirklich als Wein erfahren. Und beschreiben eben nicht. Es würde nicht das wiedergeben, was wir wirklich erlebt haben.
Auch Siddharta (historischer Buddha) hatte nach seiner großen Erleuchtung, als er den Morgenstern morgens am Himmel erblickte, – übrigens ist dies die Venus – nicht mit den Menschen darüber geredet.
Da ihm klar war, dass eine Beschreibung der Erfahrung nicht wirklich das ist, was er erfahren hatte, schwieg er auch nicht nur einen Augenblick lang, sondern einige Zeit.

Und um das Wunderbare der Erfahrung, das Unbeschreibliche erklären zu können, wird nun folgendes beschrieben: „Wie könnte der Schnee auf der rötlichen Flamme des brennenden Herdes verweilen?"

Bestimmte Texte zum Zitieren

Nun, rational gesehen, geht das ja nicht. Aber in der Erfahrung der Transzendenz ist nichts rational verstehbar. Genauso kann also ein Schnee auf der rötlichen Flamme verweilen.

Auch beschreibt dieser Teil des Textes den Zusammenhang zwischen Leere und Form. Der Schnee ist die eine Seite einer Medaille. Die rötliche Flamme des brennenden Herdes meint die andere Seite. Und erst beide zusammen, also beide Gegensätze zusammen machen die Erfahrung aus. Erst Leere und Form zusammen zu erleben ist das eigentliche Satori!

„Erst wenn ein Mensch in diesen Ort gelangt ist, kann er den alten Meistern entsprechen."

Erst, wenn man also Satori erfahren hat, erst wenn man den wirklichen Durchbruch, das wirkliche Sein erfahren hat, dann kann man sich Meister nennen. Dies ist meist erst nach jahrelanger, wenn nicht sogar jahrzehntelanger Übung möglich. Wobei es auch hier Ausnahmen gibt, sodass wir wieder nicht von einer bestimmten Zeitreihenfolge ausgehen können. Erst dann, wenn man selbst auf dem Berg war, das Satori erfahren hat, weiß man, wie es dort oben ist und man kann Schüler auf den Berg führen. Wobei im ZEN der Meister wirklich nur ein Begleiter und weder Bergführer noch ein am Seil Ziehender ist.

Bestimmte Texte zum Zitieren

Nun das *neunte* Bild.

Zurückgekehrt in den Grund und Ursprung

In den Grund und Ursprung zurückgekehrt,
hat der Hirte schon alles vollbracht.
Nichts ist besser, als jäh auf der Stelle
wie blind zu sein und taub.
In seiner Hütte sitzt er und sieht keine Dinge da draußen.
Grenzenlos fließt der Fluss, wie er fließt.
Rot blüht die Blume, wie sie blüht.

Dieses Bild ist zwar ein eigenes Bild und drückt eine Phase der spirituellen Entwicklung aus. Aber es ist eigentlich ein etwas unverständliches Bild, das eigentlich nur eine Zwischenphase zwischen dem 8. und dem 10. Bild darstellt.

Wenn man es sich auf sich wirken lässt, dann kann man förmlich die Ruhe und Zufriedenheit, vor allem aber die Stille dieses Bildes, dieser Phase erspüren, erfahren.
Es ist eigentlich nichts mehr, woran man haften kann. Alles wird natürlich. Nichts ist mehr, was man als spiritueller Mensch begehrt. Es ist nur noch: Stille!

Der Hirte ist wieder ein Hirte. Er sitzt nun da und fragt nicht mehr nach dem Ochsen. Er sitzt, er geht, er redet im MU. Alle seine Handlungen sind die Offenbarung des Seins, die Offenbarung der LEERE und FORM.

Aber! Die Aufgabe eines solchen Menschen ist nun, seine Mitmenschen in die Erfahrung zu führen. Er ist nun ein Bodhisattva geworden, der das Bedürfnis hat, andere Menschen auf dem Weg zu begleiten. Aber nicht, um sein Ego aufzubauen, sondern weil er erkannt hat, dass alle Menschen die Buddha-Natur besitzen und im Grunde ihres Herzens auf der Suche nach dieser Erkenntnis sind. Für den Meister ist es dann egal, wieviel Menschen ihn nach dem Weg fragen, aber allen, die nach dem Weg fragen, wird er geleitende Richtung geben.

„In den Grund und Ursprung zurückgekehrt, hat der Hirte alles schon vollbracht. Nichts ist besser, als jäh auf der Stelle wie blind zu sein und taub."
Nichts ist mehr zu tun, nur noch präsent sein. Keine Übung, kein Koan, nur Shikantaza.

„In der Hütte sitzt er und sieht keine Dinge da draußen. Grenzenlos fließt der Fluss, wie er fließt. Rot blüht die Blume, wie sie blüht."

Dem Meister ist es nicht wichtig, wie viele Schüler er hat. Ihm ist überhaupt nichts mehr wichtig. Er lebt einfach, so wie das Leben ist. Er kümmert sich nicht mehr um irgendwelche Diplome oder Posten. So, wie es ist, ist es gut.

Das *zehnte* Bild.

Das Hereinkommen auf den Markt mit offenen Händen

Mit entblößter Brust und nackten Füßen
Kommt er herein auf den Markt.
Das Gesicht mit Erde beschmiert,
der Kopf mit Asche über und über bestreut.
Seine Wangen überströmt von mächtigem Lachen.
Ohne Geheimnis und Wunder zu mühen,
lässt er jäh die dürren Bäume erblühen.

Das Bild, auf das wir alle hinarbeiten, wo es uns eigentlich hinzieht. Wo der Wunsch nach Anerkennung, Liebe und Zufriedenheit endlich erfüllt wird.
Nun kommt der Mensch, der Hirte auf den Marktplatz. Er ist nun völlig im Alltag. Die
Menschen um ihn herum erkennen ihn als Bodhisattva, ohne etwas zu spüren oder nachzufragen. Er ist einfach so da und bietet seine Hilfe an. Jeder kann dieses Bild erreichen. Jeder besitzt die Buddha-Natur. Dies wird zu einem inneren Wunsch des Bodhisattvas, alle Menschen zu erreichen, auf den Weg zu führen, wenn sie es wollen.

Willigis hat dazu einmal gesagt: „Eine Spiritualität, die nicht in den Alltag führt, ist ein Irrweg." Wie wahr. Wir dürfen uns nicht auf eine einsame Insel zurückziehen. Wir dürfen uns nicht in einem Kloster auf einem hohen Berg nur der Übung des MU oder der Präsenz oder der Achtsamkeit hingeben. Wir müssen in den Alltag. Wir müssen als ganz normale Menschen mit unseren Schwächen und Stärken, unseren Fehlern und Vorteilen leben. Nur dann ist die Spiritualität im Leben vollständig vollendet. Und ein solcher Mensch/Bodhisattva führt durch seine Präsenz die Menschen auf dem Weg.
„Ohne Geheimnisse und Wunder zu mühen, lässt er jäh die dürren Bäume erblühen."
Die dürren Bäume sind wir, diejenigen, die auf dem Weg sind. Nur durch seine Präsenz hilft er uns auf dem Weg. „Ohne Geheimnisse und Wunder zu mühen."
Er braucht nichts zu tun.

Einen wahren Meister des Weges erkennt man stets daran, dass er nicht irgendwelche besonderen Fähigkeiten hervorhebt. Er unterscheidet sich wesentlich von den heutigen selbsternannten Meistern, die sich rühmen, etwas Besonderes

Bestimmte Texte zum Zitieren

zu können und Heiler oder Medium oder sonst irgendetwas zu sein.
Nein, ein wahrer Meister ist liebevoll und nicht abgehoben. Man hat keine Angst, keinen übertriebenen Respekt vor ihm, denn man muss sich nicht beweisen, man muss nicht sich einschmeicheln, um seine Gunst zu erwirken. Man darf in seiner Nähe das sein, was man ist. Ohne Vorurteile, ohne Bedingungen, ohne Masterdiplom.

Er kümmert sich auch nicht um die Menschen, die ihn verurteilen oder beurteilen. „Das Gesicht mit Erde beschmiert, der Kopf mit Asche über und über bestreut. Seine Wangen überströmt von mächtigem Lächeln."
Alle Meister, die dieses Bild darstellen, sind stets fröhliche Menschen, die zwar auch einmal sauer werden können oder traurig, die sich aber in ihrem tiefen Herzen durch nichts aus der Ruhe bringen lassen. Sie lächeln, ohne dass es jemand bemerkt. Sie lachen und scherzen mit allen Menschen. Die erheitern sie, ohne sie zu veräppeln oder sie nicht ernst zu nehmen.

Für mich ist der Dalai-Lama, also Tenzin Gyatso, so ein Mensch. Er hat keine Angst vor den Chinesen. Er möchte ähnlich wie Südtirol für Tibet eine autonome Provinz. Ihm ist es nicht wichtig, dass Tibet ein eigener Staat bleibt. Er möchte mit China in Frieden leben. Er fordert aber trotzdem die Souveränität seines spirituellen Volkes. Und wenn man ihn im Fernsehen sieht, lächelt er immer. Er ist trotz der Greueltaten der Chinesen, wo sich die tibetischen Mönche aufgrund ihrer Situation gezwungen sehen, sich selbst zu verbrennen, stets fröhlich und gut aufgelegt.
Leider kenne ich ihn noch nicht. Aber wenn ich ihn nur durch das Fernsehen sehe, dann berührt es mich. Er spricht mich schon aus der Ferne an.
Solch ein Mensch ist ein wahrer Meister, der im 10. Bild weilt.

Bestimmte Texte zum Zitieren

Und nun?

Wir, die wir im x-ten Bild sind?

Wir üben einfach. Takt auf Takt, Vers auf Vers, ohne Unterlass. Ohne Ziel, das x+1-te Bild zu erreichen. Nur die Übung, nur MU ist unser Bild, das wir in diesem Augenblick erfahren.

Das ist unser Weg, der nicht einmal mit dem Tod endet.

MU

Gassho

Bestimmte Texte zum Zitieren

Die vier großen Gelübde

Zahllos sind die Lebewesen;
Ich gelobe, sie vom Leid zu befreien.

Grenzenlos sind die Verhaftungen;
Ich gelobe, sie zu lassen.

Unzählbar sind die Tore der Wahrheit;
Ich gelobe, sie zu durchschreiten.

Unübertroffen ist der Weg des Erwachens;
Ich gelobe, ihn zu verwirklichen.[20]

Heute möchte ich von den vier großen Gelübden sprechen. Diese zitieren oder wiederholen wir stets nach einem Teisho oder am Ende eines Tages in einem Sesshin.

Wichtig vorab ist zu bemerken, dass die Gelübde keine von außen aufgesetzten Versprechen oder gar Dogmen sind, die wir einfach nachsprechen. Sie sind vielmehr Versprechen oder Verpflichtungen, die wir uns selbst auferlegt haben. Sie kommen aus der Erkenntnis unserer Wesensnatur und gehören zum Zen-Weg einfach dazu. Diese Gelübde sind also nicht irgendwelche Texte, die wir, weil wir nun mal Zen-Schüler sind, nachsprechen, sondern gehören zu unserem Alltag und zu unserem

---

[20] Die Flöte des Unendlichen, Willigis Jäger (Hg), Wege der Mystik, 6. Auflage 2016, S. 65

Selbstverständnis unseres Weges dazu. Sie sind quasi Ausdruck unserer Lebenseinstellung.

Diese Gelübde sind also nicht Versprechen, die ich als Klosterschüler mache oder die ich als Fahnenträger in einer Armee öffentlich kundtue, sondern womit ich eine persönliche Beziehung zu meinen Mitmenschen offenbare.

Auch ist das Wort „Ich" nicht als persönliches Ich der Egostruktur zu sehen, sondern eine Offenbarung der Erkenntnis dessen, was meine Wesensnatur erfahren hat. Dasselbe meint Willigis: „Die Gelübde sind nur von der leeren Einheit (Shunyata) her zu verstehen. Mit ‚ich' ist hier unser wahres Wesen gemeint." (Willigis Jäger, Die Flöte des Unendlichen, Verlag Wege der Mystik, Holzkirchen, 2009, S. 65)

Der Text hat sich in den letzten Jahren verändert. Ich interpretiere die neueste Fassung. Es ist die Ausgabe der Zen-Linie „Leere Wolke", der ich als Assistenz-Lehrer angehöre.

Fangen wir an:
„Zahllos sind die Lebewesen; ich gelobe, sie vom Leid zu befreien"

Nach der Erkenntnis des historischen Buddhas (Erleuchtung), kam dieser zur Einsicht, dass Leid nur dann entsteht, wenn die Menschen Konzepte und Vorstellungen von der Wirklichkeit haben. Das Leid entsteht, weil sie enttäuscht werden, wenn die Wirklichkeit nicht ihren Konzepten entspricht. Oder wenn andere Menschen nicht so handeln, wie sie es sich wünschen. Deshalb sollten alle Menschen, die den spirituellen Weg gehen, den Lebewesen, die die Erkenntnis der Wesensnatur und damit die Einsicht noch nicht haben, helfen. Sie also vom Leid der Unkenntnis bzw. vom Leid der Enttäuschung befreien helfen.

Das Helfen ist aber nicht zu verstehen mit dem Helfen eines Samariters oder der Caritas, die aktiv auf Menschen zugeht. Es ist vielmehr ein „Dabeisein", ein „Miteinander – Sein", ein dem anderen „Hilfe – Anbieten", in dem man ein „Offenes Ohr" für seine Belange hat. Das bedeutet, dass man nur anbietet und dann wartet, ob sich jemand einem offenbart. Dann kann man demjenigen mit Präsenz, Achtsamkeit und Intuition helfen, ohne aktiv zu helfen.

Und so sollte eigentlich auch der Stand des ZEN-Lehrers verstanden werden. Wir sind nur Begleiter auf dem Weg zum Gipfel – und wieder zurück in den Alltag –, allerdings ohne den Schüler ein Seil zu geben. Das Seil wäre nur wieder Gebundenheit an den Meister, aber das ist nur hinderlich auf dem Weg. Der Schüler hat ja alles schon in sich, er muss nichts mehr erreichen, weil „… es nichts zu erreichen gibt.", wie es im Herzsutra heißt. Der Schüler hat dies nur noch nicht erkannt und besitzt einen Schleier vor seinem Gesicht, den er eigentlich nur noch wegzuziehen braucht. Der Schüler muss also den Weg alleine gehen, dann kann er das „All-Eine" – also alleine – erfahren. Den Wein können nur wir selbst trinken, niemand kann ihn für uns kosten (schlürft).

Wir warten also, bis uns jemand fragt, geben ihm unsere Intuition mit und helfen ihm, wie der Schüler es wünscht oder braucht.

„Grenzenlos sind die Verhaftungen; ich gelobe, sie zu lassen."

Hier geht es darum, alles loszulassen. Erst wenn ich wirklich alles loslassen kann, dann besteht die Möglichkeit zur Erkenntnis. Um dies aber erfahren zu können, müssen wir alle Konzepte, Worte und auch Erklärungen und Teishos vergessen und über Bord schmeißen. Auch dass wir an den Worten festhalten und diese noch toll finden, so wie wir auch an den Lippen eines herausragenden Meister hängen bleiben können, sind wir in Verhaftungen verstrickt. Wir können dann nicht den Augenblick erleben, so wie er wirklich ist. Erst wenn ich den Wein trinke, erkenne ich die Wesensnatur des Weines. Nicht wenn ich darüber lese und mir Wissen über den Wein angeeignet habe. Mein Ziel sollte also sein, alles loszulassen und nur das Leben, das Sein geschehen zu lassen, so wie es ist. Genauso ist das, wie ich es vorhin gesagt habe, dass man konsequent sein sollte im Sitzen. Wenn ich gerade sitze und das Geplapper meiner Gedanken zwar höre, aber im Moment des Sitzens nicht darauf eingehe. Das Geplapper einfach loslasse und mich nur auf das Sitzen konzentriere.

Bestimmte Texte zum Zitieren

„Unzählbar sind die Tore der Wahrheit; ich gelobe, sie zu durchschreiten."

„Die Tore der Wahrheit" meint die Erkenntnis des Augenblicks. Unsere Übung ist stets, im Augenblick zu sein. Das zu erkennen, was wirklich ist. Sie, die Tore der Wahrheit, sind unzählbar. Deshalb muss uns das bewusst sein, dass – wenn wir einmal den Weg der Spiritualität eingeschlagen haben – dies unser ganzes Leben lang so sein wird. Wir können stets aus dem Augenblick fallen und Konzepte vom Wesenskern haben. Unsere Übung wird dann stets sein, in den Augenblick zurückzukehren. Das ganze Leben müssen wir also üben, im Augenblick zu sein. Das bedeutet auch, dass wir stets darum bemüht sein müssen, die Übung immer und immer nachzuvollziehen. Ohne Unterlass.

„Unübertroffen ist der Weg des Erwachens; ich gelobe, ihn zu verwirklichen."

„Der Weg des Erwachens" meint die Erkenntnis der Wesensnatur. Ich gelobe also, diesen Weg, einmal eingeschlagen, niemals wieder zu verlassen. Das heißt, dass ich konsequent meine Übung mache, im Hier und Jetzt bin, auf dem Kissen sitze und um mich vom Geplapper nicht aus meinem Sitzen ′rausbringen lasse.
„Unübertroffen" heißt aber nicht, dass das Zen der beste Weg zur Erkenntnis ist. Es meint, dass das Erkennen der Wesensnatur an sich das Unübertroffene ist, dass das

unsere eigentliche Bestimmung ist, egal welche Technik ich anwende oder welche Art von Weg ich gehe.

Und die Konsequenz ist auch im Bezug zur Schülerschaft zu sehen. Wenn ich mich einmal entschieden habe, Schüler – oder auch Lehrer eines Schülers – zu werden, dann sollte dies ein Leben lang sein. Dann kann eine Begleitung entstehen, die fruchtbringend auf dem Weg der Erkenntnis sein wird. Und diese Konsequenz hilft einem auf dem Weg des Erwachens zu bleiben und zu unterscheiden, ob eine Erfahrung eine wirklich spirituelle Erfahrung oder nur eine psychologische Erkenntnis ist.

Und was soll das mir im Alltag helfen?

Nun, wir erinnern uns, dass es wichtig ist, im Augenblick zu sein. Ich gelobe die Tore der Wahrheit zu durchschreiten, die unzählbar sind. Ich übe in jedem Augenblick meine Übung. Nicht an einem Wochenende oder in einem Zazenkai, sondern in jedem Augenblick. Also auch im Alltag. Wenn die Übung beständig geübt wird, wird sie zu einem ständigen Begleiter, der mir hilft, den inneren Seelenfrieden zu erlangen, nachdem ich mich seit Anbeginn meines Menschseins sehne.

Gassho!

Und so zitieren wir nun gemeinsam die vier großen Gelübde.

Bestimmte Texte zum Zitieren

Daio Kokoshi: Über Zen

*Es gibt eine Wirklichkeit, die vor Himmel und Erde steht.
Sie hat keine Form, geschweige denn einen Namen.
Augen können sie nicht sehen.
Lautlos ist sie, nicht wahrnehmbar für Ohren.
Sie Geist oder Buddha zu nennen, entspricht nicht ihrer Natur,
wie das Trugbild einer Blume wäre sie dann.
Nicht Geist noch Buddha ist sie;
vollkommen ruhig erleuchtet sie in wunderbarer Weise.
Nur dem klaren Auge ist sie wahrnehmbar.
Das Dharma ist sie und wirklich jenseits von Form und Klang.
Das Tao ist sie, und Worte haben nichts mit ihr zu tun.*

*In der Absicht, Blinde anzuziehen,
ließ Buddha seinem goldenen Munde
spielerische Worte entspringen;
Seitdem sind Himmel und Erde überwuchert
mit dichtem Dornengebüsch.*

*O, meine lieben und ehrenwerten Freunde,
die ihr hier versammelt seid:
Wenn ihr euch danach sehnt,
die donnernde Stimme des Dharma zu hören,
gebt eure Worte auf,
entleert eure Gedanken,
dann kommt ihr so weit,
das eine Sein zu erkennen.*[21]

Daio Kokushi, 1235 - 1309

---

[21] Die Flöte des Unendlichen, Willigis Jäger (Hg), Wege der Mystik, 6. Auflage 2016, S 74

Genauso, wie das Herz-Sutra ist dies ein wichtiger Zen-Text, der oft zitiert wird. Er wird – auch wie bei uns – meist vor einem Teisho zitiert.

Dieser Text ist deshalb wichtig, weil er auf etwas hinweist, was wir nur erleben können, uns aber weder vorstellen, noch erklären können. Nämlich auf die Wirklichkeit „... die vor Himmel und Erde steht..."
Auch wird er deshalb gerne vor Teishos zitiert, weil er direkt die Meditierenden auf ein Teisho vorbereitet: „... Oh meine lieben und ehrenwerten Freunde, die ihr hier versammelt seid..."

Nun lassen wir den Text sprechen und ich versuche seine spirituelle Bedeutung zu erklären.
Der Text fängt also so an:
„Es gibt eine Wirklichkeit, die vor Himmel und Erde steht..."

Was meint das „vor Himmel und Erde"? Es ist nicht das rational gemeinte „vor", denn dann wäre wieder etwas dahinter und ich bin gleich wieder in der Dualität. Es meint das, was darüber hinausgeht, das, was vor der dualistischen Sichtweise von „Himmel" und „Erde" steht. Gemeint sind hier also die zwei Gegensätze wie „hier und dort".

Es ist die Wirklichkeit, die wir in der Erkenntnis der Wesensnatur erfahren. Sie ist non – dual und überall vorhanden, ohne Ausschluss. Himmel und Erde sind also

nicht getrennt von der Wirklichkeit, sondern integriert. Man kann dies so erklären, wie wenn man sich vorstellt, dass wir alle in einem Raum = Weltraum sind. Alles ist in ihm vorhanden. Alle Sterne, Planeten, Lebewesen und auch Gott, wenn es ihn geben sollte. Dieser Raum ist abgeschlossen und von außen kann man ihn nicht ansehen. Alles ist also integriert in diesem Raum. Wir können ihn somit also nicht von außen betrachten, sondern sind ein Teil von ihm. Und so ist es auch mit unserer Wirklichkeit. Diese ist nicht in irgendwelchen Sphären außerhalb von uns oder der Welt, sondern mitten drin. Im Hier und Jetzt, jederzeit erfahrbar ohne Vorgabe, ohne Zeit, ohne Beziehung. Einfach da.
Und genau das zu erkennen ist unsere tägliche Meditation, unser tägliches Leben.

Noch etwas anderes zeigt diese Text-passage: Himmel ist etwas nicht Fassbares, etwas nicht in Form Darstellbares, die Erde hingegen ist in Form und körperlich fassbar. Die beiden Gegensätze – der Himmel als Metapher für Leere und die Erde als Metapher für Form – werden durch die Aussage: „Wirklichkeit, die vor..." in eine Einheit zusammengefügt. Diese Einheit ist auch die Erfahrung der Wesensnatur, bei der die Einheit von Leere und Form – wie es uns ja auch das Herz-Sutra mitteilt – verwirklicht ist.

Was ist aber nun die Wirklichkeit, die vor Himmel und Erde steht und „...keine Form, geschweige denn einen

Namen (hat)..." und „Augen können sie nicht sehen...." und „... lautlos ist sie, nicht wahrnehmbar für Ohren..."? Genau das ist unsere Aufgabe der täglichen Übung: Der Frage „Was ist die Wirklichkeit?" nachzugehen.

Im Text wird nun weiter darüber gesprochen, was es nicht ist. Man kann sie nicht sehen, sie ist lautlos oder sie entspricht nicht ihrer Natur. Sie ist nicht einmal Geist oder Buddha. Sie ist „...vollkommen ruhig erleuchtet sie in wunderbarer Weise..." Und nun:
„Das Dharma ist sie und wirklich jenseits von Form und Klang..."
Sie ist also das Dharma, was auch nicht rational erfassbar ist.
Das Dharma hat viele Bedeutungen im Zen, wie auch im Hinduismus und Buddhismus. Es ist laut Lexikon aber übergreifend: „umfassender Begriff für das, was unser wahres Wesen ausmacht..."[22]. Also, letzten Endes ist das Dharma genau die Wirklichkeit, von der wir oben schon gesprochen haben. Es umschreibt in einer Erklärung auch, dass es „Das kosmische Gesetz, die Große Ordnung, der unsere Welt unterliegt, vor allem das Gesetz der karmisch gesteuerten Wiedergeburt [ist]."[23]

Apropos Klang.

---

[22] Michael S. Diener, Lexikon der östlichen Weisheitslehren, Barth-Verlag, 3. Auflage, 1995 S. 92
[23] Ebda S. 92

Viele berühmten Meister sind beim Hören eines Klangs in die Wirklichkeit, die vor Himmel und Erde steht, eingetreten. Also erleuchtet worden. Sie haben die Wirklichkeit erfahren.

Meister Hakuin – der Begründer des modernen Rinzai-Zens, von 1686 – 1769 – hat beim Klang der Tempelglocke die tiefe Erleuchtung erfahren. Er soll dabei ausgerufen haben: „Wunderbar, wunderbar! Es gibt keinen Kreislauf von Geburt und Tod, den man durchlaufen muss! Es gibt keine Erleuchtung, nach der man streben muss. Die siebzehnhundert Koan, …, haben nicht den geringsten Wert…"[24]

Also müssen wir uns nicht mit den Koans auseinandersetzen. Wir müssen nichts tun, außer Dasein und Hören. Und trotzdem: „… nur dem klaren Auge ist sie wahrnehmbar". Das heißt also, wir müssen uns, unsere Achtsamkeit, unsere Wachheit nur auf die Wirklichkeit lenken.

Was heißt jetzt nun „klares Auge"?
Klar bedeutet, dass wir an nichts haften, eben auch nicht an Koans oder Worte. Klar bedeutet aber auch, dass wir vollkommen präsent sein sollten. Vollkommen offen für alles, ohne Bewertung, ohne rationale Erklärung, ohne Erklärung der Wirklichkeit.

Nur in diesem Augenblick erkennen wir die Wirklichkeit, aber nur, wenn wir achtsam sind. Und nur, wenn wir

---

[24] Ebda S. 127

aufhören, die „Wirklichkeit" zu suchen, die auch ohne Erklärung existiert.

Folgende Textpassage zeigt uns dies auch: „...und Worte haben nichts mit ihr zu tun." So sind die Worte, eben auch die Teishos nur ein Fingerzeig auf die Wirklichkeit. Das Teisho ist also eigentlich nicht notwendig. Man muss nur achtsam sein. Man muss nicht dem Teisho zuhören. Man muss sich nicht daran erinnern oder mit dem Meister diskutieren. Man hört ihm zu und wendet sich dabei der Wirklichkeit zu. Es ist dann nur das Zuhören, nicht der Inhalt des Teishos.

Im zweiten Teil des Textes wird dann über Buddha gesprochen, der zu den versammelten Menschen spricht, also „...[er] lässt seinem goldenen Munde spielerische Worte entspringen...".
Was meint aber seinem goldenen Munde?
Die „goldenen Worte" sind die des Meisters, der die Wirklichkeit erkannt hat. So sind auch für Übende die Teishos zu sehen, die Meister aus ihrem goldenen Munde vortragen, wenn sie denn die Tiefe der Dharma-Erfahrung haben und seinerseits von ihrem Meister als Dharmanachfolger ernannt worden sind. Dharma-Nachfolger sind diejenigen, die eigentlich in der direkten Nachfolge von Shakyamuni Buddha stehen und im Grunde wie aus dessen Munde sprechen.
Und warum sollen diese jetzt „spielerische Worte" sein?
Die „spielerischen Worte" sprechen auf die eigentliche Einfachheit der Erkenntnis der Wirklichkeit an. Da gibt es

nichts Besonderes zu entdecken, nicht ein Studium zu unternehmen oder irgendwelche besonderen Rituale zu veranstalten. Es ist einfach nur präsent sein und spielerisch damit umzugehen.

Eine andere Sichtweise kann auch sein, dass die „spielerischen Worte" spontan, ohne vorherige Überlegung, in diesem einen Augenblick des Ausspruchs formuliert werden.

Gassho!

2. Version von Daio Kokushi, Über ZEN (29.10.16)

Nächstes Zazenkai möchten wir eine Teezeremonie einbauen. M. hat dies vorgeschlagen und wir werden dann das nächste Mal dies durchführen. Wichtig ist es beim Teetrinken, dass es nur das Teetrinken ist (schlürft), sonst nichts. Es wird kein Schwätzchen gehalten, es wird nicht über den Tee gesprochen oder gar über den Geschmack des Tees, sondern nur trinken (schlürft).

So ist es auch mit dem Hören eines Teishos. Man hört zu und nimmt das auf, was im Moment ist. Der jetzige Augenblick ist wieder vorbei, dann kommt das nächste Hören. Es ist nicht wichtig, was ihr hört. Es ist wichtig, dass ihr hört. So ist es auch mit dem Vortragen eines Teishos. In Bozen habe ich über den heutigen Text auch schon gesprochen, aber dieses Teisho wird ein völlig

anderes sein. Das Teisho kommt von innen. Jetzt, was in diesem Augenblick dran ist, wird gesagt. Es geht nicht so sehr um den Inhalt – ich habe mich zwar auf das Teisho heute Morgen vorbereitet, aber was ich sagen werde, das entsteht in diesem Augenblick. So könntet eigentlich ihr auch das Teisho halten. Es ist nur das Sprechen, worum es geht. Nicht so sehr um den Inhalt.
Das können wir nachher diskutieren, aber dann ist es diskutieren. Nichts weiter.
Multitasking ist nicht förderlich dabei. Es ist wichtig, nur eine Sache zu machen und diese dann in völliger Hingabe. Sonst verliere ich mich und erfahre nicht die Wirklichkeit, die vor Himmel und Erde steht.

Dazu möchte ich noch eine kleine Anekdote von einem berühmten Meister erzählen:
„Ein Meister sollte ein Teisho halten. Er stieg auf sein Podest und wollte anfangen. Das Fenster war geöffnet und just in dem Moment, als der Meister sein Teisho halten wollte, fingen draußen an die Vögel zu zwitschern (zwitschert). Der Meister und alle seine Schüler im Saal hörten den Vögeln zu und schwiegen. Als dann die Vögel verstummten, verneigte sich der Meister, verließ das Podest und lief in seine Gemächer..."
Es geht also nicht um den Inhalt des Teishos, sondern um das Zuhören, nur „Zuhören". Das ist alles. Das ist die Wirklichkeit.
Heute möchte ich von Daio Kokushis „Über Zen" sprechen.

Bestimmte Texte zum Zitieren

Es ist ein beliebter Text, der häufig – wie auch bei uns – vor einem Teisho zitiert wird.
„Es gibt eine Wirklichkeit, die vor Himmel und Erde steht..."

Der Text weist auf etwas hin, was vor Himmel und Erde steht. Das ist eigentlich komisch. Es ist im Grunde eine dualistische Aussage. Da ist etwas, das vor etwas steht. Vor bedeutet, dass es auch etwas dahinter gibt. Das ist dualistisch. Aber es weist auf etwas hin, was eben nicht Leere und Form ist. Himmel ist eine Metapher für die Leere und Erde eine Metapher für die Form. Aber die Wirklichkeit steht vor Himmel und Erde. Was wird damit gemeint sein? In der Erkenntnis der spirituellen Erfahrung erfährt man, dass Leere und Form nicht für sich alleine stehen, sondern dass sie beide zusammenfallen. Leere und Form sind eins, wie es im Herzsutra steht: „Leere ist wirklich Form, Form wirklich Leere".
Die Wirklichkeit ist also überall. Sie ist beim Hören, beim Sprechen, beim Furzen (furzt) oder bei sonst etwas. Der Körper ist ein Träger für diese Wirklichkeit. So wird häufig die Erleuchtung über die Sinnesorgane oder über den Körper erfahren.
Viele berühmten Meister erfuhren Erleuchtung, das Satori oder Kensho, über die Sinnesorgane wie z. B. über den Klang. Im Text heißt es dazu: „...Das Dharma ist sie und wirklich jenseits von Form und Klang..." Auch ein berühmter Meister, der das moderne Rinzai – Zen prägte- Hakuin, der von 1686 bis 1769 lebte –, erfuhr beim Klang der Tempelglocke tiefe Erleuchtung. Das veranlasste ihn

zu dem berühmten Ausspruch: „Wunderbar, wunderbar. Es gibt keinen Kreislauf von Geburt und Tod, den man durchlaufen muss. Es gibt keine Erleuchtung, nach dem man streben muss..."[25]

Es gibt kein Ding, was man erreichen muss. Die Wirklichkeit ist stets da. Und das meint auch das „vor Himmel und Erde steht". Man muss nichts erreichen, „weil es nichts zu erreichen gibt.", wie es im Herzsutra steht. Es ist hier (schlägt auf den Oberschenkel). Mehr nicht. Die Wirklichkeit ist hier.

Weiter heißt es noch bei Hakuin, was sehr wichtig ist: „... Koans haben nicht den geringsten Wert...".

Wir in unserer Linie arbeiten mit Koans und er spricht davon, dass sie „keinen geringsten Wert haben". Ja, Koans besitzen auch Fallen. Die Koans enthalten Geschichten, die interessant sind, aber auch an der Wirklichkeit vorbei gehen. Oder sie sind Rätsel, die man gerne löst. Vor allem, wenn man „verstanden" hat, wie ein Koan zu lösen ist, dann kommt Routine auf und man verfehlt im Dokusan-Raum das Wesentliche, die Wirklichkeit. Auch ist die Lösung eines Koans, sogar beim selben Übenden, am nächsten Tag nicht dieselbe. Es gibt zwar eine Grundlösung, aber die Demonstration ist für jeden Augenblick neu.

Im ersten Teil des Textes wird viel darüber gesprochen, was die Wirklichkeit nicht ist: „... nicht wahrnehmbar für Ohren, ... nicht Geist noch Buddha ist sie. ... und Worte

---

[25] Lexikon der Weisheitslehre, S. 127

haben nichts mit ihr zu tun..." Aber sie geben auch einen Ausblick, was die Wirklichkeit ist: „... lautlos ist sie, ... das Dharma ist sie... das Tao ist sie..."
Zum Dharma ist zu sagen, dass es im Grunde dasselbe meint, wie die Wirklichkeit. Das Wort wird zwar in vielen unterschiedlichen Erklärungen beschrieben, ist aber letztlich als Wort nicht zu beschreiben. Man kann darüber nicht sprechen, man muss es – genauso wie die Wirklichkeit – erfahren.

Kommen wir zum zweiten Teil:

Der Grund, warum es vor einem Teisho zitiert wird, steht im zweiten Teil des Textes:
„... in der Absicht, Blinde anzuziehen, ließ Buddha seinem Munde spielerische Worte entspringen..."
Ein Teisho ist wie, wenn Buddha selbst sprechen würde. Wir müssen uns es so vorstellen, dass Shakyamuni auf einen Berg ging und seinen Schülern – übrigens genauso wie es wohl Jesus gemacht hat – oder seinen Jüngern Vorträge über die Wesensnatur oder die Wirklichkeit gehalten hat und Hinweise gegeben hat. – Diese Teishos wurden übrigens dann nach dem Tode Buddhas im 1. Konzil von Ananda mündlich wiedergegeben. Ananda war einer seiner bedeutendsten Schüler, dem ein phänomenales Gedächtnis nachgesagt wurde. Seine Wiedergabe entsprach ziemlich genau dem Wortlaut Buddhas. Dieses Konzil fand um 480 v. Chr. statt und Anandas mündliche Wiedergabe war Grundlage für die

Kodifizierung des Sutra Pitaka, das im Tripitaka (älteste schriftliche Textsammlung der Lehrreden Buddhas) aufgenommen wurde. Diese wurde ca. 100 v. Chr. erstmals schriftlich dargelegt. Vorher gab es nur mündliche Überlieferungen.[26] – So wird auch die Tradition aller Zen Linien gesehen. Man beruft sich in der Dharma-Nachfolge immer auf die Nachfolge Buddhas – so ist z. B. mein Meister Willigis der 87. Dharma – Nachfolger von Buddha und sein Dharma-Nachfolger Alexander Poraj, Doris Zölls, Paula Weber, Gisela Drescher und Manfred Rosen sind eben die 88. Nachfolger von Buddha.

Bei einem Teisho sollte so sein, dass dem Redner spielerische Worte entspringen, als ob er Buddha selbst wäre. Das bedeutet, dass die Worte nicht gesetzt werden oder nach langem Überlegen formuliert werden, sondern in jedem Augenblick des Vortrags neu entstehen.

„...Oh meine lieben und ehrenwerten Freunde, die ihr hier versammelt seid. Wenn ihr euch danach sehnt die donnernde Stimme des Dharma zu hören..."

Die donnernde Stimme des Dharma meint einfach, wenn ihr euch danach sehnt, Erleuchtung zu erfahren, dann seid ihr hier richtig, und: „... gebt eure Worte auf, entleert eure Gedanken..." wir müssen also unsere Worte aufgeben. Wir dürfen nicht Worte gebrauchen oder formulieren, sondern nur das tun, was im Augenblick dran ist: Zuhören. Mehr nicht. Auch sollten wir unsere Gedanken entleeren,

---

[26] Die Kultur des Zen, Thomas Hoover, Diederichs Gelbe Reihe, Köln, 3. Auflage, 1986, S. 41

also keine Gedanken haben. Dies ist aber nicht so zu verstehen, dass wir diese negieren. Die Gedanken sollen wir vielmehr vorüberziehen lassen, wenn sie kommen. Wir beschäftigen uns nicht damit. Wir lassen sie einfach so, wie sie sind. Ohne Wertung.

„...Dann kommt ihr soweit, das eine Sein zu erfahren." Diese Textpassage am Schluss meint, dass wir dann die Wirklichkeit erfahren, die „vor Himmel und Erde steht".

Und genau das ist unsere Übung. Wir entleeren unsere Gedanken, geben unsere Worte auf.
Wir sitzen einfach und erfahren das, was ist. Gehen in unsere Übung des Atem-Zählens, in die Übung des „Mu" oder ins Shikantaza, einfach nur Da-Sein, sonst nichts.

Dann kommen wir soweit, das eine Sein zu erkennen.

Gassho!

Bestimmte Texte zum Zitieren

Shinjin Mei
Verse über den Glaubensgeist

*Der höchste Weg ist nicht schwer,
wenn du nur aufhörst zu wählen.
Wo weder Liebe noch Hass,
ist alles offen und klar.
Aber die kleinste Unterscheidung
bringt eine Distanz wie zwischen Himmel und Erde.
Soll Es sich dir offenbaren,
lass Abneigung wie Vorliebe beiseite.
Der Konflikt zwischen Neigung und Abneigung
Ist eine Krankheit des Geistes.
Wird diese tiefe Wahrheit nicht verstanden,
versuchst du vergeblich, deine Gedanken zu beruhigen,*

*Der Weg ist vollkommen wie leerer Raum,
ohne Mangel und ohne Überfluss.
Nur wenn du wählst und zurückweist,
geht das Sosein verloren.
Jage nicht äußeren Erscheinungen nach,
verharre auch nicht in der Erfahrung der Leerheit.
Bleibe gelassen im Einen,
und alle Verwirrung verschwindet von selbst.
Stellst du das Tätig Sein ein
und kehrst zur Ruhe zurück,
ist dieses Bemühen selbst nur wieder Tätigkeit.
Wie willst du je das Eine erfahren,
wenn du in die Zweiheit verstickt bleibst?
Wer ins Eine nicht vordringt,
wird in keinem Bereich daheim sein.
Existenz zu verachten heißt,
Existenz zu verlieren.
Der Leerheit zu folgen heißt,
sich gegen die Leerheit wenden.*

Bestimmte Texte zum Zitieren

*Je mehr Worte und Gedanken,
desto weiter entfernt von der Wirklichkeit.
Schneide Worte und Gedanken ab,
und Es durchdringt alles.
Kehrst du zur Wurzel zurück,
erfasst du die Wahrheit.
Hängst du der Erscheinungswelt nach,
verfehlst du das Wesen.
Ein Augenblick innerer Erleuchtung
Trägt über die erste Leere hinaus.
Veränderung in dieser relativen Leere
sind nichts anderes als Täuschung.
Kein Grund, die Wahrheit zu suchen,
lass all deine Meinungen fahren.
Zwiespältigkeit halte nicht fest.
Sei achtsam und folge ihr nicht.
Auch nur eine Spur von richtig und falsch,
und der Geist ist in Wirren verloren.*

*Weil es das Eine gibt, existieren die Zwei,
doch halt' auch nicht fest an dem Einen.
Wenn der Geist der Einheit nicht entsteht,
sind die zehntausend Dinge nicht schuld.
Wo keine Schuld ist, ist auch kein Ding.
Das Subjekt vergeht mit dem Objekt.
Das Objekt vergeht mit dem Subjekt.
Das Objekt ist Objekt wegen des Subjekts.
Und Subjekt ist Subjekt wegen des Objekts.
Willst du beide Ebenen kennen:
Sie sind ursprünglich die eine Leerheit.
Die eine Leerheit ist die gleich in beiden.
In gleicher Weise enthalten sie alle Dinge.
Unterscheidest du nicht zwischen fein und grob,
wie kann es dann Vorurteile geben?*

Bestimmte Texte zum Zitieren

Der große Weg ist dem Wesen nach weit.
Nichts ist leicht, nicht schwierig.
Engherzige Ansicht führt zu Besorgnis.
Je mehr du eilst, umso länger brauchst du.
Hängst du an solchen Ansichten,
verlierst du das Maß und gehst in die Irre.
Lass los, und alles ist natürlich.
In der Wesensnatur gibt es kein Kommen und Gehen.
Handle gemäß deiner Natur,
und du stimmst mit dem Weg überein,
gehst ihn gelassen und frei, ohne Sorge.

Gedanken lenken ab von der Wahrheit.
Aber ein dumpfer Geist bringt es auch nicht.
Wenn verabscheust, verwirrt sich der Geist.
Was hilft es schon, für oder gegen etwas zu sein?
Wenn du das eine Fahrzeug nehmen willst,
hege keine Abneigung gegen die Welt der Sinne.
In der Tat, wer die Sinneswelt nicht hasst,
ist eins mit der wahren Erleuchtung.

Der Weise hat keine Ziele,
die Unwissenden lassen sich fesseln;
denn obwohl es einen Unterschied
zwischen den Dingen nicht gibt,
bleiben sie an manchem hängen.
Ist das nicht ein gewaltiger Fehler?
Ruhe und Unruhe kommen aus der Illusion,
Erleuchtung kennt weder Vorliebe noch Abneigung.
Alle dualistischen Ansichten
Kommen aus falschen Schlüssen.
Sie sind Träume, Fantasien und Flecken vor deinen Augen.
Warum versuchst, du sie zu fassen?
Gewinnen und Verlieren, Richtig und Falsch,
lass sie ein für alle Mal ziehen.

Bestimmte Texte zum Zitieren

*Wenn die Augen nie schlafen,
hören die Träume von selbst auf.
Wenn der Geist nicht unterscheidet,
sind alle Dinge das eine Sosein.
Das Wesen dieses einen Soseins ist ein Geheimnis:
Unbewegt, alle karmische Bindung vergessend,
siehst du alle Dinge gleich,
kehren sie heim zum natürlichen Sein:
Ursachen verschwinden, Vergleiche sind nicht möglich.*

*Bewege dich nicht, und die Bewegung hört auf.
Bringe Ruhe in die Bewegung, und es gibt keine Ruhe.
Wenn beide nicht sind, kann eines dann sein?
Im Absoluten sind keine Regeln.
Der Geist, in Einklang mit ihm, wird unparteiisch
Und hört auf, zu planen und zu streben.
Wenn Zweifel und Argwohn ausgeräumt,
ist wahrer Glaube beständig und fest.*

*Alle Dinge sind vergänglich,
nicht notwendig, sie sich zu merken.
Leer, klar und selbstleuchtend
bemüht der Geist sich nicht.
Das ist der Platz des Nichtdenkens,
schwer auszuloten mit Intellekt und Gefühl*

*In der Dharmawelt des Soseins
Ist keine Anderes und kein Ich.
Wenn man dich bittet, es sofort zu erklären,
kannst du nur sagen: ‚Nicht-Zwei'.
Wenn ‚Nicht-Zwei', dann ist alles gleich;
nichts, was nicht eingeschlossen wäre.
Die Weisen der zehn Richtungen
Sind alle in diese Weisheit eingetreten.
Es ist jenseits von Ausdehnung und Zusammenziehung.
Ein Augenblick der Wahrnehmung ist zehntausend Jahre*

Bestimmte Texte zum Zitieren

Weder Sein noch Nicht-Sein,
das ganze Universum liegt vor deinen Augen.
Das unendlich Kleine ist gleich dem Großen,
Grenzen sind verschwunden.
Das unendlich Breite ist gleich dem Großen,
Grenzen sind verschwunden.
Das unendlich Breite ist gleich dem Schmalen,
keine Teilung ist sichtbar.

Sein ist nichts anderes als Nicht-Sein,
Nicht-Sein nichts anderes als Sein.
Wenn es für dich nicht so ist,
bleib keinesfalls in diesem Bewusstseinsstand!
Alles ist eins, eines ist alles.
Wenn du das erfährst,
warum ängstigst du dich dann, Vollendung nicht zu erreichen?

Der Glaubensgeist ist Nicht-Zwei.
Nicht-Zwei ist der Glaubensgeist.
Worte gehen fehl, es zu benennen.
Es ist nicht von der Vergangenheit,
der Zukunft oder Gegenwart.[27]

Seng-T'san, 6./7. Jh.(China)

---

[27] Die Flöte des Unendlichen, Willigis Jäger (Hg), Wege der Mystik, 6. Auflage 2016, S. 70

Bestimmte Texte zum Zitieren

Der Verfasser dieses Gedichts ist Seng-t'san (Sosan), der um 600 n. Chr. lebte. Er ist nach der Linie des Chan (ZEN), also des chinesischen ZEN, der 3. Patriarch. Insgesamt ist er damit der 30. Nachfolger Shakyamunis. Im Original heißt das Gedicht: Hsin-hsin-ming und gehört zu den bedeutendsten Gedichten des ZEN, zu denen auch das Herz-Sutra (Hannya Shingyo aus dem Prajnaparamitasutra), das im 5 Jh. in China erstmals übersetzt wurde, gehört.

Von Sosan wird berichtet, dass er während seines Lebens an Lepra erkrankte. Sein Vorgänger Eka (chin. Hui-ko) lehnte ihn anfangs wegen dieser Krankheit ab. Nachdem Sosan aber auf die Ablehnung antwortete, dass zwar sein Körper krank, aber sein Herz-Geist genau derselbe wie Hui-kos sei, nahm Hui-ko ihn als Schüler an und Sosan wurde schließlich sein Nachfolger.

Das Shinjin Mei gibt allgemein Anweisungen, wie man zur wahren Erkenntnis, bzw. zum „höchsten Weg" kommen kann. Daneben erklärt es auch, was der höchste Weg ist oder wie man ihn erkennt. Es ist damit einer der ältesten Schriften – neben dem Herz-Sutra –, in denen eine Anweisung zum Erreichen der Wesensnatur gegeben wird.

Grundsätzlich weist es den Leser auf die Einfachheit des Weges hin und teilt ihm mit, dass er nur den Dualismus loslassen soll.

Gleich am Anfang weist das Gedicht auf die Richtung hin, wohin der Weg gehen soll. „Der höchste Weg ist nicht schwer, wenn du nur aufhörst zu wählen.", heißt es da.

Wir müssen also nur aufhören zu wählen. Das meint, dass wir nicht wählen sollen, dass wir keine Unterscheidung zwischen Gut und Böse treffen sollen, sondern einfach nur leben und uns nicht um den Dualismus kümmern müssen. Gleichzeitig wird auch eine Warnung ausgesprochen, dass man in der Erkenntnis der Non-Dualität, also der Einheit von Leere und Form, nicht in dieser Erfahrung hängen bleiben soll: „... verharre auch nicht in der Erfahrung der Leerheit."

Auch wird auch darauf hingewiesen, dass wir beides nicht außer Acht lassen sollen: „Existenz zu verachten, heißt Existenz zu verlieren. Der Leerheit zu folgen heißt, sich gegen die Leerheit wenden."

Und auch das ist nur die halbe Wahrheit. Denn es kommt nicht auf die Leere oder die Form an, sondern auf die Gleichzeitigkeit von Leere und Form, also auf die Non-Dualität an. Dies wird in der Textpassage deutlich formuliert: „Die eine Leerheit ist die gleiche in beiden [Objekt und Subjekt]."

Nach diesen Hinweisen zum Wesenskern des ZEN, die in den ersten 5 Absätzen stehen, wird ab 6. Vers über das Hinführen zur Erkenntnis gesprochen. Und dieses Erreichen ist sogar, wie eingangs erwähnt, sehr leicht: „Lass los, und alles ist natürlich." Und weiter: „Handle gemäß deiner Natur, und du stimmst mit dem Weg überein, ..." meint dabei, dass wir so leben sollen, wie wir sind. Auch brauchen wir uns nicht einmal Sorgen um uns zu machen und müssen uns um nichts kümmern: „... gehst ihn gelassen und frei, ohne Sorge."

Bestimmte Texte zum Zitieren

So geht es in den nächsten Versen weiter bis dann im Vers 12 nochmals konkret auf die Non-Dualität hingewiesen wird: „Wenn man dich bittet, es sofort zu erklären, kannst du nur sagen: ‚Nicht-Zwei'. Wenn ‚Nicht-Zwei', dann ist alles gleich; nichts, was nicht eingeschlossen wäre." Zum Schluss wird nochmals auf die Zeitlosigkeit des Ganzen eingegangen, womit das Gedicht endet: „Es ist nicht von der Vergangenheit, der Zukunft oder Gegenwart."
Also was wollen wir mehr. Wir müssen nur alles loslassen und im „Hier und Jetzt" in diesem Augenblick mit unserer Form leben, so wie sie ist.
Wie einfach das nun ist.

Und warum haben wir dabei so viel Schwierigkeiten?

Nun, wir machen uns zu viel Gedanken, zu viel Sorgen um die Zukunft. Sind ständig darauf fixiert, irgendetwas erreichen zu müssen. Wir lenken uns ab mit irgendwelchen kurzfristigen Glücksgefühlen und verkennen dabei das Wesentliche. Wir sind ständig nicht dort, wo wir sein sollten: Im Hier und Jetzt, in diesem einen Augenblick.
Und deshalb sitzen wir hier, zitieren diesen Text und hoffen, dass wir loslassen können, weil das die Kernaussage dieses Gedichts ist. „Lass los und alles ist natürlich."

Gassho!

Bestimmte Texte zum Zitieren

Psychologische Themen

Alleine sein und Einsamkeit

Wir sind als Menschen immer alleine. Wir sterben alleine und werden alleine geboren. Auch als Zwilling kommt immer der eine nach dem anderen auf die Welt.
Wir sind also alleine.

Alleine hat in der Psychologie einen negativen Beigeschmack. Kein Mensch will alleine sein. Wir möchten alle geliebt und von allen – vor allem als Kleinkind – umsorgt sein. Und wenn wir alleine sind, dann haben wir ein Problem.

Aber im Wesenskern, in unserer Wesensnatur sind wir nicht alleine! Wir sind schon immer im ALL-Einen. Dies erfahren wir, wenn wir unsere Wesensnatur erkennen. Und was noch wichtiger ist, wir sind es schon von Anbeginn unseres Daseins. Wir sind im All-Einen.

Und warum haben wir eine starke Sehnsucht danach, nicht alleine zu sein?
Weil wir uns aufgrund unserer menschlichen Entwicklung von der Einheit entfernt haben. Unser Alltag, unsere entwickelte Egostruktur, unsere Rationalität, die uns Menschen an anderen Menschen orientieren lässt, hat uns von diesem Bewusstsein der All-Einheit entfernt.

Wir wollen wieder dieses All-Eins sein. Und die Erfahrung ist das Eins sein mit allem. Diese Erfahrung machen wir aber als Mensch alleine. Jeder Mensch hat dieses Potential dazu, wie uns der historische Buddha mitteilte, als er erleuchtet wurde. Wir müssen es nur wieder entdecken. Und diese Entdeckung findet im Allgemeinen wieder – menschlich gesehen – alleine statt.
Und warum fürchten wir uns vor dem Alleinsein? Vor der Einsamkeit?
Wir sehen dieses Alleinsein rational, emotional. Wir haben das Gefühl, getrennt von allem zu sein. Die Rationalität, die einteilt: Du bist dort, ich bin hier, trennt uns von der Einheit. Und das führt uns in Einsamkeit. Die Sichtweise, nicht unser All-Eins sein.
Und trotzdem ist die Einsamkeit auch nicht negativ zu sehen. Wir sind schon Eins-am. Wir sind schon, dort, wonach es uns im Leben als Mensch dürstet.

Und deswegen üben wir.
Damit wir als Mensch die Eins-amkeit nicht mehr fürchten und uns eins mit allem erfahren können.
Und das schönste davon ist. Wir sind schon immer All-Eine. Wir sind schon da, wo wir hinwollen.
Wir müssen nur wieder unseren Vorhang der Verschleierung wegschieben. Wir dürfen endlich loslassen und Eins-am sein.

Alleine und Einsam sind nur psychisch negativer Natur. In Wirklichkeit ist es genau, das, was wir wollen.

All-Eine und Eins-am

Gassho!

Verantwortung und Egozentrismus

Ein ZEN-Lehrer sollte eigentlich keine Kritik an der Gesellschaft äußern. Er beschäftigt sich mit der Hilfe bei der Meditation und gibt Rat bei spirituellen Erfahrungen.

Deshalb ist mein heutiger Vortrag nicht unter der Rubrik Kritik zu sehen, sondern ich möchte nur aus der Sicht der Spiritualität sprechen.
Dass heutzutage allerdings der Egozentrismus vorherrscht, ist leider eine Tatsache, die nicht ausgeklammert werden darf.

Leider führt ein Egozentrismus meist nicht zu spirituellen Erfahrungen, weil der Egozentriker eine Tatsache, nämlich die des „Nicht-Eingreifens", übersieht. Wenn jemand sehr stark auf sich bezogen ist, handelt er dementsprechend und versucht aus jeder Situation das „Beste" herauszuholen. Und nun kommt das Besondere: Er schaut nicht, wie es den anderen Wesen – Menschen, Tieren und der Umwelt – geht!

Ein Egozentrismus in dieser Weise führt also nicht in eine spirituelle Erfahrung, denn es ist die spirituelle Erfahrung des „Jetzt, so ist es". Eine egozentrische Erfahrung ist ein „so soll es sein". Ein Egozentriker greift in den natürlichen Ablauf des Lebens ein, was eben nicht spirituell ist, sondern dualistisch. Natürlich kann der Egozentrismus dazu benutzt werden, sich konsequent mit der eigenen Spiritualität auseinander zu setzen. Das Sitzen mit voller Konsequenz zu führen und nicht bei jedem „Zwicken und Zwacken" wieder Reiß aus zu nehmen, sondern einfach mal sitzen zu bleiben. Der Egozentrismus jedoch bezieht sich immer nur auf sich und erlebt andere Wesen nur als „Störenfriede" auf dem eigenen Weg zum „Glück". Es entsteht dann eine bestimmte Überheblichkeit: „Ich habe die Erfahrung, du nicht". „Ich bin besser als du". „Ich kann nur über die anderen lachen, seht her, was ich kann." usw. Das ist es aber nicht, auch wenn der Egozentriker bestimmte Erfahrungen des Glücks gemacht hat.

Es – die eigentliche Erfahrung – ist stets ein Teilhaben am Ganzen, es ist stets ein Gewahrsein allen Seins und es ist stets eine Erfahrung des „mit **allem** Eins werden" und auch erkennen, dass man eins mit dem Gegenüber ist und dass keine Trennung mehr besteht.

So entsteht die Verantwortung für mein „Gegenüber", der es ja eigentlich nicht mehr ist. Denn ich bin er und er ist ich.

Psychologische Themen

Dies kann man gut am folgenden Koan nachverfolgen:
Hekigan-Roku Nr. 68, Kyoans „Wie ist dein Name?"
„Ksozan fragte Sansho: „Wie ist dein Name?"
Sansho antwortete: „Ejaku."
Darauf Kyozan: „Ejaku – das ist doch mein Name!"
Sansho erwiderte: „Dann ist mein Name Enen."
Kyozan brach in schallendes Gelächter aus."[28]

Auch unser 1. Gelübde spricht von Verantwortung gegenüber allen Wesen:
„Zahllos sind die Lebewesen. Ich gelobe sie von ihrem Leid zu befreien" (früher: „...sie zu retten".)
 Es zeigt nicht auf, dass ich als erster und einziger die Erfahrung machen soll und dies noch der Menschheit mitteilen soll, sondern es zeigt die Konsequenz der Erfahrung auf. Nämlich dafür zu sorgen, dass alle Lebewesen – also nicht nur Menschen – die Erfahrung machen sollen. Nämlich, dass dies die Konsequenz aus meiner Erfahrung ist. Ich kann gar nicht anders, als andere Wesen zu retten. Ich bin mit ihnen verbunden und kann sie nicht übervorteilen oder schneller oder besser sein als sie. Sie sind ja ich und damit gleichwertig.
Und somit entsteht eine Verantwortung aus der Erfahrung heraus, die ohne Egozentrismus auskommt und mein Bestreben, die Erfahrung machen zu wollen aus dem Bedürfnis heraus entsteht, andere Wesen von ihrem Leid zu befreien....

---

[28] Yamada Koun Roshi, Die Niederschrift vom blauen Felsen, Hekiganroku, 2002, Band 2, Kösel Verlag, S. 165

Psychologische Themen

Man könnte dies jetzt noch weiter ausführen, aber über die Gelübde möchte ich in einem anderen Teisho noch näher und genauer eingehen.

Es entsteht also eine Verantwortung für die Menschen, die Umwelt und für mich selbst.
Damit nehme ich mich ernst und handle dementsprechend so wie ich bin und meine Erfahrung es mir zeigt.
Dies ist allerdings nur möglich, wenn ich das annehme, was im Augenblick ist. Wenn ich erkenne, was wirklich für mich als Mensch notwendig ist. Wenn ich erst intuitiv erkenne, was zu tun ist.
Dies ist nur möglich, wenn ich wach bin, befreit von irgendeiner Vorstellung: so sollte es sein.

Daraus entsteht auch eine Selbstverantwortung für meinem Tun. Wenn ich erkannt habe, was intuitiv richtig ist, also was im Moment des Augenblicks dran ist, dann handle ich auch danach. Ich übernehme auch die Verantwortung für mein Tun durch die Konsequenz der Handlung.

Dies ist bei egozentrischen Menschen meist nicht so. Sie schauen nur nach ihrem Vorteil. Und wenn ihnen eine Konsequenz aus ihrer Handlung heraus nicht passt, sind stets die anderen schuld. Selbst Verantwortung wird dann nicht übernommen, sondern genau das Gegenteil: Abgegeben. Dies ist dann wieder ein Abgrenzen von mir zum anderen und damit nicht mehr in der Spiritualität. Diese Tatsache übersehen meist egozentrisch Meditierende, die keine oder wenig spirituelle

Erfahrungen haben. Sie grenzen sich ab, anstatt sich auf das was ist einzulassen und damit in „Einklang" zu leben. Eine wirklich spirituelle Erfahrung gibt einem stets das „BEDÜRFNIS" anderen Menschen, Wesen zu helfen. ... Aber nicht das messianische Helfen, wo der zu Helfende nicht selbst entscheiden kann, ob er so oder anders geholfen werden will. Ein wahrer spiritueller Helfer ist stets bereit zu helfen und hilft, wenn er gefragt, hilft aber nicht, wenn er eben nicht gefragt wird. Er überlässt allen Menschen die eigene Verantwortung. Sollten einmal alle Menschen spirituell unterwegs sein, dann wird es ein gegenseitiges Helfen geben, ohne ein Überstülpen irgendwelcher Doktrin oder Vorstellungen. Wir helfen nur aus Mitgefühl nicht aus schlechtem Gewissen heraus, etwas tun zu müssen.

Auch sind oftmals egozentrische Menschen daran interessiert, ein Glück zu erhalten, das sie von anderen bekommen. Wenn man z. B. gewonnen hat, weil der andere verloren hat. Dann ist man glücklich, weil man besser, als der andere war. Aber eben nur: Weil der andere schlechter war. Dies ist erneut eine dualistische Sichtweise, egozentrische Menschen zu wahrem Glück nicht führen kann. Denn sie sind abhängig von den „Gegnern". Sie müssen schauen, besser zu sein, als andere. Sie müssen sich vergleichen mit anderen. Sie brauchen den anderen, um sich selbst zu definieren.

Das ist in meinen Augen und aus meiner Erfahrung heraus kein wirkliches Glück. Denn es ist kurzfristig – der nächste Wettkampf kann wieder den anderen als Sieger hervorgehen lassen – und befriedigt nicht wirklich, eben wegen der Kurzfristigkeit.

Ein wirkliches Glück entsteht, wenn man im Einklang mit dem ist, was ist. Den Augenblick so annehmen kann, wie er ist. Ohne Wertung. Ohne Vorstellung. Dann entsteht eine Freiheit der Handlung, weil ich im Augenblick erkenne, was zu tun ist und danach handle. Das kann heute so sein und morgen so. So wie es im „Leben eben ist". Mal rechts herum, mal links herum, mal rauf mal runter. Ich muss mich nicht an andere orientieren. Ich muss nicht Situationen schaffen, die mir gut gewogen sind. Ich muss mich nicht der Verantwortung entziehen und das schlechte Gewissen haben, dass der andere es für mich richten muss.

Ich bin frei. Ohne Egozentrismus. Mit Selbstverantwortung.

Und nur, weil ich im Augenblick lebe.

Also üben wir für den jetzigen Augenblick. Ohne Wertung, ohne Vorstellung.

Nur Jetzt. (Klatsch)
Gassho!

ZEN und die Liebe

Wovon ich heute sprechen werde, ist nicht die „Liebe" zwischen zwei Menschen, sondern die Liebe, die alles umfasst. Die Liebe, dessen Name im Christentum „Agape"

genannt wird. Sie wird nicht über das Gefühl der „Schmetterlinge im Bauch" oder des „Ich liebe Dich" als emotionales Bedürfnis verstanden, sondern geht tiefer. Nämlich: direkt ins Herz!
Diese Liebe fragt nicht nach dem Sinn oder nach einem „Wenn und Aber", sondern gibt einfach ohne irgendetwas zu verlangen oder zu erwarten. Sie ist wie eine Blume auf dem Feld, die einfach blüht.
Natürlich blüht sie, um die Bienen heranzulocken, aber sie ärgert sich nicht, wenn keine einmal vorbeikommt.

Und so blüht sie auch einsam und drückt diese Liebe aus, die ich meine.

Und was hat das nun mit mir, mir als Mensch, zu tun?

Zunächst möchte jeder Mensch geliebt und anerkannt werden. Er möchte gesehen und in seinem Handeln ernst genommen werden. Er möchte der sein, der er ist und diese seine Liebe leben.

Warum ist das so?

Jeder Mensch hat eine tiefe Sehnsucht nach dieser Liebe. Wie bereits oben beschrieben geht sie tiefer als die emotionale Liebe. Denn sie geht über die Persönlichkeit, über das Duale von zwei Partnern hinaus. Sie hat keine Begrenzung.

Diese Sehnsucht ist allerdings vielen Menschen nicht bewusst. Meist drückt sie sich bei uns so aus, dass wir nach irgendetwas streben oder erreichen oder haben wollen.

Das ist z. B. das Streben nach Macht, Geld, Ruhm u.a. aber auch nach „Besitzen Wollen" eines anderen, um ihn/sie für sich zu behalten oder zu bestimmen.
Und was ist das Problem?

Nun meist hegen wir immer Erwartungen an dieses Streben. Wir erwarten, dass wir, wenn wir etwas dafür tun, reich werden, Macht erhalten, berühmt werden o.ä. Wir entwickeln eine Vorstellung von dem, was sein könnte, sehen aber wir nicht das, was wirklich ist.
Auch entwickeln wir eine Vorstellung, wie unsere persönliche Liebe zu einem Menschen sein sollte oder könnte. Wir entwickeln eine Vorstellung, wie der Mensch, den wir „lieben" sein sollte oder sich verhalten sollte. Wir sehen in diesem Moment nicht den Menschen so, wie er wirklich ist, sondern mit unserer Vorstellung.
Dies ist nicht Agape, sondern die emotionale Vorstellung von Liebe.

Im Moment der Erleuchtung, erfährt man aber eine andere Liebe. Eben diese Agape.
Man erfährt etwas, was nicht beschreibbar ist. Diese Erfahrung geht soweit, dass man einen Menschen, der einen verletzt, trotzdem verzeihen kann. Man trägt diese Barmherzigkeit an ihn heran und kann, auch wenn er mich immer wieder und wieder verletzt nur noch verzeihen.

Auch aus diesem Grund hat die Sanbo – Kyodan – Schule, aus der Willigis stammt, bevor er seine eigene Linie gründete, im Krieg in Japan nicht eingegriffen. Sie ist nur dagewesen, hat meditiert und die Barmherzigkeit walten

Psychologische Themen

lassen. Also allen Menschen verziehen, die in den Krieg zogen und töteten.

Erst wenn wir Agape vollziehen können, sind wir im 10 Bild der Ochsenbilder. Denn dann leben wir die Liebe des Allumfassenden, aus dem alles aufgebaut ist. Und in das wir alle wieder zurückwollen, ab Beginn unserer Geburt.
Und dies ist auch unser eigentlicher Antrieb, der uns nach der Einheit – nämlich nach der eigentlichen Liebe, eben der Agape – suchen lässt.
Deshalb ist es notwendig, dass alle Menschen anfangen zu meditieren. Denn ohne diese Erkenntnis wird die Menschheit nicht überleben, wird es nie wirklichen Frieden auf der Welt geben.

Die Liebe des Allumfassenden ist für jeden erfahrbar. Dies hat auch der historische Buddha erkannt, als er davon sprach, dass alle Menschen die Erkenntnis haben und damit aus dem Leid aussteigen können.

Und deshalb sitzen wir hier. Wir sitzen für die Agape, aus der die Barmherzigkeit entspringt, uns tiefe Befriedigung erfahren lässt, um daraus den Weltfrieden zu ergeben.

Nichts anderes ist dies.

Gassho!

Psychologische Themen

ZEN und Härte / Männlichkeit

Viele Menschen sehen das ZEN als etwas Hartes, etwas Männliches, nicht die Gefühle zeigendes an.

Das stimmt im eigentlichen Sinne nicht. Denn mit den Gefühlen geht ein ZEN – Adept genauso um, wie ein normaler Mensch. Er wertet es allerdings nicht so, wie die meisten. Er hält den Augenblick nicht fest und versucht Einfluss zu nehmen, wie: „…dieser Tag soll nie zu Ende gehen." Oder: „Wann ist es endlich vorbei?", sondern er nimmt es an wie schön oder hässlich es ist und geht zum nächsten Augenblick über. Er genießt den Augenblick, so wie er ist und nicht mehr.

ZEN ist noch in vielen Augen hart, weil es
- Deutlich und klar
- Absolut ehrlich
- Konsequent
- Immerwährend

ist.
Und das macht vielen Menschen zu schaffen. Es ist ein Problem für sie.

Wir machen viele Dinge im Leben, um irgendetwas zu erreichen. Wir mühen uns ab, im Job voranzukommen, Karriere zu machen. Wir wollen viel Geld verdienen und reich und berühmt werden. Wir wollen ein „besseres Leben" haben. Wir wollen „Heilung" von allem, was schlecht ist. Wir wollen …

Wir sind also ständig darauf bedacht uns zu verbessern. Uns zu entwickeln. Wir haben ein Ziel. Und dies ist Dualismus im strengsten Sinne.

Was hat das nun mit Härte zu tun?
Nun, der Dualismus hilft uns nicht, die eigentliche Befreiung von unseren Sehnsüchten zu erwirken. Im Gegenteil, es hindert uns daran, das zu sehen, was wirklich ist. Erst dann kann die Sehnsucht gestillt werden, weil erst die Einheit mit Allem diesen „innere Frieden" bringt.

Wenn nun ein ZEN-Lehrer einem mitteilt, dass alle Aktionen, die seiner Meinung nach für einen inneren Frieden notwendig sind, nicht zum eigentlichen Ziel führen, dann entsteht Enttäuschung. Man wird direkt ins Leben geworfen, man wird der Täuschung, etwas dafür tun zu müssen beraubt, man wird also: Ent-täuscht. Und diese Enttäuschung ist manchmal sehr frustrierend, weil die Übung stets mit vollster Hingabe und notwendigem Ernst begangen wird und man stets meint nicht voranzukommen und auf der Stelle tritt. Erst wenn wir merken, wenn wir begreifen, dass das Tun „um zu" das eigentliche Problem ist, dann hören die Enttäuschungen auf und die Übung wird der „Härte" beraubt.

Ein anderes Problem für die „Härte" der Übung ist, dass ZEN einen stets dahinführt, wo wir eigentlich nicht hin wollen: In die Traumata und emotionalen Unzulänglichkeiten. Wir möchten es am Anfang endlich einmal „guthaben", nicht mehr „leiden". Wir möchten endlich einmal „Frieden" haben und das „Leben genießen" können. Und ZEN beraubt einen diesen Wunsch, weil es

einfach die Wahrheit zeigt. Die Wahrheit ist dann, dass wir noch üben müssen, die emotionalen Unzulänglichkeiten „loszulassen". Und das ist hart, weil diese Übung ein Leben lang auszuführen ist und nie endet. Dies ist ebenso mit der Erkenntnis, dass der nächste Augenblick erneut die selben Problemen mit sich bringen kann, die man meinte überwunden zu haben.
Und dies wollen viele Menschen nicht auf sich nehmen. Sie wollen sich selbst etwas vormachen, weil sie noch nicht in Harmonie mit den Unzulänglichkeiten des Menschen sind.

Aber genau hier liegt die Lösung. Denn jeden Augenblick ist die Chance vorhanden, sich die Unzulänglichkeiten anzusehen, anzunehmen und loszulassen.

Deshalb ist es gar nicht schlecht, einer Enttäuschung zu erliegen. Wenn man nur achtsam damit umgeht. Dies ist dann der Fall, wenn man die Enttäuschung erkennt, diese akzeptiert und weiter sich der Übung des Loslassens hingibt.

Es gibt also keine Abkürzung zum „Glück", sondern nur den Weg, den man geht, egal wie krumm oder gerade dieser ist.

Und dies anzunehmen ist eben für uns hart. Aber es ist genau dies der Schlüssel zum Glück. Hier müssen wir den Sprung ins Ungewisse machen. Wir müssen aufhören, etwas verändern zu wollen. Nur annehmen, dass meine

Traumata mich mein ganzes Leben begleiten werden. Und dass es so in Ordnung ist.
Dann brauchen wir keine Sorgen mehr zu haben, dass wir es nicht schaffen.
Wir müssen keine Mauer mehr um uns herum bauen, damit uns niemand verletzen kann. Wir müssen uns nicht mehr verstellen. Wir können auch einmal weich sein, ohne ein schlechtes Gewissen zu haben, falsch reagiert oder nicht hart genug reagiert zu haben.
Wir können einfach leben. So, wie wir sind. Und nicht mehr.
Und können ehrlich zu uns sein.
Wo ist dann die Härte des ZEN?
Die Härte entsteht nur dann, wenn wir uns gegen uns selbst richten. Wenn wir nicht annehmen, wer wir wirklich sind. Denn nur dies ist das, was wir im ZEN sehen. Uns selbst. Und die Härte dabei ist, dass wir uns selbst nicht so sehen wollen. Wir haben damit ein falsches Bild von uns, ein Traumbild von uns selbst. Die Wirklichkeit ist dabei sehr gemein, denn es reißt uns sofort unser Traumbild weg. Und das schmerzt.

Also Härte ist eine Definition, die nichts mit der Wirklichkeit zu tun hat, außer wir nehmen sie so wie sie ist. Dann ist sie auf einmal weich und angenehm. Weil ich mich annehme.

Und: weiches Wasser höhlt den Stein!

Gassho!

Zen und Ordnung

Wichtig ist zu betonen, dass ich nicht die Ordnung meine, die gestellt ist, wo der Garten „aufgeräumt" ist und alles an seinem Platz steht.

Es geht hier um die Ordnung, die sich aus dem Zazen entwickelt und etwas anderes darstellt, als gekünstelte Ordnung.

Die Ordnung des Zazen entwickelt sich aus der Notwendigkeit der Klarheit der Erkenntnis.

Durch ein immer tieferes und damit klareres Verständnis des Augenblicks, ist es dem Übenden möglich immer mehr der Intuition zu folgen. Wer mehr loslässt von irgendwelchen Vorstellungen, der hat immer mehr die Möglichkeit, das zu erkennen, was ein Augenblick hergibt, was also dran ist. Und diese Erkenntnis gibt ihm die Möglichkeit, genau das zu tun, was im Moment notwendig ist. Die Ordnung ergibt sich dann daraus. Wenn also jemand anfängt aufzuräumen um das Aufräumen willens, dann ist kein Ziel mehr da, das Ordnung durch Aufräumen geschieht, sondern, dass die Ordnung durch die innere Klarheit der Person, die aufräumt entsteht. Man kann also an der äußeren Ordnung erkennen, wie innerlich aufgeräumt ein Mensch ist.

Psychologische Themen

Ein berühmter Meister erkannte stets an der Lage der Schuhe, die vor einem Zendo standen, wie ein Schüler beieinander war, ob er auch das Koan richtig lösen konnte oder nicht.

Das heißt jetzt nicht, dass alle Schüler ihre Schuhe deswegen ordentlich zusammenstellen sollen. Durch die Ordnung der Schuhe ist noch niemand zur Erleuchtung gekommen.

Es ist also vielmehr umgekehrt. Durch das Sitzen werden wir unser Selbst bewusst. Das schafft uns Klarheit in den Dingen, die wir tun. Und je mehr wir von allen Konzepten loslassen, desto mehr wirkt sich das auf die Ordnung aus. Die innere Klarheit gibt die äußere Ordnung wieder.

Wenn wir also unsere Wohnung als unordentlich sehen, hier muss man natürlich absehen, dass jede Person ein anderes Ordnungsgefühl hat, dann zeigt uns das, dass wir innerlich noch nicht klar sind. Diese Innerlichkeit gibt uns den Ansporn noch mehr von allen Konzepten loszulassen, die wir über alle Dinge haben, eben auch über die Ordnung. Also räumen wir einfach auf, ohne Vorstellung von einer Ordnung, die wir meinen erreichen zu müssen.

Es geht letzten Endes nur um das „Aufräumen". Mehr nicht. Aus dem Aufräumen entsteht Ordnung!

Gassho!

Psychologische Themen

Sitzen in Frieden

Heute Abend haben wir für die Opfer des Anschlags in Berlin, für die Opfer von Nizza, von Paris und in Spanien und auch für den Frieden in der ganzen Welt gesessen. Wir haben eine Kerze entzündet und damit ein Zeichen des Friedens gesetzt.

Solche Aktionen sind gut und helfen uns Menschen mit dem Unfassbaren, mit dem Krieg in der Welt, klar zu kommen. Aber es bräuchte sie eigentlich nicht.

Denn im Zen sitzen wir <u>immer</u> für den Frieden in der ganzen Welt.

Wir sitzen zunächst einmal für unsere eigenen Bedürfnisse nach inneren Frieden, nach Ruhe aus dem Alltag und dann erst in zweiter Linie für andere Menschen und andere Wesen.

Das ist wohl etwas egoistisch gedacht und auch gehandelt.

Je mehr wir aber sitzen, desto mehr erkennen wir, dass wir nicht mehr alleine sind. Da gibt's kein „Du" und kein „Ich". Da gibt es nur noch ein „Wir". Denn wir erkennen, dass keine Trennung existiert. Alles ist eines, eines ist alles. Ich bin das All, ich bin der Baum, ich bin das Gefühl, das den Anderen bedrückt. Deshalb kann ich nicht dem anderen wehtun. Es würde mir selbst wehtun.

Damit entsteht eine Möglichkeit, die man im Christentum „Barmherzigkeit" oder das „Verzeihen" nennt. Dies ist die

Erkenntnis der Erleuchtung. Es gibt mir die Möglichkeit, aus tiefstem Herzen einem Menschen, der mich psychisch verletzt hat, zu verzeihen. Ohne auf Rache, auf Wiedergutmachung oder auf Ausgleich zu pochen. Einfach nur verzeihen. Dieses Verzeihen geht über den üblichen Ausdruck: „Verzeihung!" hinaus. Dieses kommt vom Inneren, von der Leere des Seins. Es ist einfach da. Es ist die allumfassende Liebe, die nur liebt ohne „Wenn und Aber".

Und dafür sitzen wir jeder Zeit.

In jedem Moment des Sitzens erfahren wir diese Liebe, die einfach da ist. Sie kann weder beschrieben, weder erklärt, noch mitgeteilt werden.

Sie ist einfach da.

Um diese Liebe zu erfahren müssen wir aber achtsam sein. Wir müssen den Augenblick nehmen, so wie er ist. Ohne Vorstellung vom Frieden in der Welt. Ohne Kerze für den Frieden in der Welt.

Nur Augenblick nach Augenblick.

Augenblick für Augenblick. Dann wirkt diese Liebe. Und sie wirkt in jedem Tun, in jedem Atemzug, in jedem Menschen.

Dafür sitzen wir, ob es nun in Berlin einen Anschlag gegeben hat oder nicht. Wir sitzen immer für das Heil der Menschheit. Ob sie uns nun hört oder nicht.

Wenn ich als Mensch im Frieden mit mir selbst bin, ist die Welt in Frieden mit sich selbst.

Denn alle sind wir eins und eines ist alles.

Gassho!

Was mache ich mit meinen Gedanken und Gefühlen?

Vor allem für Anfänger des Zazen ist dies eine sehr essentielle Frage. Denn viele Menschen sind der Auffassung, dass beim Zazen alle Gedanken aus dem Kopf verschwinden und nur noch die eine Wirklichkeit erscheint.

Diese Auffassung ist zwar eine in die richtige Richtung gehende, aber nicht die Übung selbst. Es ist wahr, dass sich die Gedanken bei fortgeschrittenem Üben beruhigen und dass eine Leere im Kopf, im Geist entsteht, wo nur noch das „Sein" existiert. Auch in der Erfahrung der Erleuchtung ist oftmals eine „Gedankenlosigkeit" – zumindest für einige Augenblicke –eine Begleiterscheinung.

Dies ist allerdings nur die halbe Wahrheit.

Denn die Gedanken gehören zu uns Menschen. Wir sind Menschen und haben unseren Geist und damit unsere Möglichkeit, Gedanken zu kreieren, entwickelt. Zu uns gehören also Gedanken. Und warum sollen wir diese negieren.

Dies muss man sich stets bei der Übung des Zazen vergegenwärtigen.

Wir sind Menschen.

Aber eben auch Wesen, die die Möglichkeit haben, eine Erfahrung der Leere und der Form zu machen.

Diese „Zwitterposition" verwirrt uns. Gedanken ja oder doch nein?

Also.

Lassen wir unsere Gedanken kommen und wieder gehen. So wie einmal ein großer Meister sagte: „Die Gedanken sind wie Wolken, lasse sie einfach vorüberziehen!"

Greifen wir sie also weder auf, noch verwerfen wir sie, dann belasten sie uns nicht und die Wirklichkeit des Seins kann sich zeigen.

Ohne dazutun oder wegschieben. Einfach so!

Gassho!

Psychologische Themen

Selbst-Verantwortung

Wir sterben alleine, wir leben alleine. Auch wenn wir mit Menschen zusammenleben, sind wir mit unserem Empfinden, mit unseren Wünschen und Enttäuschungen letzlich alleine, wir machen aber auch die Selbst-Erfahrung alleine. Es ist eine ganz eigene Erfahrung, die nur wir irgendwann, irgendwo, irgendwie machen. Nur wir alleine machen sie, wir können sie danach nicht beschreiben, weil es nur mit uns selbst etwas zu tun hat.
Und wie kann ein Meister diese Erfahrung dann prüfen? Wie kann er feststellen, ob es sich wirklich um eine echte Erfahrung handelt?
Nun, das ist das Geheimnis des Meisters. Nur so viel kann man verraten, man erkennt auch die Erfahrung an den Handlungen des Übenden, an seinen in Nebensätzen geäußerten Aussagen und an seiner grundsätzlichen Haltung gegenüber allen Wesen. Meist wird es an der Schlichtheit und Unauffälligkeit der Handlung der Schüler erkannt...

Das erfordert aber auch, die Verantwortung für sich selbst zu übernehmen. Also eine Selbst-Verantwortung, die nur ich als Übender entscheiden kann.
Und genau da liegt oftmals für den Übenden ein großes Problem. Er ist heutzutage in der modernen Welt nicht gewohnt, Verantwortung zu übernehmen. Die Gesellschaft nimmt einem vieles ab, aber auch selbst neigt man dazu – vor allem, wenn man Kind und Jugendlicher ist – Verantwortung abzugeben und dem anderen für irgendwelche Geschehnisse die Schuld zu geben.

In der komplexen Gesellschaft und Wirtschaft kommen wir uns stets als kleines Rad vor, das keinen Einfluss hat oder haben kann. Aber wir könnten, wenn wir nur unserer Intuition folgen würden.
Aber genau das bedingt, unser wahres Selbst, unsere Wesensnatur zu kennen.
Und damit sind wir wieder da, wo das Problem liegt.
Wir müssen die Verantwortung für unser Selbst übernehmen. Wir müssen den Lehrer nicht als einen Dompteur sehen, der einem sagt, wo es langgeht, sondern ihn nur als Begleiter ansehen, der den Berg einmal rauf und wieder runter gegangen ist. Der den Berg aber eben nur aus seiner Sicht kennt und eigene Erfahrungen gemacht hat. Aber immerhin kennt er den Gipfel und kann durch seine Präsenz und seine Hinweise, wo möglicherweise der Weg sein könnte, eine Hilfe sein.
Aber aufsteigen auf den Berg, muss man stets selbst, sogar ohne Seil.
Es ist also die Verantwortung, die wir als Übende für uns übernehmen müssen. Wir müssen lernen, wenn wir es noch nicht können, Verantwortung zu übernehmen mit allen ihren Konsequenzen und Unmittelbarkeiten. Nur dann, wenn wir das verstanden haben, werden wir wirklich den Wunsch haben, wirklich auf den Gipfel zu wollen. Leider haben viele Menschen nicht das Bedürfnis dafür. Sie begnügen sich mit der schönen Aussicht, die man auch auf halber Höhe haben kann. Es ist wie, wenn man von Meran aus auf den Iffinger aufsteigen möchte und bei Schenna schon entscheidet, sich nieder zu lassen. Das kann auch erhellend sein. Die Alltagsprobleme sind auch dort nicht mehr so wichtig und ich kann mir das Ganze zufrieden von oben betrachten.

Aber: Wir kommen häufig im Alltag und auch nach den schönen Augenblicken des Sonntags in Schenna wieder an den Punkt der Unzufriedenheit und Sehnsucht. Warum kann es nicht immer so sein, wie der Sonntag in Ruhe bei schöner Aussicht?
Ja, eben, weil wir noch nicht auf dem Gipfel waren. Weil wir noch nicht die wirkliche Erfahrung der Freiheit, die man nur oben auf dem höchsten Gipfel machen kann, gemacht haben. Und da entscheidet es sich. Die Selbst-Verantwortung. Wir müssen sie übernehmen, wir müssen wollen, den Berg, auch bzw. trotz der Widrigkeiten, die uns auf diesem Weg entgegenkommen, zu ersteigen. Da gehört Mut und Konsequenz, also Selbst-Verantwortung dazu.

Aber auf dem Gipfel winkt die unendliche Freiheit. Diese Freiheit trägt uns durch den Alltag. Macht uns unabhängig. Dennoch müssen wir uns darüber klar sein, dass wir genau hier in dieser Freiheit Selbst-Verantwortung übernehmen müssen. Vor allem auch gegenüber anderen Wesen, Menschen und der gesamten Umwelt.
Aber darüber brauchen wir uns auf dem Weg keine Sorgen zu machen. Einer, der wirklich auf dem Gipfel gewesen ist, erfährt die Gemeinsamkeit, die Einheit mit allen anderen Wesen und deren Umwelt. Er kann dann gar nicht anders, „als alle Wesen von ihrem Leid zu befreien", wie es im ersten Gelübde heißt. Er übernimmt damit nicht die

Verantwortung für alle Wesen. Er handelt nur so verantwortungsvoll, dass andere Wesen und die Umwelt nicht oder nur möglichst gering gefährdet werden.

Psychologische Themen

Dazu möchte ich allerdings eine kleine Warnung aussprechen. Die Hilfe, die Barmherzigkeit, die wir dann gegenüber anderen Wesen entwickeln, heißt nicht, dass wir alles Erdenkliche tun müssen, damit es ihnen besser geht, ohne sie zuerst gefragt zu haben, ob sie überhaupt Hilfe benötigen. Wir müssen sie achten, in dem was sie sind, in dem was sie brauchen. Es wird nämlich oftmals geholfen, ohne dass sie es wollen oder es ihnen nützt. Es wird nämlich oftmals geholfen, um die eigene Bedürftigkeit des „Helfen Wollens" zu erfüllen. Ein wahrer Meister der Barmherzigkeit handelt intuitiv und konkret, ohne den anderen durch seine „Hilfe" in Verlegenheit oder in Probleme zu bringen. Er übernimmt die Verantwortung für seinen Hilfesuchenden nur, soweit dieser sie nicht selbst übernehmen kann. Dies ist könnte eine Begründung dafür sein, dass oftmals Hilfe nicht dort ankommt, wo sie hinsoll.

Also: Wir müssen uns klar machen, dass wir Freiheit, unendliche Freiheit in jedem Augenblick erfahren können. Dies geht aber stets nur einher mit der Übernahme der völligen Verantwortung für uns selbst und für unser Selbst.

Benötigen wir damit keinen Meister mehr?
Mehrere Esoteriker sagen dies. Und stellen dies in den Vordergrund ihrer Lehre. Leider ist dies nicht ganz unproblematisch. Denn oftmals haben viele dieser Meister selbst nicht einmal den Gipfel gesehen und sind in Schenna stecken geblieben. Oder wollen nichts mit den Schülern und ihren Schwierigkeiten zu tun haben.
Und genau da ist der Grund gegeben für eine Führung des Meisters auf dem Weg zu einem eigenen Gipfelerlebnis.

Der Meister zeigt dem Schüler Möglichkeiten auf, den Weg zu finden. Er kennt einen Weg zum Gipfel und kann ihm diesen offerieren. Und gibt damit dem Schüler die Hoffnung, dass zumindest dieser Weg sicher zum Ziel führt. Aber es gibt auch noch andere Wege. Diese Wege zu erkunden und zu gehen, bedingt entweder den Meister zu wechseln oder den neuen Weg mutig und mit aller Vorsicht voranzugehen. Der „alte" Meister kann dem Schüler dann helfen, indem er ihm die Technik des Kletterns – also der Übung – der Findung des richtigen nächsten Schrittes – also des Vertrauens auf die Intuition – beibringt und ihn begleitet als „liebender Großvater", der ihm in brenzligen Situationen bei Seite stehen kann. Vielleicht sieht der Meister auf dem neuen Weg – weil von außen betrachtet er sich nicht direkt mit dem Weg beschäftigen muss – neue Trittspuren, die er dem Schüler mitteilen kann. Auch weiß der Meister um die Verlockungen der Aussicht von Schenna und um die Problematik des Ausstiegs. Dies ist aber nur nebensächlich, wenn der Schüler um die Wichtigkeit der Selbst-Verantwortung weiß und danach handelt.

Also, üben wir für die Bewusstwerdung der unendlichen Freiheit auf dem Gipfel die Übernahme der Selbst-Verantwortung unseres eigenen Weges. Schritt für Schritt, Augenblick für Augenblick!

Gassho!

Psychologische Themen

Angst

Viele Menschen handeln aus Angst. Sie haben Angst, nicht geliebt zu werden. Nicht genug zu haben oder alles falsch zu machen. Oftmals handeln sie dann nicht rational, sondern emotional. Eben weil sie Angst haben.
Auch Donald Trump agiert so. Er hat viel Angst davor, nicht von seinem Vater geliebt zu werden. Offensichtlich wurde er nur von seinem Vater akzeptiert, wenn er viel Geld gescheffelt und damit Macht errungen hatte. Er bekam nicht das, was er wirklich brauchte, nämlich Anerkennung als Donald, so wie er war. Er wurde nicht seinetwegen geliebt, sondern nur, wenn er etwas erreicht hatte. Wenn er Millionär werden würde und viel Macht besäße. Aber das, was er benötigte, das hatte er nie wirklich bekommen.
Er sollte lieber meditieren und dann daraus seine Entscheidungen treffen.
Denn in der Erfahrung, in der Erleuchtung, erkennt man, dass da nur „Leere" ist. Dass diese Leere, die die Wesensnatur ausmacht, nicht verletzt werden kann. Sie kann nicht „nicht geliebt" werden.
Wenn man dann erkennt, dass Leere und Form eins sind, dann kann man aus der Intuition heraus handeln. Man ist dann immer auf dem eigenen Weg.
Und: Vor allem braucht man keine Angst mehr davor zu haben, eine falsche Entscheidung zu treffen. Man macht intuitiv alles „richtig". Denn der Weg wird eins mit uns selbst.
Auch Politiker sollten meditieren. Denn sie haben Angst, nicht mehr gewählt zu werden Sie sind so fixiert darauf, wieder gewählt zu werden, dass sie ihre eigentliche

Aufgabe, nämlich für das Wohle des Volkes zu handeln, nicht erfüllen können. Wenn sie aber meditieren würden, dann hätten sie keine Angst davor. Wenn sie gut sind und wirklich ernsthaft für das Volk handeln würden, dann werden sie wiedergewählt.

Also sollten sie alle meditieren.

Angst entsteht nur aus Unkenntnis der Wesensnatur. Je tiefer ich in die Spiritualität eintauche, je deutlicher meine Erfahrung wird, desto weniger Angst werde ich haben, weil meine Schritte immer deutlicher mit meinem Wesen in Einklang gebracht werden können.

Werde ich also nie mehr Angst haben?

Im Grunde nicht.

Und trotzdem bin ich Mensch, deren Kern die Wesensnatur ist. Weil „Leere und Form" eins sind. Die Leere der Wesensnatur und die Form des Menschen sind eins.
Ich muss also noch mit meinen Emotionen umgehen üben.
Und was mache ich mit ihnen?
Ich gehe nicht auf sie ein. Ich werde sie immer haben, aber sie besetzen mich immer weniger, je mehr mir klar wird, dass die Wesensnatur nicht verletzt werden kann.
Ich lasse die Angst einfach stehen und spüre sie. Aber ich gehe nicht auf sie ein, ich verdränge sie nicht. Ich lasse sie nur stehen. Und wenn sie stehen gelassen werden kann, dann beherrscht mich auch nicht mehr die Angst. Weil sie

nicht mehr dominant ist, nicht mehr wichtig. Denn ich weiß um meine Intuition, aus der heraus ich immer mehr handle.

Und so gehen wir mit unseren ganzen Emotionen um. Wir erleben sie, ohne dass wir sie verdrängen oder herbeirufen oder in ihnen aufgehen. Wir lassen sie einfach stehen, als einen Teil von uns.

Also: Sehen wir der Angst ins Auge!

Gassho!

Annahme des Selbst

Wir sind Menschen, solange wir leben. Und deshalb machen wir neben vielen guten Taten auch Fehler. Fehler gehören zum Menschsein nun mal dazu. Ob wir es wollen oder nicht. Da jeder aber Fehler macht, ist das gar nicht weiter schlimm.
Problematisch wird's, wenn wir anfangen, unsere Fehler zu vertuschen, wegzudenken, sie vermeiden wollen o. ä. Dann sind wir nicht mehr bei uns. Dann entsteht eine Vorstellung von dem, was oder wie wir sein sollten. Wir werden ängstlich, unzufrieden, haben Neid und Missgunst. Oder wir werden auch überheblich und vergleichen uns mit den anderen.

Und das ist ein Problem der heutigen Zeit. Wir denken heutzutage meist nur an uns selbst. Wir übersehen die anderen Menschen und werden egoistisch.
Leider ist dies auch im spirituellen Bereich eingetreten. Wir vergleichen uns zu häufig. „Der eine ist länger dabei, als ich. Also ist dieser tiefer in der Spiritualität." Oder: „Die andere trägt ein orangenes Kleid. Das ist blöd und affig", sagen manche. Oder: „Nun sitze ich schon solange, dann müsste ich schon längst das Dharma vom Meister übertragen bekommen haben." Und so weiter. Oder auch, wenn in den Firmen das Achtsamkeitstraining vom Arbeitgeber eingeführt wurde, damit die Mitarbeiter ruhiger werden und damit sie vor allem stressfreier werden. Schlussendlich damit sie leistungsfähiger werden. Oder, wenn einige Meister sich besonders kleiden und meinen, etwas ganz Besonderes zu sagen. Und ihre Anhänger sich gegenüber anderen abfällig äußern oder überheblich benehmen.
Es gibt noch viele Beispiele, die alle auf das gleiche hinzielen.
Dies ist nicht die wirkliche Spiritualität. Sondern reiner Egoismus. Leider oftmals sogar in spirituelles Papier gepackt und mit Schleife versehen.
Das ist nicht wirkliche Spiritualität.
Wirkliche Spiritualität ist nur, wenn ich nicht alle meine Fehler ignoriere, verstecke, schönrede oder sie mir wegwünsche.
Erst wenn ich es geschafft habe, diese anzunehmen als einen Teil von mir. Wenn ich es schaffe zu akzeptieren, dass ich Mensch bin mit meinen ganzen Fehlern und

negativen Seiten. Dann kann jemand von mir behaupten, dass ich wirklich spirituell lebe.

Und wenn ich es geschafft habe, mich so anzunehmen, wie ich bin, dann kann ich loslassen. Kann jeden Augenblick erleben, was die Wirklichkeit ist. Und dann kenne ich den nächsten Schritt.

Wir haben sogar die Möglichkeit, ohne Sorge für die Zukunft zu leben. Wir sind befreit von allen Missgünsten, Neid oder Unzufriedenheit. Wir können dann wirklich befreit leben.

Aber ich muss in jedem Augenblick aufpassen, nicht aus der Übung zu fallen und meine Erkenntnis als etwas Besonderes darzulegen, da in diesem Augenblick wieder mein Egoismus genährt wird und ich damit überheblich werde.

Und genau das ist unsere Übung. Es ist die Übung der wirklichen Achtsamkeit, wo durch meine eigene Erkenntnis sogar Mitgefühl, Agape und Verständnis aufkommen, die aber nicht von außen an mich herangetragen oder mir anerzogen werden, sondern ehrlich durch meine Erkenntnis sind. Weil diese aus der Leere heraus eine Erfahrung ist, die uns mit allen Wesen dieses Universum verbindet. Ich kann nicht mehr den anderen bevorteilen, damit ich eine höhere Arbeitsstelle erhalte. Ich kann nicht mehr den anderen verächtlich ob seiner Spiritualität anschauen. Ich kann nicht mehr alles nur auf mich beziehen und ständig jammern, dass der andere mehr Geld verdient, die schönere Frau oder den schöneren Mann hat. Oder dass die andere Mannschaft den schöneren und bequemeren Autobus bekommen hat.

Das „Ich" hört dann auf zu existieren. Es entsteht das „Wir", das plötzlich eine andere Bedeutung erhält, als die, die wir von der Ethik oder Religion anerzogen bekommen haben.
Wichtig dabei ist aber, dass wir lernen, uns wirklich so zu „lieben", wie wir sind. Dass wir uns wirklich annehmen mit all unseren Fehlern und Unwägbarkeiten.
Voll und ganz.
Und, wie sieht's dann mit unserer Leistungsgesellschaft aus? Können wir nicht mehr kämpfen, um jeden Puck, um jeden Sieg? Können wir nicht auch in dieser Gesellschaft – des meiner Meinung nach ungerecht verteiltem Vermögen – um die höhere und besser bezahlte Stellung kämpfen. Dürfen wir uns nicht mehr ärgern, dass ausgerechnet die lautesten Schreier den Vereinsbus bekommen haben, obwohl alle Argumente für uns gestanden haben?
Doch. Wir sind Menschen und das dürfen wir auch sein. Denn weil wir Menschen sind, dürfen wir für eine besser bezahlte Stellung kämpfen, dem lautesten Schreier widersprechen oder gegen ungerecht verteiltes Vermögen demonstrieren.
Wichtig dabei ist, wenn ich einen Sieg oder Niederlage erfahren habe, dass ich nicht an diesem hängen bleibe und mir einbilde, das Leben wäre immer so. Denn dann bin ich wieder in der Dualität. Dann bin ich wieder aus der Übung und werde wieder unglücklich.
Loslassen, alles loslassen, das ist der Schlüssel zum wahren Glück. In jedem Augenblick ist loslassen unsere Übung. In jedem Augenblick annehmen und dieses Annehmen loslassen, das ist unsere Übung.

Augenblick für Augenblick!

Gassho!

Eigentlich sollte ich…

Häufig teilen mir Leute, die mich kennen, folgende Worte mit: „Eigentlich sollte ich meditieren!"
Meist denke ich mir insgeheim: „Na, dann komme doch zum Meditieren!" Aber diese Personen kommen nie zum Meditieren, obwohl sie dies ja indirekt ankündigen.
Sie haben also etwas verstanden.
Nämlich, dass ihnen das Meditieren eigentlich guttäte.
Warum kommen sie aber dann trotzdem nicht?
Der Grund ist ein psychologischer. Sie beruhigen mit dieser Aussage ihr schlechtes Gewissen, wider besseres Wissen.
Sie haben also tatsächlich etwas verstanden. Ihre Intuition führt sie dazu, diese Aussage zu tätigen und wenn sie ihrer Intuition folgen würden, dann würden sie auch den Sinn der Meditation verstehen und zum Meditieren kommen.
Und genau das ist es, was wir beim ZEN üben. Der Intuition, die auch bei Menschen, die keine Erfahrung im ZEN haben, vorhanden ist, zu folgen. Denn das ist spirituelles Leben.
Der Intuition folgen.
Wenn ich nämlich der Intuition folge, bin ich völlig im Hier und Jetzt. Ich erkenne in diesem einen Augenblick den nächsten Schritt, der zu tun ist. Ich bin mir also völlig meines eigenen Selbst bewusst und handle danach.

Und deshalb rufe ich allen Menschen zu, die mich mit der Aussage: „Eigentlich sollte ich..." ansprechen: „Ja kommt, damit ihr erkennt, dass eure Intuition richtig ist und ihr euch auf sie wirklich verlassen könnt, damit ihr ohne Sorgen durchs Leben gehen könnt."
Der nächste Schritt ist: „Meditieren!"

Gassho!

Stadtplan

Jedes Mal, wenn wir neu in eine Stadt kommen, dann haben wir entweder einen Stadtplan vor uns oder uns einen Stadtführer gekauft.

Was wäre aber, wenn wir dieses einmal nicht tun? Was wäre, wenn wir einfach losgingen und uns die Stadt so anschauen würden, wie es uns gerade „in den Sinn kommt"? Und zwar im wahrsten Sinne des Wortes?

Wir benötigen in unserem Leben stets eine Orientierung, einen Stadtplan, einen Studienplan, eine Führungspersönlichkeit, einen Lehrer. Meinen wir jedenfalls.

Aber ist es das wirklich, was wir brauchen? Und, warum brauchen wir diese „Führer"?

Sind wir nicht eigentlich autonom? Haben wir nicht schon Buddha-Natur?

Wir müssen uns stets bewusst werden, dass das wahre Leben immer in diesem einen Augenblick stattfindet. Erst im Nachhinein kann man von außen betrachtet einen Weg erkennen. Das Leben, das wirkliche Leben, findet aber im „Jetzt" statt, nicht nach irgendeinem Plan, in irgendeiner Vorstellung oder nach einer Wunschliste.

Ein Plan kann eine Orientierung sein, kann eine Hilfe sein, für uns als Menschen ein Ziel zu erreichen. Wenn wir aber das wirkliche – für uns erfüllende – „Leben" leben wollen, dann können wir zwar einen Plan verfolgen, ihn aber nicht als einzige Orientierung benutzen.

Deshalb: Machen wir bei einer Stadt-Besichtigung einmal den Versuch, die Stadt nur mit unseren Sinnen ohne irgendwelche Ziele zu verfolgen. Dann können wir nicht enttäuscht werden, weil wir nicht das gesehen haben, was wir sollten oder wir können nicht enttäuscht werden, weil die Attraktion anders ist, als wir sie uns vorgestellt haben. Dann haben wir wirklich eine Stadt besucht, die ihren eigenen Charme direkt für uns bereithält und uns in ihrem eigenen Stil empfängt.

Sitzen wir ohne Plan, dann ergibt sich das Leben, so wie es ist!

Gassho!

Psychologische Themen

Verletzung durch andere Personen

Immer wenn ich Vorstellungen in Form von Erwartungen, Bildern oder Wünschen an andere Personen habe, dann kann ich verletzt werden. Denn diese Verletzungen entstehen durch den Vergleich zwischen der Realität und den Wunschvorstellungen, die ich hege. Diese Wunschvorstellungen haben meist nichts mit der Realität zu tun. Und deshalb werde ich enttäuscht und verletzt. Wenn ich es allerdings schaffe, keine Vorstellungen in Form von Erwartungen, Bildern oder Wünschen an andere Personen habe, dann besteht die Möglichkeit, das anzunehmen, was real ist. Ich kann die andere Person annehmen, so wie sie ist. Und werde damit nicht mehr enttäuscht.

Und genau das ist, was wir im ZEN üben. Wir üben die Realität so zu sehen, wie sie ist, nicht wie unsere Wünsche, Vorstellungen sind. Indem wir annehmen, so, wie die andere Person ist, können wir die Realität nehmen, so wie sie ist und damit nicht enttäuscht oder verletzt werden.

Die Lösung zur Vermeidung einer Verletzung ist daher, sich der Realität zu stellen und diese radikal anzunehmen, so wie sie ist, ohne Wünsche und ohne Vorstellungen.

Gassho!

Ehrlichkeit

Wer wirklich auf dem ZEN-Weg ist, dem wird immer klarer, was Spiritualität ist. Es ist stets die Gegenwärtigkeit des Augenblicks.
Diese Gegenwärtigkeit bedingt eine immer klarere Handlungsmöglichkeit im Alltag und damit eine immer größere Klarheit in der Strukturierung des Alltags. Das wirkt sich auf die Psyche, auf die Emotionen, auf das Wirken in der Gesellschaft und auf das eigene Leben aus.
Man „weiß" immer mehr, was für einen der nächste Schritt ist, was die Intuition einem mitteilt, ohne sich daran zu binden.
Durch die Erkenntnis der Einheit aller Lebewesen vermindern sich auch Egoismus und Egozentrismus. Das „Ich" ist stets dualistisch und handelt auch so. Durch die Erkenntnis der Einheit löst sich der Dualismus eines „Ich" und eines „Du" auf. Das „Du" wird zum „Ich" und umgekehrt.
Man hört auf zu vergleichen. Der Wettbewerb: „Wer ist der Bessere?" wird immer mehr zu einem Kooperationsspiel, in dem jeder auf den Anderen achtet, ohne sich selbst zu verstellen. Man entwickelt Empathie bzw. Mitgefühl, ohne sich selbst aufzugeben.

Je klarer man wird, desto ehrlicher kann man auch werden. Man kann den Anderen immer weniger „über den Tisch ziehen" oder sich einen Vorteil zum Nachteil des Anderen verschaffen. Trotzdem kann man auch immer mehr offene Kritik äußern. Allerdings ohne den Anderen zu verletzen oder sich über ihn zu stellen.

Durch die Klarheit entsteht ein Bewusstsein der eigenen Befindlichkeit. Man artikuliert sich, öffnet sich und spricht seine Wünsche deutlich aus, ohne Erwartung, dass sie erfüllt werden. Auch kann man immer mehr Missstände ansprechen und sie zu lösen versuchen oder zumindest mitzuwirken, dass sie sich bessern.

Diese Klarheit und damit verbundene Ehrlichkeit können allerdings auch ein Problem für viele Menschen werden. Sie fühlen sich kritisiert, in ihrer Handlung eingeschränkt oder missverstanden. Das ist für sie ein Problem, da Kritik meist als etwas Negatives aufgenommen wird, das sie bekämpfen möchten. Wenn man hingegen völlig offen ist, besteht die Möglichkeit, die gegebene Klarheit des Anderen ohne eine Wertung aufzunehmen. Die Erwartungen verringern sich.
Der ZEN-Übende sucht stets in der Empathie die Lösungsmöglichkeit einer „Win-Win-Situation" und nicht nach dem bestmöglichsten Ergebnis für seine Ego-Struktur.
Und so kommt es häufig zu Situationen, in denen ein ZEN-Übender durch seine Ehrlichkeit und Offenheit angefeindet wird, obwohl er aufgrund seiner Einheitserfahrung den Anderen nicht verletzen will.

Und wie gehen wir ZEN-Übende damit um?

Wir versuchen klar und ehrlich und offen zu bleiben oder zu werden. Gegenwärtig in jedem Augenblick.
Wir verlassen uns auf unsere intuitive Handlung und vertrauen darauf, dass diese stets für alle Parteien eine zufriedene Situation schafft.

Psychologische Themen

Gegenwärtig in jedem Augenblick.

Gassho!

Dilemma zwischen äußerem und innerem nächstem Schritt

Was macht man, wenn man innerlich spürt, dass ein nächster Schritt nicht mit den äußeren Umständen in Einklang zu bringen ist?
Wenn z. B. die Situation ist, dass ich eigentlich zu Hause bleiben möchte, äußerlich aber die Verpflichtung ansteht, einer Sitzung beizuwohnen.
Dadurch, dass die Sitzung verpflichtend ist, gilt es natürlich, der Sitzung zu folgen; die Ruhephase zu Hause muss also später erfolgen.
Nun spüre ich aber, dass dies eigentlich nicht der nächste Schritt war. Was tun?

Man muss sich klar werden – vor allem intuitiv und spirituell – klar werden, dass es stets um den Augenblick geht. Dies intuitiv zu realisieren, ist unsere Übung auf dem Kissen. Dann gibt es keine äußeren oder inneren Schritte, die zu gehen sind, sondern nur diesen Augenblick. So muss ich mir keine Sorgen machen, was der nächste Schritt ist. Es ist nur zu realisieren, was im Augenblick ist. Und wenn ich in die Sitzung gehen muss, dann gehe ich. In dem einen Augenblick ist dann „Gehen", im nächsten

Augenblick ist dann „Sitzen", im nächsten Augenblick ist dann „Aufstehen", um etwas zu tun.
Es ist nur das.
Und in Wirklichkeit gibt es auch niemanden, der den nächsten Schritt geht. Es gibt keine Person, kein Wesen, das einen nächsten Schritt tut. Es gibt nur den nächsten Schritt. Mehr nicht!
Wenn eine Person die Entscheidung trifft, spürt, welcher Schritt der nächste ist, dann ist sie in der Dualität. Da gibt es eine Person, die aussucht, zwischen Schritt A und Schritt B. Da sind wir wieder in der Entscheidung und somit nicht mehr im Augenblick.
Es geht aber darum, eins zu sein mit dem Schritt. Nur dieser Schritt.

Deshalb muss ich mir keine Sorgen machen, welcher Schritt der nächste sein wird. Er ergibt sich einfach. Der nächste Schritt ist also die Sitzung, ob ich das nun will oder nicht, ob ich spüre, dass dies der falsche Schritt ist oder nicht. Es ist stets der Schritt, ohne Entscheidung.
Es gibt kein Ich, das entscheidet. Es ist stets der Schritt. Und der nächste und der nächste. Mehr nicht.

Das zu realisieren, ist unsere eigentliche Übung. Dass der Augenblick eine Entscheidung trifft, es geht, es sitzt, es redet. Und wenn ich als Wesensnatur eins bin mit allem, dann ergibt sich der Schritt, ohne etwas dazu zu tun. Eins sein mit dem Schritt ohne zu fragen, ob richtig oder falsch.

Nur dieser Augenblick!

Gassho!

Falsch reagiert!

Viele Menschen ärgern sich nach einer Auseinandersetzung mit anderen Personen aus dem Alltag. Sie haben meist intuitiv, plötzlich und ohne „Gedanken" reagiert. Aber diese Reaktion missfällt den meisten Menschen, sie ärgern sich und können es nicht akzeptieren.
Dabei tappen sie in eine Falle. Sie vertrauen ihrer eigenen Intuition nicht, die ihnen den „richtigen" Weg zeigt. Sie beschäftigen sich mit einem Bild von der Situation, von den Reaktionen o.ä. Das macht Stress und führt sie weg von ihrem eigenen Glück.
Vertrauen wir auf die Intuition, dann werden wir uns nicht mit Bildern beschäftigen, sondern mit der Wirklichkeit zufrieden und gelassen leben können.

Allerdings gibt's dabei oftmals ein Problem. Wir wünschen uns eine bestimmte Situation herbei. Wir wollen etwas erreichen – meist sogar ist uns dabei der Weg genau vorgegeben oder wir sehen ihn genau vor uns. Und trotzdem werden wir unglücklich!
Warum?
Meist ist nicht der Weg, den wir uns vorstellen, in der Wirklichkeit nicht der wirkliche Weg. Irgendetwas geschieht auf dem Weg, das uns vom eigentlichen Weg oder auch vom eigentlichen Ziel abzubringen scheint. Das macht uns unglücklich. Weil wir meinen, dass wir nicht mehr auf dem Weg sind. Weil wir meinen, unser Ziel aus den Augen zu verlieren oder ganz das Ziel zu verfehlen. Aber das ist meist – wirklich meist – ein Irrtum. Wir haben aber zu viel Vorstellung von dem Weg, wie er sein sollte.

Wir beachten dann nicht die Unwägbarkeiten des Lebens. Dass etwas Unvorhergesehenes passiert, das nicht einmal der beste Manager vorhersehen kann, ist dabei wahrscheinlicher, als das der Weg straight läuft.
Es kann an jeder Ecke etwas „dazwischenkommen". Und wenn wir nicht flexibel sind, oder wie ZEN es nennt: „Achtsam", dann stimmt unser Weg nicht mehr mit der Wirklichkeit überein und wir sind in Vorstellungen und Wünschen, die nie und nimmer der Wirklichkeit entspricht. Das ärgert uns und wir meinen, in jedem Moment falsch zu reagieren.
Dem ist aber nicht so, wenn wir den Weg geschehen lassen. Wenn wir die Ziele im Auge behalten, aber auf die nächste Kurve so reagieren, dass die Handlung aus dem Herzen kommt, dann sind wir eins mit dem Weg und können nicht mehr falsch reagieren.
Das aber braucht Vertrauen in das Leben und in den Augenblick. Denn manchmal ist es gar nicht so einfach, den nächsten Schritt, die nächste Kurve zu entdecken.
Und genau deshalb meditieren wir.
Wir meditieren nicht, um das Ziel zu erreichen, sondern wir meditieren, um in jedem Augenblick die Wirklichkeit zu erkennen. Damit gehen wir achtsam durchs Leben und können intuitiv das „Richtige" tun.
Willigis schrieb in unser Hochzeitsbuch einen kleinen Satz, der leider etwas abgegriffen ist, aber meiner Meinung nach der Wahrheit entspricht: „Der Weg ist das Ziel."
Und genau das trifft auf diese Situation zu.

Gehen wir den Weg mit Vertrauen, dann leben wir aus der Intuition heraus und verwirklichen die Spiritualität, nach der wir uns so sehnen.

Psychologische Themen

Und wie?

Nur: „Mu", sonst nichts.

Gassho!

Verspätet!

Nun aber schnell, der Zug ist in Verspätung. Gott sei Dank, ich habe ihn noch erreicht. War auch Glück, dass er noch gewartet hat. Normalerweise ist er weg. Und dann?

Davor haben wir Angst. Jetzt in der Nacht in der Stadt I, wo ich mich nicht auskenne, wo ich nicht weiß, wie es weitergeht, wenn ich den Zug wirklich verpasst habe.

Aber ist es wirklich so?

Nein, das ist die Zukunft. Das worst case unserer Angst. „Was mache ich, wenn?" Unsicherheit. Wir wollen stets Sicherheit und organisieren uns so, dass auch das eintritt, was wir uns vorstellen. Und dennoch haben wir die Erfahrung gemacht, dass es eben nicht so ist, wie wir es uns wünschen. Und das macht uns noch mehr Angst. Genau diese Erfahrungen, die uns daran hindern, genau hinzuschauen, was im Moment, jetzt, gerade jetzt dran ist.

Und so eine Erfahrung habe ich heute gemacht. Den Zug habe ich erreicht, obwohl ich eine 10-minütige Verspätung durch den anderen Zug hatte. Ich habe wieder einmal erkannt, dass es stets Möglichkeiten gibt, flexibel mit den Vorgängen im Alltag umzugehen. Wenn das worst case eintritt, dann gibt's immer einen Ausweg. Es gibt immer einen Weg.

Also, brauche ich keine Angst davor zu haben. Wenn ich achtsam bin, dann eröffnen sich immer Möglichkeiten. Meist sogar bessere, als ich sie mir vorher ausgemalt habe. Ich muss mich nur einfach auf den Augenblick einlassen. Ich muss nur wach sein, im Augenblick sein, präsent sein.

Hier in meinem Zug habe ich eine Platzkarte kaufen müssen. Mein Platz wurde mir zugewiesen und ich wollte ihn schon einnehmen. Aber, es gab die Möglichkeit in ein anderes Abteil mit größerer Beinfreiheit zu gehen, welches sogar frei war. Sofort war – zufällig wie immer – eine Stewardess anwesend, die ich befragt habe, ob es möglich wäre, meinen reservierten Platz zu tauschen. Es ging. Und so bin ich in eine komfortablere Situation gekommen, die einfach so nicht geplant war. Es hat also etwas Gutes, wenn man achtsam und im Augenblick lebend durch die Gegend geht.

That's life. Und das ganz und gar in jedem Augenblick.

Also wovor haben wir Angst? Natürlich vorm worst case. Und wieso? Machen wir uns immer bewusst: In welcher Umgebung, wie und wo wir leben, ist eigentlich unwichtig. Eine Wertung einer Situation macht uns ängstlich. Die Angst braucht es aber nicht. Denn wenn wir uns auf das einlassen, was ist, dann schaffen wir es auch, aus einer Kloake einen Teich zu machen, der zwar anfangs stinkt, aber mir bewusst machen kann, was mein Riechorgan leisten kann. Ich rieche. Auch die Kloake ist also nur für das Riechen da. Und dann bin ich vollständig dort, wo wir hinwollen. Nämlich voll und ganz im Leben, so wie es wirklich ist. Und nicht so, wie ich es mir wünsche oder vorstelle.

Das befreit mich von allem und führt mich in die Transzendenz, die mein Leben erfüllt.

Und übrigens: Wenn ich annehmen kann, was ist: Das worst case oder die Kloake – was dasselbe ist –, dann geht das Negative von alleine weg. An den Geruch gewöhnen wir uns und das worst case löst sich in Luft auf. Es ist einfach nur eine andere Richtung, die unser Weg einnimmt. Mehr nicht.

Also: Hoffen wir, dass der Zug Verspätung hat. Damit wir erkennen können, was im Augenblick dran ist und ich voll und ganz leben kann, so wie sich das Leben mir zeigt.

Gassho!

Flexibilität

Flexibilität ist der Ausdruck des ZEN-Verständnisses im Alltag.
Im Alltag gibt es Situationen, die entweder nicht geplant sind oder nicht so ablaufen wie geplant oder mit neuen Perspektiven durchdacht werden müssen. Wenn man

dabei flexibel darauf reagiert, kann man den Alltag gelassener bewältigen.

Dies ist nur möglich, wenn wir ständig im Augenblick sind und genau realisieren, was dieser bietet. So etwas bedarf völliger Achtsamkeit und Unvoreingenommenheit gegenüber allem, was sich offenbart.

Leider planen wir unsere Zukunft oftmals viel zu minutiös und zu rational, so dass wir ständig am Korrigieren unserer Teilziele sind und dadurch in Stress geraten, weil wir ent-täuscht werden. Dies liegt meist daran, dass die augenblickliche Situation falsch eingeschätzt wird und uns von unserem eigentlichen Weg abbringt. Nämlich den Weg des Jetzt, bei dem der nächste Schritt uns immer vorliegt, wir ihn aber oftmals nicht erkennen. Oder wir erkennen ihn, nehmen ihn nicht ernst oder trauen uns nicht zu, diesen Schritt zu gehen. Oder folgen nicht unserer eigenen Intuition.

Dazu will ich eine Geschichte erzählen, bei der ich des Öfteren eines Besseren belehrt wurde, als es mein Verstand mir vorgeben wollte. Nämlich auf Reisen. Und hier war eine besondere Reise. Denn es ging um die Liebe. Also: Ich war frisch verliebt in meine jetzige Frau, mit der ich eine 6-jährige Entfernungsbeziehung pflegte. Und eine meiner ersten Zugfahrten war am berühmten 23.12., an dem ja bekanntlich alle Menschen und insbesondere alle Verliebten reisen wollen, damit sie das Weihnachtsfest mit ihren Lieben verbringen können. Nun ich war zu früh – frisch verliebt, ihr versteht – am Bahnhof und sah am Bahnsteig stehend einen Zusatzzug, der nach München fuhr. Diesen sah ich und irgendwie zog es mich dahin, in den Zug einzusteigen. Sofort dachte ich: „Ach, das ist nicht mein Zug, da kann ich noch warten und lieber den nächsten Zug mit der vorgemerkten Sitzplatzreservierung zu nehmen." Also stieg ich nicht in diesen Zug, sondern wartete brav auf meinen nachfolgenden Zug, der mich zu meiner Liebsten bringen sollte. Gesagt, getan, der nächste Zug kam. Aber er kam schon mit Verspätung und ich wurde unruhig. Denn ich hatte noch in München den Anschlusszug nach Bozen zu erreichen. Und wie der Zufall es will, war mein Zug so spät, dass mein Anschlusszug nicht mehr auf uns wartete und ich bis tief spät in die Nacht hinein fahren musste – Endzeit meiner Reise war dann ca. 4 Stunden später, als geplant – .

Wäre ich mal der Intuition gefolgt, in den Zusatzzug zu steigen, so wäre ich eben früher und weniger frustriert angekommen.

Dies ist mir in den vergangenen Jahren immer wieder passiert, dass irgendeine Intuition mich auffordert, etwas zu tun, was verstandesmäßig im ersten Moment nicht logisch erscheint.

Und so geht es vielen Menschen, die zwar einen Zugang zu ihrer Intuition haben, ihr aber nicht immer vertrauen.

Wenn wir anfangen, aus der Spiritualität heraus zu leben, dann können wir auch den Impulsen der Intuition folgen. Dann sind wir bereit, flexibel zu reagieren, vielleicht auch im ersten Moment unlogisch zu handeln, aber wir sind dadurch mehr im Lebensfluss. Damit können wir erfüllter leben, weil wir immer weniger Angst haben, eine Entscheidung falsch zu treffen.

Und wenn wir dann durch unsere Übung noch flexibler geworden sind, dann macht es auch im Nachhinein gar nichts mehr aus, zu spät gekommen zu sein. Denn meine Freundin habe ich trotzdem irgendwann einmal geheiratet und bin nach Südtirol gezogen. Dabei ärgere ich mich immer noch wegen der unpünktlichen Züge, aber es macht mittlerweile Spaß, gezwungen zu werden, flexibel zu reagieren und zu sehen, was der nächste Schritt ist. ZEN macht flexibel!

Gassho!

Gute Vorsätze

Nun ist wieder Jänner und wir machen uns alle „gute Vorsätze". Wir wollen das Jahr positiv beginnen und uns zum „Guten" ändern. Es soll ab jetzt alles besser werden und wir alle wollen glücklicher werden.

Aber spätestens im Februar haben sich unsere guten Vorsätze verflüchtigt. Wir haben sie inzwischen mehrmals gebrochen oder sie auf das nächste Mal verschoben.

Warum funktioniert das also nicht mit den „guten Vorsätzen"?

Nun, es ist nicht das Leben. Der Vorsatz gehört nicht zu mir, er ist nicht das, was wirklich ist. Der gute Vorsatz ist ein Bild von einer Situation, einer Charaktereigenschaft oder ähnliches. Er ist nicht die Wirklichkeit. Unser Ziel einem Bild zu entsprechen, weicht häufig diametral von unserer Wirklichkeit ab. Wir können unser Menschsein oftmals nicht akzeptieren und mit ihm leben. Wir wollen stets einem Bild entsprechen, das eben nichts mit der Realität zu tun hat.

Deshalb ist es sinnvoll, sich in die Gegenwärtigkeit der Wirklichkeit zu begeben, um nicht enttäuscht zu werden, sondern auf das reagieren und agieren zu können, was dran ist. Das hat den Vorteil, dass wir uns keine Sorgen um die Zukunft machen brauchen, keine Angst davor zu haben, was jetzt kommt, sondern wir können uns gelassen zurücklehnen. Denn wenn wir die Wirklichkeit annehmen, so wie sie ist, können wir intuitiv und situationsgerecht reagieren. Das macht uns ruhig, wir müssen uns nicht an irgendwelche Vorgaben halten, die sowieso nichts mit der Realität zu tun haben, und wir haben keinen Stress, das einhalten zu müssen, was wir sowieso nicht erreichen können.

Deshalb kann man gute Vorsätze machen, als Person ein Ziel formulieren und dies auch anzustreben versuchen, aber sich nicht von ihm gängeln lassen und stets flexibel reagieren. So wie das Leben eben ist und es uns aufzeigt.

Und genau das ist die Übung des ZEN. Wir meditieren, um in die Gegenwärtigkeit des Augenblicks zu kommen, um jeden Augenblick anzunehmen, so wie er ist und uns keine Sorgen machen zu müssen, was die Zukunft bringt.

Gassho!

Psychologische Themen

Innere Unruhe

Viele Menschen kommen zum Zazen, also zum Meditieren, um „zur Ruhe" zu kommen. Sie drücken dies auch aus, indem sie sagen: „Ich möchte meinen Seelenfrieden finden"; „Ich möchte endlich meine Ruhe haben"; „Ich möchte endlich alles hinter mir lassen und frei sein". Sie haben also einen wirklichen Wunsch nach Ruhe und Frieden. Und sie haben meist gehört, dass es das beim ZEN geben würde.

Das ist auch so. Allerdings ist es meist nicht so, wie sie sich das vorstellen.
Diejenigen, die im ZEN aber ihren Weg finden wollen und dennoch weggehen, erzählen mir von ihren Problemen mit dem Zazen (Sitzen).
Die meisten Probleme tauchen ziemlich bald nach den ersten Sitzperioden auf. Meistens wird mir dann von den Teilnehmern erzählt, dass sie beim Sitzen nervös werden oder an fürchterlichen Körperschmerzen leiden und am liebsten wegrennen würden.
Sie möchten meditieren und zur Ruhe kommen, aber das gelingt nicht, sondern sie erfahren genau das Gegenteil.

Was passiert da? Ist ZEN nur ein Versprechen, das nicht eingehalten werden kann. Ist ZEN nur ein Rattenfänger für Charismatiker, die ihr eigenes Ego aufpolieren möchten und damit Geld verdienen wollen oder ist ZEN noch mehr als was sie erleben? Man hört ja auch davon, dass insbesondere das ZEN viele Menschen zu glücklicheren und vollständig zufriedenen Individuen macht? Und warum erlebt man das am Anfang nicht so?

Viele Neu-Einsteiger oder auch Menschen, die schon „etwas länger" meditieren, realisieren nicht, was bei ihnen wirklich passiert.

Sie werden beim Meditieren nervös, weil das Zazen genau zeigt, wie es ihnen im Moment geht. Weil das ZEN sie dazu animiert, loszulassen und sich dem zuwenden lässt, was in diesem Augenblick dran ist. Und es zeigt ihren jetzigen Zustand auf: Nervosität.
Sie spüren sofort ihre eigene Befindlichkeit, denn sie lassen alle Bilder, Vorstellungen und Wünsche beim Sitzen los und erkennen sofort ihren eigenen Zustand. Diesen möchten sie in der Regel nicht anschauen, annehmen und daraus lernen. Sie laufen genau in dem Augenblick weg, wo es gerade wichtig wäre, da zu bleiben, um sich ihrer Nervosität zu stellen. Denn erst, wenn man sie anschaut und annimmt, besteht die Möglichkeit, genau den Zustand zu erreichen, den wir uns alle herbeisehnen: Die wirkliche innere Zufriedenheit.

Die meisten Menschen erkennen nicht, dass sie genau in diesem Moment vor sich selbst wegrennen. Leider kommt es dann auch nicht zu einer Aussprache mit mir als ZEN-Lehrer, der ihnen dies erklären könnte, sondern sie laufen weg und geben den Grund an: „Das Meditieren macht mich nervös, deshalb mache ich kein ZEN."

Der Schlüssel zur wirklichen inneren Zufriedenheit liegt also nicht im Meditieren oder im ZEN selbst, sondern in der Annahme des Augenblicks, in der Gegenwärtigkeit dieses einen Augenblicks ohne Bewertung meines eigenen Zustands, sondern nur in der Schau dessen, was gerade vorhanden ist, was gerade abläuft. Denn wenn ich dies schaffen kann, dann lasse ich los und erkenne die Wirklichkeit, so wie sie ist. Das ist dann der Zustand, bei dem ich inneren Frieden, innere Zufriedenheit finden kann.

Innere Unruhe ist also nur ein Zustand von mir selbst, der anzunehmen ist. Dann stellt sich von selbst die innere Ruhe ein. Das Schlüsselwort dabei ist die Annahme dessen, was mir gerade der Augenblick zeigt. Ob ich dabei nervös, ärgerlich, traurig oder fröhlich bin, ist völlig unwichtig.

Annehmen dessen was ist.

Gassho!

Psychologische Probleme

„Leere ist Form, Form ist Leere, Leere ist wirklich Form und Form ist wirklich Leere", heißt es im „Herzsutra". Dies müssen wir stets bedenken, wenn wir üben. Unser Körper und unsere Psyche stellen dabei die Form dar.

Wenn wir ein psychisches Problem haben, dann sollten wir uns hinsetzen und die Leere erfahren. Wir müssen uns klar machen, dass hinter unserer Psyche noch mehr ist, als wir uns mit unserem Problem verbinden. Die Psyche kann verletzt werden, weil sie mit unserer Form im Zusammenhang steht. Aber wir sind mehr, als diese Psyche. Wir sind mehr als unser Körper. Und genau das ist unsere Übung. Zu sitzen und alles, was mit uns zu tun haben, einfach lassen und uns auf das, was der nächste Schritt ist, konzentrieren. Wir haben die Möglichkeit zu transzendieren, wir sind mehr als dieser Körper. Das kann uns auf dem Kissen oder mit unserer Übung klar und erfahrbar werden.

Also: Wenn wir ein psychisches Problem haben, dann setzen wir uns einfach hin und meditieren. Wir negieren nicht, wir gehen nicht in das Problem hinein. Wir lassen es einfach so, wie es ist, ob wir nun traurig oder fröhlich sind, das ist nicht wichtig. Nur realisieren, das ist unsere Übung. Wenn wir es schaffen, im Sosein zu sitzen. Ohne uns mit etwas zu identifizieren, ohne von dem Problem absorbiert zu werden, dann erfahren wir das, was in diesem Augenblick ist. Wir erkennen, was der nächste Schritt ist. Wir können erkennen, wie wir mit diesem psychischen Problem umzugehen haben und was wir in dieser Sache als nächstes tun sollen.

Ich möchte euch aber dabei warnen. Dies bedeutet nicht, dass ich mich hinsetzen soll und über das Problem sinnieren soll. Dies wäre wieder, sich mit dem Problem auseinanderzusetzen und ins Grübeln zu kommen. Das ist nicht der Weg. Wir müssen stets loslassen. Wir müssen immer das Problem als etwas zu uns Gehörendes annehmen. So wie es ist. Erst, wenn ich dies schaffe, dann eröffnet sich der nächste Schritt.

Nur im Annehmen und Stehenlassen des Problems kann ich loslassen und mich vollkommen dem Augenblick widmen. Ein Hinsetzen „Um zu..." ist wieder dualistisch und ergibt mir keine wahre Lösung. Also:

Nur sitzen! Das ist wie immer unsere Devise!

Gassho!

Stress!

Im modernen Alltag leben wir im Stress.

Wieso geraten wir immer wieder in Stress.

Das liegt hauptsächlich daran, dass wir versuchen, im Augenblick mehrere Dinge zu tun. Wir erkennen nicht den Augenblick als einen Zeitpunkt und das verwirrt uns. Die Übung des täglichen Meditierens ist im Grunde zu lernen, mit dem Stress umzugehen. Es ist die Erkenntnis, dass im Augenblick nur der eine Augenblick ist, im nächsten Augenblick wieder der nächste.
So ist es genau wie mit unseren Arbeiten. Wenn wir zum Beispiel kochen, dann sollten wir nur kochen. Und nicht gleichzeitig fernsehen. Wenn wir es schaffen, nur zu kochen, dann können wir erkennen, was der Augenblick ist. Was unsere Wesensnatur ist.

Nur Tomaten schneiden, nur rühren, nur das Gemüse in das Wasser werfen. Mehr nicht.

Wenn ich während einer Tätigkeit eine andere Tätigkeit mache, dann weiß ich nicht, was im Augenblick wirklich ist. Ich bin nicht auf das konzentriert, was ich im Moment mache, sondern ich denke stets an das andere. So erkenne ich nicht den Augenblick und das macht dann Stress.
So gesehen ist Multitasking spirituell unsinnig. Es führt mich aus der Erfahrung des Augenblicks heraus.
(Ganz abgesehen davon, dass dies eigentlich gar nicht funktioniert, weil ich entweder im Augenblick bei der einen Sache bin und im nächsten Augenblick bei der anderen Sache. Beides zugleich geht nicht).

Stress kann auch entstehen, wenn man sich mit der Zeit auseinandersetzt. Dies ist der Fall, wenn man eine Arbeit in einer bestimmten Zeit zu Ende bringen möchte. Vielleicht bevor man eine andere Verabredung hat, möchte man diese Arbeit noch beenden. Dies macht dann Stress, wenn man sich von der Zeit jagen lässt und nicht darauf vertraut, dass man mit dem Ergebnis zufrieden sein wird.
Ein Aussteigen aus diesem Stress ist nur möglich, wenn man nur um das Arbeiten willens arbeitet. Ohne Zeitvorgabe und ohne Zielvorgabe. Allerdings kann man auch eine Zeit- und Zielvorgabe haben, aber ohne Erwartung an sie zu stellen, dass es so eintritt, wie man es sich wünscht. Man arbeitet also nur von Augenblick zu Augenblick, man macht nur das, was zu tun ist, sonst nichts.

Wie schon oben gesagt, nur Tomaten schälen, auch wenn ich dafür nur noch 3 Minuten Zeit habe. Nur Tomaten schälen.

Stress kann allerdings auch von außen an uns herangebracht werden. Dies ist dann der Fall, wenn mich jemand unter Druck setzt, etwas zu einer bestimmten Zeit zu Ende zu bringen. Oder eine Sache so tun muss, wie es der andere haben will, ich also gezwungen bin, die Erwartungen des anderen zu erfüllen. Hier ist es wichtig zu erkennen, dass dies der Stress der anderen Person ist, die diesen an uns heran führt.
Wie kann ich diesem Stress begegnen. Ich muss mich zuerst von meiner eigenen Vorstellung, wie ich selbst die Arbeit ausführen möchte, frei machen. Ich sollte dann nur das tun, was der andere von mir verlangt. Also, nur Tomaten schneiden, egal ob sie so oder so geschnitten werden. Ohne eigene Wertung...

Wichtig ist zu wissen, dass ich zwar Vorstellungen von meinem Ergebnis haben darf, aber nicht erwarten darf, dass sie so eintreten, wie es mir wünsche. Es geht aber auch nicht darum, dem anderen seine Wünsche zu erfüllen. Es geht nur alleine darum, die Tomaten zu schneiden. Nur „Tomaten schneiden", sonst nichts

Gassho!

Stress (2)

Stress begegnet uns ständig im Alltag. Stress können wir zum Teil nicht abstellen.
Es ist auch nicht gut, zu meditieren, um dem Stress auszustellen. Sondern wir müssen lernen, damit umzugehen und ihn anzunehmen.

Wir sind alle Menschen, die mit Tatsachen konfrontiert sind, die unausweichlich sind. Da ist z. B. der eigene physische Tod. Den können wir nicht ablehnen oder in die Ecke schieben. Der bleibt uns immer im Nacken. Und genauso ist es mit dem Stress, der von außen kommt.
Wir müssen ihn annehmen, genauso, wie wir annehmen müssen, dass Donald Trump nun Präsident der USA ist. Wir können zwar dagegen protestieren, die Tatsache, dass er Präsident ist, müssen wir dennoch annehmen.

Und wie geht so etwas?
Stress ist genauso eine Definitionssache, wie die Emotionen oder die psychischen Schmerzen. Ich kann mit ihnen umgehen, wenn ich sie einfach so stehen lasse. Meine Schmerzen, meine Freude, meine Trauer einfach so lasse, sie zulasse. Ohne als Person näher darauf eingehen und zu fragen: Woher, warum, wozu.
Der Stress ist in unserem Zeitalter einfach eine Tatsache, die mich genauso wie Ärger überraschen kann. Also lasse ich den Stress zu und bleibe gelassen in der Einheit.

Natürlich kann ich versuchen, Situationen zu vermeiden, von denen ich weiß, dass sie Stress machen, aber eben nicht alle Situationen kann ich beherrschen.

Und genau dies ist unsere Übung. Wir realisieren den Stress während der Sitzung, gehen aber nicht auf ihn ein. Vielleicht können wir später dann mit ihm umgehen, aber im Zeitpunkt der Meditation machen wir „nur meditieren". Sonst nichts.

Somit ist also Stress eine günstige Gelegenheit, sich voll der Übung des Loslassens hinzugeben. Damit ich die innere Ruhe, den inneren Frieden erkennen kann und dem Stress nicht schutzlos ausgeliefert bin. Denn der Stress betrifft stets die Form, unsere Psyche, unseren Körper. Die Leere wird vom Stress nicht berührt. In der Leere gibt es nicht das, was den Stress ausmacht.
Das bedeutet nicht, dass ich mich jetzt nur der Leere zuwende. Denn dann ignoriere ich die Form und das macht wiederum Stress.

Wir müssen uns stets klar darüber sein, dass Leere und Form zusammengehören. Der Stress gehört zu unserem heutigen modernen Alltag. Und wenn wir nicht im Kloster oder in einer Einsiedelei auf irgendeinem abgeschiedenen Berg leben, dann müssen wir ihn akzeptieren und wie gesagt, lernen damit umzugehen.

Also sehen wir den Stress als eine Möglichkeit der Übung des Loslassens an. Wir gehen nicht auf ihn ein, sondern nehmen ihn an, so wie er ist: Nur Stress, sonst nichts.

Zum Abschluss ist es noch wichtig zu bedenken, dass der Rückzug der Meditation, um dem Stress auszuweichen, keine Lösung ist. Denn sie verschiebt nur das Problem und löst es nicht. Die einzige Möglichkeit ist stets das anzunehmen, was ist und wie es ist. Stress als Stress, mehr nicht.

Seien wir uns bewusst, Form und Leere sind eins. So ist der Stress ein Teil der Form, in der Leere existiert er nicht.

Gassho!

Besondere Zeiten

Weihnachten

Rituale und Zen

Obwohl Zazen, also, das was wir hier machen, ein Ritual ist, benötigen wir eigentlich keine Rituale.
Als Mensch ist es schon notwendig, Rituale zu begehen, denn dabei machen wir uns stets bewusst, was das Leben wirklich ist. Nämlich die Erfahrung eines jeden Augenblicks, so wie er ist. Ohne sich mit ihm zu identifizieren oder auf ihn einzugehen. Einfach ihn so annehmen. Das ist eine Übung, die wir uns als Menschen immer wieder bewusst machen müssen.
Ein Ritual hilft uns, sich der Wichtigkeit der Erfahrung des einen Augenblicks bewusst zu werden. Durch ein Ritual kann ich mehr in den Augenblick kommen.

Aber, wie gesagt, eigentlich braucht es die Rituale nicht. Zum Beispiel so, wie wir jetzt Weihnachten feiern. Wir lesen die Weihnachtsgeschichte am Weihnachtsabend – oder am nächsten Tag, wie es in manchen Ländern gefeiert wird – und genießen dieses Ritual. Das Leben und die Spiritualität braucht es nicht. Wir sind schon dort, wo wir „hin wollen". Wir sind von Anfang an da. Auch schon vor unserer Geburt und nach unserem Tod. Wir müssen uns eigentlich nichts klar machen. Es ist alles schon vollbracht. Deshalb benötigen wir eigentlich kein Ritual. Auch der Augenblick ist ein Augenblick. Ob wir nun da sind oder nicht. Einer folgt auf den anderen. So gesehen ist auch der

Besondere Zeiten

Augenblick ein Ritual. Aber er kommt einfach ohne Wertung, ohne Wenn und Aber.

Was machen wir, wenn die Weihnachtsgeschichte nicht mehr existiert oder wir nicht mehr die Bibel zur Hand haben? Dann ist das Ritual „Weihnachten" nicht mehr da! Und so werden wir wieder auf das Sein, auf den Augenblick zurückgeworfen.
Rituale können auch ein Festhalten an etwas sein. Das ist das Gefährliche des Rituals. Wir halten wieder fest und erkennen nicht das, was das Leben wirklich ist. Wir stellen uns in einem Ritual etwas besonders vor. Und wenn dann das Ritual nicht so läuft, wie wir uns das „vorgestellt" haben, dann haben wir ein Problem! So gesehen ist es wichtig, kein Ritual zu haben. Denn dann können wir reagieren und agieren, wie es in diesem einen Augenblick notwendig ist. Wir werden frei von allem und sind nur mehr unserem „Selbst" überlassen. Das birgt die wirkliche Freiheit, die zu dem tief empfunden Glücksgefühl führt, wonach wir uns immer sehen.
Geben wir das Ritual auf, damit wir den Augenblick als das erkennen können, was er ist:

Ein Augenblick, der nur ein Augenblick ist.

Auch Teishos sind Rituale, die es eigentlich nicht braucht. Das Wesen des ZEN ist durch Teishos nicht zu erfahren. Das Wesen ist nur durch das „Trinken des Weins" erfahrbar.

Und so verneigen wir uns in diesem Augenblick um das Verneigen willens als das, was die Verneigung wirklich ist: Ritual und Bewusstheit des Seins zugleich.

Gassho!

Ostern
Zen und Ostern

„Das eine Sein zu erkennen", das ist das, warum wir hier sitzen.

Darum geht es auch beim christlichen Osterfest. Über das ich heute reden möchte.

Ich möchte aber nicht über Ostern im christlichen Sinne reden, sondern über das, was Ostern meiner Meinung nach aussagen möchte:

Über Tod und Auferstehung.

Dieses Teisho soll die spirituelle Sichtweise des Todes und der Auferstehung darlegen.

Mit dem Tod ist meiner Meinung nach nicht der physische Tod gemeint.

Willigis wurde einmal von einer Schülerin, die schon sehr lange meditierte und immer noch nicht zur Erleuchtung gelangt war, gefragt, wann denn auch sie erleuchtet würde. Darauf antwortete Willigis, dass wir spätestens auf dem Sterbebett die Erfahrung machen werden, das eine Sein zu erkennen.
Das ist natürlich beruhigend, dass wir bei unserem physischen Tod dieses Sein erkennen können.
Wir werden geboren und sterben physisch. Und dazwischen leben wir. Und wir sind immer im Einen. Unsere Aufgabe muss nur sein, das zu erkennen, was wirklich ist. Das eine Sein erkennen. Vor allem erkennen, dass wir schon immer im Ganzen sind. Wir sind nicht getrennt von allem. Wir sind von Anfang an schon das Ganze. Es gibt kein darüber, davor oder dahinter.

Aber über welchen Tod sollen wir reden?

Es ist diese Nicht – Erkenntnis, dass wir das Ganze sind, dass wir schon dort sind, wohin wir wollen. Eigentlich sind wir schon immer da, wir haben seit jeher die Erkenntnis. Es gibt keine Schranke, die durchschritten werden muss.

Der physische Tod gehört zum Leben dazu.
Der spirituelle Tod aber, über den ich reden möchte, ist etwas anderes. Er ist vor dem Wissen der Erkenntnis. Wir müssen im spirituellen Tod alles aufgeben. Wir müssen von der Sichtweise des Dualen, von der Rationalität wegkommen. Wir müssen loslassen, so wie Laternenlichter, die wir in den Himmel steigen lassen.

Besondere Zeiten

Die Egostruktur muss sterben. Dann haben wir die Möglichkeit der Erfahrung des Selbst. Die Erfahrung der Wesensnatur oder des einen Seins. Wir müssen erkennen, dass in der Rede selbst die Erkenntnis steckt. Nicht in den Schriften, sondern in den Worten als Worte, in der Rede als Rede, im Lesen als Lesen. Nicht darüber denken, nicht darüber sprechen, sondern es einfach sein. So wie eine Blume, die einfach ist. Wie die Sonne, wie das Gehen, wie das Sitzen. Nur so.

Der spirituelle Tod ist also nur das Sterben meiner Vorstellungen, von denen ich meine, was es ist. Nur die Wirklichkeit zu erkennen, wie sie in jedem Augenblick ist, ist das Leben.

Die Auferstehung ist für mich, zu erkennen, was und wer wir wirklich sind. Sie ist die tatsächliche Erfahrung dessen, was Wesensnatur ausmacht.
Und die Auferstehung ist auch die Erkenntnis, dass jeder Augenblick neu ist. Dass dies in den Alltag integriert werden muss. Dass ich in jedem Augenblick neu sterben muss, um auferstehen zu können. Den Augenblick als Augenblick zu erfahren, ist die Auferstehung. Sie geschieht, wenn ich alles loslasse, wenn ich den spirituellen Tod sterbe.

Aber: Der Tod und die Auferstehung bewahren mich nicht davor, Mensch zu sein. Wir behalten als Mensch, der ja auch den physischen Tod sterben muss, alle Emotionen,

Gefühle und Energien. Wir behalten unsere Enttäuschungen, unsere Trauer, auch unsere Freude, unsere Glücksgefühle. Und dennoch, wenn wir den spirituellen Tod gestorben sind, dann haben wir die Auferstehung im Hintergrund. Diese trägt uns über die Alltäglichkeit hinweg. Wir können so auch mit Trauer „beruhigter" umgehen.
Und deshalb ist es auch eigentlich egal, ob wir als Sandler (Obdachloser) leben oder als Fürst. Es gab einmal einen berühmten Meister, der viele Jahre unter den Sandlern lebte und sich nicht zu erkennen gab. Es war für ihn einfach dran, so zu leben. Irgendwann hatte er sich zwar dann zu erkennen gegeben, aber eine Zeit lang war sein Leben eben so und nicht anders. Und diese Erkenntnis, die Auferstehung gibt mir die Sicherheit: Es geht immer weiter, der Weg findet sich.

Die Auferstehung in jedem Augenblick zu erfahren ist unsere Übung. Genau wie alles zusammengehört, wie Leere und Form zusammengehören, eins sind. Das ist genauso beim Tod und der Auferstehung.
Beide, Tod und Auferstehung, gehören zusammen. Dies ist die eigentliche Erkenntnis, deren Übung wir praktizieren.

Leere und Form, Tod und Auferstehung sind eins. In jedem Augenblick!

Gassho!

Besondere Zeiten

Allerheiligen/Allerseelen
ZEN und der Tod

Zu Allerheiligen/Allerseelen spricht alle Welt vom Tod. Auch ich will heute zum Tod einige Gedanken aus der Sicht des ZEN darlegen.

Zunächst hat in unserer Gesellschaft der Tod immer das Gesicht der Trauer, des Schwarzen und der Dunkelheit, vor der man sich fürchten muss. Ich will dies nicht abschätzig beurteilen, es lässt aber meiner Meinung nach einem deutlichen Blick auf unseren Umgang mit dem Tod werfen.

Der Tod wird normalerweise negiert, er wird in die Zukunft verbannt und er wird fast nie im Alltag erwähnt. Eben „offiziell" nur an den Feiertagen „Allerheiligen" und „Allerseelen" oder wie im protestantischen Raum am Totensonntag.

Der Tod ist also etwas für unsere Zukunft und nicht präsent. Das drückt sich auch darin aus, dass wir gerne ewig leben wollen und sogar Übungen dafür entwickeln wie z. B. Tai-Chi.
Ebenso negieren wir gerne das Alter. Wir wollen und sollen – so jedenfalls macht uns das oft die Werbung weis – ewig jung sein. Sogar unser Aussehen versuchen wir zu manipulieren und ihm chirurgisch nachzuhelfen. Wer also Geld hat, der kann immer jung aussehen und – was der Endausdruck ist – immer jung sein. So, als ob wir dem Tod

von der Schippe springen könnten und ewig leben würden.

Diese Einstellung macht aber unfrei. Denn ich bin ständig um das Jung – Sein bemüht, möchte dem Tod ausstellen und versuche in Sicherheit zu leben. Ich habe Angst, dass mir nichts passiert oder dass die anderen Menschen nicht erkennen, wie „alt" ich bin. Ich muss also ständig mein Bild für die anderen korrigieren und kontrollieren, damit mein wirkliches Selbst nicht entdeckt wird.

Und trotzdem werden wir eines Tages sterben!

Zumindest physisch!

Es ist bis jetzt noch niemand vom Tode auferstanden und hat gesagt: „Ich lebe noch". Die Menschen, die wirklich physisch tot waren, die sind nicht wieder zurückgekommen. Wir wissen also gar nicht, was nach dem Tod kommt. Es gibt zwar Nah-Todes-Erfahrungen, die uns erklären wollen, wie es mit dem Tode wäre. Aber sie sind nur Nah-Todes-Erfahrungen, nicht wirkliche Todes-Erfahrungen.

Was hat aber der Tod mit ZEN zu tun?

Der Tod gehört zum Leben dazu. Der Tod macht mir bewusst, dass ich als Mensch, als Carsten Koßwig, einmal nicht mehr so sein werde, wie ich es jetzt bin. Er macht mir bewusst, dass ich in jedem Augenblick meines Lebens lebe. Und das ist reines ZEN. Es zeigt mir, dass ich im

Grunde nur von Augenblick zu Augenblick existiere oder lebe.
Was ist dann mit dem Tod im ZEN?
Der Tod ist nur ein Übergang in eine andere Daseinsform. In der Erkenntnis des Seins, meines Wesensgrunds oder des Satori erkenne ich, dass das Leben als Mensch leer ist. Dass das Leben, das ich lebe, nur ein Teil eines Ganzen ist, das als Form in der Leerheit existiert. Und dass auch in diesem Sein keine Zeit existiert. Das Sein besteht nur von Augenblick zu Augenblick. Zeit kennt es nicht, denn es betrachtet nicht nach, was die Definition von Zeit ergibt, nämlich als Differenz zwischen zwei Augenblicken.
Der Tod ist also da und die Bewusstheit macht mir klar, dass nur der physische Körper, die Form, die als Welle im unendlichen Ozean existiert, wie Willigis sagt, sich verändern wird, also sterben wird. Das was wir wirklich zutiefst sind, nämlich der Ozean – um im Bilde von Willigis zu sprechen – kann nicht sterben. Und so stirbt nur der Körper, der Name Carsten Koßwig, meine Wesensnatur jedoch, die keinen Namen trägt, bleibt bestehen.
Und dies für immer, laut meiner Erkenntnis.
„Hast du dann keine Angst mehr vor dem Tode, Carsten?", werdet ihr mich sicherlich jetzt fragen.

Ja, als Carsten habe ich Angst. Vor allem dann, wenn ich darüber nachdenke und es mir im Herzen, in der Psyche bewusst wird, dass ich einmal sterben werde. Dann habe ich Angst.
Aber die Angst lähmt nicht. Sie ist da und zeigt mir, dass ich bewusst leben sollte.

Besondere Zeiten

So, wie wir es alle machen würden, wenn morgen unser letzter Tag wäre. Ich werde nichts mehr Unnützes tun, werde mich zurücklehnen und das Leben so genießen, wie es sich mir offenbart – hoffe ich jedenfalls –.
Auch kann ich mir klar machen, dass das Alter zum Leben gehört. Aber nur im Betrachten eines Bildes, das von außen kommt. In dem Moment, wo ich den Tod akzeptieren kann, im Augenblick leben kann, ist es nicht mehr wichtig, ob ich alt oder jung bin. Ich sehe mein wahres Bild, mein wahres Antlitz, das nichts mit dem Bild des Carsten Koßwig zu tun hat. Das Spiegelbild ist nur ein Teil des Ganzen. Der Wesenskern ist ohne Bild, ohne Spiegel, den ich reinigen muss. Er ist völlig leer.

Und so ist auch unsere Übung: Jeden Augenblick wach sein. Nicht in die Zukunft schauen, nicht aus der Vergangenheit schöpfen. Nur da sein. So kann ich dem Tod in die Augen schauen, mit ihm umgehen und mir bewusst sein, dass der Augenblick Leben ist. Alles andere kommt danach!
Gassho!

Besondere Zeiten

Rohatsu

Willigis sagte einmal in einem Rohatsu – Sesshin, dass Rohatsu einfach nur 8 Tage sind. Ich bin des Japanischen nicht mächtig und kann dies nicht überprüfen. Aber nach der Tradition wird eigentlich Rohatsu als der 8. Tag des 12. Monats genannt. Und dieser Tag ist ein besonderer Tag für Buddhisten und ganz besonders für die Zen-Meditierenden.
Dies ist nämlich, der Legende nach, der Tag der Erleuchtung des historischen Buddhas (Siddharta Gautama). Nachdem dieser 49 Tage lang unterm Bodhibaum der Frage, woher das Leiden der Menschen kommt, nachgegangen war. Beim Anblick des Morgensterns (der Venus) kam er zur Erleuchtung und es beantwortete sich ihm diese Frage.

Und genau dieses Sesshin ist etwas Besonderes. Traditionell wird die letzte Nacht vor der vermeintlichen Erleuchtung Buddhas durchgesessen. Auch das ganze Sesshin ist intensiver als sonst, wobei meist schon um 4.00 Uhr mit dem Meditieren begonnen und erst gegen 22.00 Uhr aufgehört wird. Einige besonders Fleißige meditieren auch schon vorher Nächte durch.
Aber wozu?
Sie versuchen, ein Ziel zu erreichen. Dieses Ziel heißt Erleuchtung – genauer gesagt ist es eigentlich Erwachen- und weil es ein Ziel ist, ist es dualistisch gedacht. Deshalb erfahren in diesem Sesshin nicht viel Menschen wirklich das Erwachen, die Erleuchtung.

Besondere Zeiten

Und dennoch ist dieses Sesshin wichtig. Jeder sollte es einmal mitgemacht haben. Eine Nacht durchzusitzen. In dieser Nacht oder in diesem Sesshin kommt eigentlich jeder irgendwann einmal an seine Grenzen. Auch diejenigen, die schon 20, 30 oder mehr Jahre lang meditieren. Man geht an seine psychischen, körperlichen und energetischen Grenzen. Und das ist genau das, was Zen beabsichtigt. Man soll an die Grenze geführt werden, man soll in eine Situation gebracht werden, in der es nur noch gilt: „Loslassen". Wenn man dann nur noch loslassen kann, weil alles nichts mehr hilft, wenn man also keine „Fluchtmöglichkeit" mehr hat, dann ist das innere Loslassen nur noch, den Schritt weiter nach vorne zu tun und in die Leere zu springen. Erst wenn man diese Situation erlebt und diesen Schritt wirklich getan hat, dann ist man erwacht.
Aber was ist dann? Dann erkennt man, dass es keine Grenze gibt. Kein „Subjekt", das das Objekt „Erleuchtung" sucht. Dann sind Subjekt und Objekt eins. Und man erkennt, dass es schon immer da war. Dass da gar keine Sperre war, die man durchzusitzen hat.
Also: Was soll das nun?
Im Grunde ist es nicht notwendig, so aufwändig und intensiv zu sitzen. Jeder Augenblick zeigt einem das, was den eigenen Wesensgrund ausmacht. Es ist das Sitzen, nur um „dem Sitzen" willens. Es ist das Trinken, das Schlafen, das „auf die Toilette gehen". Mehr nicht.

Und nach der Erleuchtung?
Nun es stimmt, dass danach erst einmal eine tiefe Ruhe und ein innerer Frieden herrschen. Aber dies ist nur die Bergspitze. Der eigentliche Prozess, der einen das ganze

Besondere Zeiten

Leben lang begleitet, beginnt erst an der Bergspitze. Man muss noch herunter auf den Marktplatz. Man muss als Mensch den Alltag bewältigen. Man muss sich jeden Augenblick bewusst sein. Und das ist die Übung, jeden Tag.

So ist eigentlich jeder Tag Rohatsu. An jedem Tag kommt man an die eigenen Grenzen, muss man sich dem hingeben was ist, sollte man sich in jedem Augenblick seines Selbst bewusst werden.

Ohne Wertung, ohne Eingehen auf die Emotionen, ohne Eingehen auf die Gedanken.

Und man sollte sich dessen immer bewusst sein: So anstrengend und an die Grenzen gehend ein Rohatsu-Sesshin auch sein mag, eine Garantie für die Erleuchtung gibt es nicht. Meist wird man im Alltag, bei einer Alltagshandlung von der eigenen Wesensnatur überrascht. Die Erleuchtung ergibt sich von alleine beim Hören eines Klangs, beim Reden, beim Gehen. Jeder Augenblick kann dieser besondere Augenblick sein, der aber nur ein Augenblick ist.

Und so gehen wir mit dem Bewusstwerden des Augenblicks in den Alltag und gehen unserer Übung nach, ob mit oder ohne Rohatsu.

Gehen wir in unsere Übung: Atem zählen (atmet), Sitzen oder „Mu"

Jetzt ist der wichtigste Augenblick!

Gassho!

Besondere Zeiten

Politische Themen

ZEN und Pension und Arbeit

Jeden Tag wird in einem Sesshin das tägliche Arbeiten geübt. Der Grund dazu ist einfach. Man sollte die Meditation auch in den Alltag übertragen und das Meditieren bei jeder Tätigkeit anwenden. Das ist nicht so ganz einfach, weil wir stets Dinge tun müssen, von denen wir meinen, dass sie im Moment nicht dran wären und wir sie später machen sollten.

In einem Sesshin geht das Üben mit der Arbeit meist recht gut. Was ist es aber mit der täglichen „Büro-Arbeit"? Dies ist noch etwas problematischer. Also was tun?

Nun, wir müssen uns klar werden, dass wir uns oftmals zu sehr auf die Pensionierung (Rente) freuen und uns auch darauf vorbereiten. Wir zahlen Renten-Beiträge ein, bauen ein Haus, sparen mittels Lebensversicherung etc. Warum ist das ein Problem? Ist es nicht gerechtfertigt, dass wir uns vor Alters-Armut schützen müssen?
Ja und nein.

Die Krux liegt in der Einstellung zu dem, was ist und dem, was sein wird. In der Übung der Achtsamkeit und Spiritualität gibt es nur den Augenblick. Die Zukunft ist: „… denn das Gestern ist nicht als ein Traum und das Morgen nur eine Vision. Das Heute jedoch –recht gelebt – macht jedes Gestern zu einem Traum voller Glück und jedes Morgen zu einer Vision voller Hoffnung...", wie es im Sanskrit steht. Und so sollte es auch bei der täglichen Büro-Arbeit sein. Wir sollten das tun, was zu tun ist. Nämlich die Arbeit, die ansteht, mit den Menschen, die im Moment da sind, mit denen ich „zusammen"-arbeiten will oder muss. Erst wenn ich dies erkannt habe und damit keine Angst vor der Zukunft entwickelt habe, kann ich mit einer tiefen Zufriedenheit das Leben meistern.

Und wie sollte das im Alltag aussehen?

Immer präsent sein, das realisieren, was ist und nicht darauf eingehen. Handeln aus der Intuition heraus und sich nicht ärgern, wenn etwas nicht so funktioniert, wie wir uns das vorstellen.
Wenn wir immer mehr aus der Intuition heraus handeln, dann richtet sich alles andere. Wir werden uns immer klarer in unserer Entscheidung und teilen das – auch auf einer Metaebene – mit. So können wir immer mehr loslassen und zufriedener leben.

Dass das schwierig ist, ist mir klar. Denn oftmals werden wir herumkommandiert, müssen wir Dinge erledigen, die für uns nicht „angenehm" sind oder wir müssen mit Menschen zusammenarbeiten, die uns nicht sympathisch sind, ja uns zum Teil sogar feindlich gesinnt sind.
Aber tun wir die Dinge, die auch von außen her gemacht werden müssen und nichts mit unserer Intuition zu tun haben, in vollkommener Achtsamkeit, in vollstem Bewusstsein, dann sind wir bei uns selbst und erleben das, was wirklich ist. Nämlich das Fotokopieren, als Fotokopieren ohne Frage nach dem Sinn, wir tun den PC

bedienen, um des Bedienens willen, ohne Frage nach dem Sinn.

Wir tun es einfach.

Und genau das ist die Übung. Nur das Tun, um das Tun willens. Genauso, wie wir im Sesshin bereitwillig das Klo säubern, obwohl wir es im Alltag gerne verschieben oder an andere abgeben. Wir putzen um das Putzen willens. Mehr nicht, aber auch nicht weniger.
Wir brauchen dann aber auch nicht zu denken, dass es dann besser oder dass es sich richtet, wenn ich so handle. Nur wenn wir keine Bedingungen mehr an das Tun stellen, wenn wir keine Erwartungen mehr haben, dann sind wir eins in Allem und können die große Einheit erfahren und eine wirkliche Zufriedenheit erlangen, die uns als Menschen überall trägt.

Können, dürfen wir nun keine Ziele mehr haben, die wir erreichen wollen?

Doch, das können wir. Wir dürfen sie auch beständig im Auge haben und danach streben. Wir dürfen aber nicht den Fehler machen, zu erwarten, das Ziel so zu erreichen ist, wie wir es uns wünschen.

Also tun wir das, was zu tun ist.

Gassho!

ZEN versus Populismus

Im Populismus sind die Machtverhältnisse klar abgegrenzt. Die Führungspersönlichkeit ist die starke Person, die alles entscheidet und organisiert. Seine „Mitarbeiter" führen seine Wünsche und Befehle aus. Das hat für die Mitarbeiter oder die Untergebenen einen Vorteil – meinen sie jedenfalls –: Sie können die Verantwortung der in der Hierarchie über ihm stehenden Person abgeben. Und so brauchen sie nicht groß darüber nachdenken, welche und wie sie ihre übertragenen Aufgaben ausführen sollen. Sie tun es einfach, weil es so sein soll. Damit sind sie aber nicht „Herr" ihrer Lage. Sie können nicht frei entscheiden, ob sie das eine oder andere tun oder lassen können oder sollen. Sie sind auf Gedeih und Verderb der Obrigkeit ausgesetzt.

Will ich das?

Wenn ich frei leben will, kann ich dies nicht akzeptieren. Allerdings muss ich in meiner die Freiheit die Verantwortung für mein Tun übernehmen. Ich muss dann vor allem wissen, was ich will.

Und nun bin ich beim ZEN. Durch ZEN besteht die Möglichkeit, bei mir selbst zu sein. Denn durch die Erkenntnis des Seins, unserer Wesensnatur, erkenne ich den Zusammenhang, die Verbindung zwischen mir und der Umwelt, anderer Wesen, anderer Menschen. Ich erkenne: Wenn ich anderen wehtue, dann tue ich mir auch weh. Und deshalb handle ich stets so, dass niemand anderes gefährdet wird. Und handle trotzdem für mich adäquat. Dies kann ich aber nur, wenn ich stets im Augenblick bin und nicht in irgendwelchen Vorstellungen, Wünschen oder Bildern. Und so übernehme ich die Verantwortung für mein Tun. Damit kann mir eine vermeintlich über mir stehende Person kaum etwas anhaben, weil ich genau weiß, was zu tun oder zu lassen ist.

Also: Um gegen den Populismus vorgehen zu können, ist es sinnvoll ZEN – Meditation zu betreiben.

Donald Trump oder wenn der soziale Gau eintritt!

Tja, nun ist Donald Trump gewählt worden und wir sind alle geschockt und überrascht. Warum? Weil es niemand so erwartet hat.
Trump wird nun aufräumen, so wie er es angekündigt hat. Hoffen wir, dass er nicht alles einfach beiseiteschiebt (Bewegt den Arm von li nach re.) und den Rest einfach auf der Seite liegen lässt.

Nun, was macht man in diesem Augenblick?

Zunächst einmal müssen wir es akzeptieren, dass es nun mal so ist. So, wie wir es immer versuchen zu tun. Annehmen, was das Unumstößliche ist. Das heißt aber nicht, dass wir nicht um unsere Demokratie, um unsere

Rechte kämpfen sollen und können. Doch das können wir. Aber erst wenn es dran ist.
Und erst, wenn wir mit unserer Meditation fertig sind, also wenn die Zeit zu handeln gekommen ist.
Das bedeutet, dass wir jetzt achtsam sind und abwarten, was geschieht.
Wir werden also der Dinge harren, bis wir intuitiv wissen, was zu tun ist. Im Moment wenden wir uns der Achtsamkeit des Augenblicks zu und greifen nicht ein.

Achtsamkeit, Achtsamkeit, Achtsamkeit

Gassho!

Geld und Zen

Warum sollte ein Zen-Meister für seine Tätigkeit kein Geld nehmen dürfen?

In der gängigen Tradition nimmt ein Zen-Meister für seine Tätigkeit kein Geld, vor allem um Abhängigkeiten vom Schüler oder vom Geldgeber zu vermeiden. Denn durch die Einnahme von Geld könnte der Meister sich genötigt fühlen, immer viele Menschen als Lehrer begleiten zu wollen. Dann unterscheidet er die „Schüler" nur noch in „Geld gebende" und „nicht Geld gebende". Dies ist wiederum Dualität, was seiner eigenen Spiritualität und damit seiner Lehre hinderlich sein könnte. Auch wird dann seine Ernsthaftigkeit untergraben, den Schüler

wirklich in die innere Freiheit führen zu wollen. Diese macht ja frei vom Lehrer, denn der Schüler wird selbstverantwortlich und der Lehrer ist nur noch Begleiter. Die Abhängigkeit kann also – und das sogar vermehrt – ein Schüler-Lehrer Abhängigkeitsverhältnis fördern. Das ist keine echte Lehre, sondern eine „Um zu"-Lehre. Auch kann ein Meister dazu verleitet werden, den Schüler nicht die volle Wahrheit zu offerieren, weil diese auch mit Schmerz verbunden sein kann. Das hindert den Schüler aber daran, die wirkliche Erkenntnis zu erlangen. Dieser bleibt dann länger als nötig in der Obhut des Meisters.
Also kurz gesagt, die Neutralität des Meisters gegenüber dem Schüler gegenüber wäre nicht mehr gegeben und es könnte vor allem für die Führung zur wahren Identitäts-Findung Schwierigkeiten geben.

Warum sollte man einem Zen-Meister trotzdem Geld für seine Tätigkeit geben?

In der heutigen Zeit des 21. Jahrhunderts leben wir überwiegend in einer Wertegesellschaft. Und wenn der Meister als Mensch im Alltag seine Spiritualität als Lehrer leben möchte, kommt er um diese nicht herum. Der Meister ist dann in diesem Moment Ausdruck der Form.
Und wie wir wissen, sind Leere und Form eins. Wenn der Meister allerdings nur als Meister auftritt, also kein Geld verlangt, würde man die Form ausschließen und wäre wieder aus der Erkenntnis heraus.
Der Meister in einer modernen Wertegesellschaft ist auch ein Dienstleister, der eben bezahlt werden sollte. Sonst könnte er mitten unter uns keine Meisterschaft ausführen

und die Schüler wären der Möglichkeit beraubt, sich weiter einer Führung in der Spiritualität anzuvertrauen.

Ein sich Zurückziehen in ein unwegsames Gebiet, um nur den wahrhaft Suchenden zu einem Schüler werden zu lassen, ist meiner Meinung nach heute und auch in Zukunft nicht mehr zeitgemäß.

Gerade mit meiner ZEN-Lehre will ich die Menschen aller couleur erreichen und die Spiritualität im modernen Alltag leben. Und wenn alle Menschen auf der Suche sind, muss jemand da sein, der sie begleiten kann. Auch die wahren Suchenden waren oftmals anfangs erst ihrer Bedürftigkeit nach Schmerzlinderung gefolgt. Auch gibt es heute in hochindustrialisierten Gesellschaften kaum mehr Rückzugsgebiete, die der „klassischen" Zen-Tradition entsprechen würden.

Der Zen-Meister ist also Dienstleister, denn er bietet folgende Dienstleistungen an, für die er auch Geld fordern kann:

- Präsenz / Vorbild
- Zur Verfügung stellen eigenen ZEN-Equipments
- Angebot Teishos
- Angebot Dokusan

Besonders das Angebot des Dokusans ist ein wichtiger Bereich in der Lehre des Zen-Meisters. Er prüft, gibt Hilfen und erkennt die Spiritualität des Schülers durch seine eigene Gegenwärtigkeit. Nur so kann er den Schüler begleiten und ihn in seine Selbst-Verantwortung entlassen.

Wenn das „Geldverdienen" für den ZEN-Meister nicht das Hauptziel seiner Tätigkeit ist, sondern er die Entgegennahme des Geldes nur als Entgelt für seine Dienstleistung, der Begleitung des ZEN-Übenden, wahrnimmt, dann kann er beruhigt auch das Geld annehmen.

Die Gefahr der Bereicherung ist trotzdem gegeben und als wachsamer Meister sollte dieser immer wieder prüfen, ob das Geld als Mittel zur eben dieser Bereicherung verwendet wird oder nur als Beihilfe zur Ausübung seiner Tätigkeit.

Wir müssen uns in diesem Zusammenhang immer vor Augen führen, dass Leere und Form zusammengehören. Und wenn der Alltag des Menschen als Form gilt und das Leben in Spiritualität als Ausdrucks der Leere, dann steht eigentlich nichts entgegen, dem Meister Geld zu geben.

Wie gesagt, er muss sich stets prüfen, ob Dualität auch in diesem Bereich vorherrschend ist oder nicht.

Mensch Sein als Form und Spiritualität leben als Leere gehören immer zusammen. Und so sollte es auch beim Meister – Schülerverhältnis sein.

Und genau das tun wir auf dem Kissen.

Erkennen, dass Leere Form ist und Form wirklich Leere ist, wie es im Herz-Sutra steht.

Leere und Form sind Eins.

Gassho!

Politische Themen

Heimat

Das Thema Heimat ist vor allem in Südtirol ein heikles Thema. Geschichtlich ist dies verständlich. Ich möchte es aber heute unter einem anderen Aspekt beleuchten.
In der spirituellen Erfahrung erkenne ich die Einheit mit allen Menschen und allem, was in dem Universum ist. Ich bin du und du bist ich, ist die Erkenntnis, die mich nicht von mir trennt, sondern mich mit allem verbindet.
Das bedeutet, dass ich, in welcher Situation ich auch bin, stets bei mir bin. Meine Heimat ist dann dort, wo ich bin. Ich bin nie getrennt von meinem Heimatgebiet, sondern stets mit ihm verbunden.

Und genau das ist es, was wir hier üben.
Wir üben die Präsenz im Augenblick, um zu erkennen, dass wir immer und überall sind.

Wenn man sich auf den Heimatbegriff als solches und regional begrenztes einengt, dann ist man nicht bei sich. Dann hat man Angst vor der Trennung und begehrt gegen die Umstände auf.
Ist man bei sich, dann ist es völlig egal, in welchen Umständen man ist. Ob man sich im Gefängnis befindet oder man völlige Ungerechtigkeit erfährt. Beim Selbst ist man eins mit meinen Peinigern und kann die Situation ertragen, ohne von sich zu lassen.
Ich will jetzt nicht sagen, dass man gegen Ungerechtigkeiten nichts unternehmen sollte, aber es gibt Situationen, die man einfach annehmen muss – zu mindestens in dem jetzigen Augenblick –. Man kann und

sollte dagegen vorgehen. Sollte sich einsetzen. Aber immer im Bewusstsein, dass wir alle aus einer Einheit sind, dass wir in dieser Urwirklichkeit einheitlich sind.

Wenn wir bei uns sind, dann kann unser Selbst von niemanden beleidigt oder ungerecht behandelt werden. Wir können aus der Intuition heraus adäquat handeln und es wird sich richten.

Wir brauchen also keine Angst vor dem Verlust der Heimat zu haben. „Wherever I lay my hat, that's my home" sang ein Sänger in den achtziger Jahren. Wie Recht er gehabt hat.
Üben wir für die Erfahrung, dass das ganze Universum unsere Heimat ist!

Gassho!

Werbung und ZEN

Wie funktioniert Werbung?

Es wird ein Bild kreiert, das mich anspricht. Es spricht mich so an, dass ich das Produkt gerne haben möchte, weil ich mich mit diesem Bild verbinde und identifiziere. Ich möchte diese Jeans kaufen, um dieser Held aus der Werbung zu sein.

Aber wieso spricht es mich an? Welches psychologische Schema steckt dahinter?
Im Grunde ist es immer die Sehnsucht nach der Einheit. Diese führt in die Suche, auf der wir als Menschen ständig sind.
Wir suchen sie eben auch in diesem Bild, das uns die Werbung gibt. Und wir meinen, dass mir die Antwort im Kauf dieser Jeans gegeben würde.
Erst in der Erleuchtung erfährt man eine Einheit. Dadurch endet die Suche danach. Die Einheit ist eigentlich immer schon da, wird aber durch den überwiegenden Gebrauch der Rationalität überdeckt.

Und wie können wir der Werbung entgehen?
Wir müssen von der Botschaft des Bildes loslassen, das sie uns vermittelt. Wir müssen also: Loslassen.

Und deshalb ist es sinnvoll zu meditieren. Dabei unterstützt uns das Meditieren in einer Gruppe, die uns emotional und energetisch hilft, loszulassen, um das erkennen zu können, was immer schon da ist. Natürlich schließt das gemeinsame Meditieren die Einzelmeditation, die jeden Tag geübt werden sollte, nicht aus.

Also treten wir der Werbung gelassen entgegen und sind uns bewusst, dass sie ein Bild vermittelt, das nur in unseren Köpfen existiert. Dieses weist uns auf unsere Sehnsucht und damit auf die Suche nach der Einheit hin. Um der Werbung zu entgehen heißt also unsere Übung: Loslassen.
Gassho!

Worte

Warum soll ich in diesem Teisho etwas sagen. Es heißt: „…Worte haben nichts mit ihr zu tun."
Das meint, jedes Mal, wenn ich Worte spreche, dann habe ich sofort ein Konzept. Ein Konzept, von dem was unbeschreibbar ist. Wenn ich ein Konzept habe, besteht Dualität und dann bin ich nicht im Einen des: „Leere und Form sind eins" des Herzsutras.
Was ist aber die Wirklichkeit? Sind die Worte jetzt auf einmal ausgeschlossen? Gehören die Worte nicht mehr zum Wesenskern dazu?
Ja, sie sind trotzdem noch die Leere und Form, wie folgendes Zitat von Yoka Daishi im „Shodoka" lautet: „Im Schweigen redet es, im Reden schweigt es…"[29]
Sprechen wir nur die Worte, ohne uns um ihre Bedeutung zu kümmern. Denn es geht nur um das Sprechen selbst. Mehr nicht.
Sprechen um das Sprechen willens, Worte ausdrücken, um der Worte willens. Nicht, um ein Konzept der Wirklichkeit darzulegen, sondern um die Wirklichkeit auszudrücken. Worte als Worte, nicht als Konzepte.

Worte können aber auch anders gesprochen werden. (Schnäuzt sich ins Taschentuch). Worte sind mehr als der Inhalt, den sie uns vermitteln. Dies zeigt eine berühmte Geschichte.
Einst hat ein großer Meister lange kein Teisho mehr gehalten. Er wurde gedrängt, endlich einmal eines zu halten. Als die Zeit des Teishos im Zendo gekommen war,

---

[29] Die Flöte des Unendlichen, S. 80

stieg der Meister auf das Podest und wollte gerade anfangen. Genau in diesem Augenblick begann draußen ein Vogel zu zwitschern. Der Meister schwieg und wartete. Als der Vogel geendet hatte, machte der Meister ein Gassho und verließ das Podest.
Da quakt ein Frosch, da flattert ein Schmetterling am Ohr vorbei, da tropft der Wasserhahn (tippt auf den Boden). Auch das sind Worte, die man aber erst im Angesicht der Erleuchtung versteht.
Deshalb ist der Alltag voller Worte, die aus der Tiefe des Seins heraus gesprochen werden. Auch das Zitieren aus der Bibel im christlichen Gottesdienst sind Worte, die aus dem Wesensgrund kommen, wenn sie so genommen werden, was sie sind: Als Worte.
Genauso kann man aber auch wie der deutsche Komiker Helge Schneider die Worte oder Zitate nehmen:
Das Vorlesen eines Buches beginnt er mit dem Vorlesen der ISBN Nr., der Bestellnr. usw., also dem Impressum eines Buches. So sind die Worte nicht nach ihrer Aussage gewichtet, sondern sie sind einfach Worte.

Also, gehen wir in den Alltag und hören Worte, die schweigen, wenn sie reden und reden, wenn sie schweigen.

Gassho!

Politische Themen

Religiöse Themen
Zen und der Zölibat

Die Zen – Linie, der ich angehöre, die Zen Linie „Leere Wolke", ist eine auf Laien aufgebaute Linie. Wir arbeiten in verschiedenen Berufen und leben den Alltag eines normalen Bürgers. Dabei versuchen wir das Zen in den Alltag zu integrieren. Meist sind wir Laien verheiratet und leben unsere Sexualität im allgemeingültigen Rahmen aus. Dies wird im letzten der 10 Ochsenbilder, „Das Hereinkommen auf den Markt mit offenen Händen", dargestellt. Deshalb wird auch nicht die „Erleuchtung", das Satori (8. Ochsenbild) in den Mittelpunkt gestellt, sondern der Alltag.
Die Erfahrung muss in den Alltag integriert werden. Denn wir sind auch in der Spiritualität Menschen, die einen Alltag haben. Das auch, wenn wir in einem Kloster leben würden. Wir sind also Menschen, die Schwächen und Stärken und Wünsche haben und damit auch in der Rationalität leben. Wie wir die Erfahrung in den Alltag integrieren, ist dann die Herausforderung, die wir in jedem Augenblick meistern müssen.

Das Leben kreiert sich für einen spirituellen Menschen aus der Erfahrung heraus, dass er das tut, was für ihn in diesem einen Augenblick dran ist. Er handelt also aus seiner Intuition heraus. Rationalität ist dann nur für die Organisation des Lebens als Mensch, nicht als spirituelles Wesen, hilfreich.

So gesehen gilt dies auch für den Zölibat. Es ist, nach einigen Quellen zu urteilen[30], offensichtlich auch bei Zen – Mönchen vorherrschend gewesen, andere Möglichkeiten des Zusammenlebens waren jedoch auch möglich.
Ich spreche mich gegen den Zölibat und damit der praktizierten sexuellen Enthaltsamkeit in einem Zen-Leben aus. Weil es eine dualistische Herangehensweise ausdrückt. Bei dieser Sichtweise gibt es eine gelebte Sexualität und eine nicht gelebte Sexualität. Also ein Dualismus. Dieser ist nicht der Kern des ZEN. Der Kern des ZEN ist ein Auflösen aller Rationalität. Da auch das 10. Bild das hehre Ziel ist – also der Alltag mit all seiner Menschlichkeit – sollte meiner Meinung nach die Sexualität auch gelebt werden können. Ohne sich allerdings den Begierden und Abhängigkeiten der Sexualität auszuliefern. Sondern das Nehmen, was ist. Die Sexualität leben, wenn sie dran ist. Und wenn sie nicht dran ist, wenn also der Partner/die Partnerin fehlt oder nicht erreichbar ist, damit üben umzugehen und anzunehmen, was im Moment dran ist. Nicht mehr und nicht weniger.

Warum haben trotzdem viele Zen-Meister – nach den Geschichten zumindest – als Mönche gelebt? Eine Vermutung könnte meiner Meinung nach sein, dass die Vertreter des Zölibats der Meinung sind, dass die gelebte Sexualität „Energie" verbraucht, nicht „zielführend" ist und die Konzentration auf das Wesentliche hemmt. Und

---

[30] U. a. z. B.: Eva K. Neumaier in: Tibet und Buddhismus 2/08 S. 23 ff oder https://de.wikipedia.org/wiki/Z%C3%B6libat#Buddhismus oder https://de.wikipedia.org/wiki/Buddhistisches_M%C3%B6nchtum vom 03.08.2019

Religiöse Themen

es kann im Zusammenhang mit dem Körper und den Emotionen zu einem intensiven Abweichen von der Übung: „Im Hier und im Jetzt" führen. Dieser Meinung kann ich, wie oben bereits angedeutet, nicht ganz folgen. Denn wenn ich auch in diesem Bereich meine Übung konsequent fortführe, besteht nicht mehr als in anderen Bereichen des Alltags die „Gefahr", meine Übung aus den Augen zu verlieren.

Ein Problem ist dabei noch anzuführen:
Alle Menschen sind irgendwie auf der Suche nach dem „Glück", nach der „Erfüllung" und nach der „inneren Ruhe". Und eine sexuelle Vereinigung hat Ähnlichkeiten mit einem Kensho und wird oftmals als ausreichend für ein „Glücksgefühl" angesehen.
Der Unterschied zu einem Kensho ist – wie gesagt, die Erfahrung ist nur ähnlich –, dass dieses beruhigende Gefühl nur für einen bestimmten Augenblick vorherrscht. Die Kensho-Erfahrung ist intensiver und nachhaltiger. Meist ändert sich das Leben für einen „Erfahrenen" sehr stark, der dann aus der Erfahrung heraus „freier" lebt und sich dem Leben im Alltag mit einer tieferen Zufriedenheit und Gelassenheit widmet.
Gleich als Warnung ist noch zu sagen: Wir bleiben trotzdem Menschen und sind enttäuscht, wenn wir beim Werben um eine Partnerin/Partner nicht die gewünschte Antwort erhalten. Auch dort hilft dann wieder die Übung: Hier und im Jetzt die Emotionen zu erkennen und nicht auf sie einzuwirken, sondern sie so stehen lassen wie sie sind. Emotionen und sonst nichts.

Und so ist die gelebte Sexualität gleichberechtigt mit allen anderen Bereichen aus dem Alltag als Übungsfeld anzusehen. Nicht mehr und nicht weniger.

Das Zölibat hindert uns nur daran, unsere Übung auch in diesem Bereich fortzusetzen und ist, wie schon erwähnt, dualistisch, weil sie die Sexualität ausschließt und damit wertet.
Also dürfen wir die Sexualität im Alltag leben, so wie sie ist!

Gassho!

Weltbild 2.0

Am 02.06.2016 wurde ich zur Veranstaltung „Weltbild 2.0" vom Bildungsausschuss Lana eingeladen. Jeder Referent sollte sich im Vorfeld zu bestimmten Themen, insbesondere Themen aus dem religiös-spirituellen Bereich, Gedanken machen und sie in einen Kontext mit seiner Weltanschauung oder spirituellen Orientierung bringen. Während der Veranstaltung konnten wir Referenten dann unsere Meinung darlegen und mit dem Publikum diskutieren.

Diese Gedanken habe ich hier in schriftlicher Form wiedergegeben. Sie weisen einmal auf meine spirituellen Erfahrungen und zum anderen auf meine sich daraus ergebenden Meinungen zu dem jeweiligen Thema hin.

Folgende Themen wurden behandelt: Gott, Schöpfung, Spiritualität, Wissenschaftliche Erkenntnis, Wert des menschlichen Lebens und ethisches Handeln, Liebe, Sinn des Lebens, Sünde und Leben nach dem Tod.

1. **Gott**
   Wenn man Gott als Menschen oder den Menschen als Abbild Gottes sieht, dann kann ich als ZEN-Übender nicht von Gott reden. Es existiert das Bild Gottes in der Vorstellung eines ZEN-Übenden nicht.
   Warum? Gott wäre eine Form der Dualität, weil es ein Gegenüber, ein Du gibt. Und mit dem Du existieren zwei Personen, die sich getrennt voneinander gegenüberstehen.

In der Erfahrung erlebt man aber genau das Gegenteil. Man erkennt, dass die Person, die sich einen Namen gegeben hat, gar nicht getrennt von einem anderen existiert, sondern ein Teil des Anderen ist. Man erkennt, dass man eins mit allem ist. In der Erfahrung (Erleuchtung) erlebt sich die Person mit dem Namen als sich aufgelöst und ist damit in allem vorhanden. Der Mensch ist in der Blume, im Stein, im Tier, also überall präsent. Diesen Zustand nennt man Leere, die anschließend im Leben nachwirkt.

Wenn man den Begriff Gott nicht nur auf die Person Gott, die man in vielen Kulturen und Religionen findet, ausweitet, sondern als ein Phänomen sieht, welches eine Omnipräsenz ausdrücken soll, in der der Mensch ein Teil von Allem, vom All-Umfassendem, ist, dann kann man Gott auch als das ausdrücken, was alles einschließt. Was nicht über einem steht und kein bestimmendes oder entscheidendes Wesen ist.
Gott als dieses überall vorhandene Etwas ist für mich auch dann ein akzeptabler Begriff, der im ZEN Leere genannt wird.

2. Schöpfung

Der Begriff Schöpfung schließt für mich einen Akt der Entstehung und somit einen zeitlichen Begriff des Beginns ein. Das bedeutet für mich eine dualistische Ansicht, die nach ZEN nicht den

Wesenskern ausmacht. Durch die Erfahrung der Zeitlosigkeit existiert kein Schöpfungs-Prozess im engeren Sinne. Dabei ist die Zeitlosigkeit ein Aneinanderreihen von Zeitpunkten, die erst in der Nachbetrachtung die Definition der Zeit ausmacht. Das Erkennen ergibt eine stete Wahrnehmung eines „Jetzt", also nur eines Zeitpunkts. Dieser enthält weder ein Anfang noch ein Ende. Die Schöpfung kann also aus der Sichtweise des ZEN nicht existieren.

Es sei denn, man sieht sie aus der Sichtweise der Aneinanderreihung von Zeitpunkten. Dann ist die Schöpfung in jedem Augenblick aktiv. Das heißt, dass sich das „Sein" in jedem Augenblick neu kreiert.

3. Spiritualität

Spiritualität ist für mich ein Begriff, der über eine rational erklärbare Definition hinausgeht. Es ist ein Vergegenwärtigen des reinen Seins. In jeder Tätigkeit, die ich als Mensch unternehme, ist diese Vergegenwärtigung. Mein Handeln wird dadurch intuitiv und ohne Wertung. Das, was getan werden muss, wird getan, im Vertrauen auf die „richtige Entscheidung".

Damit kann ich ohne Angst leben und flexibel reagieren, weil ich an nichts festhalte und weil keine Bewertung durch Reflexion stattfindet. Das macht mich als einen Menschen freier und gelassener.

4. Wissenschaftliche Erkenntnis

Wissenschaft arbeitet mit Logik, indem eine Entscheidung/Formel mit Hilfe eines logischen Schlusses ermittelt und begründet wird. Dies ist Ausdruck der Rationalität und mit ihr der Dualität. Die Wissenschaft kommt in Fragen der Transzendenz an ihre Grenzen. Sie müsste in diesem Bereich ein von außen beobachtendem Betrachter sein, der sie nicht sein kann. Dies ist zum Beispiel der Fall, wenn man die (Un-) Endlichkeit des Weltalls betrachtet. Man kann nur bis zur beobachtbaren Grenze gehen. Die natürliche Grenze ist die Definition der Lichtgeschwindigkeit und damit ihre daraus folgende Definition der Zeit. Am Ende des beobachtbaren Horizonts müsste es eigentlich aufgrund des Zeitpfeils weiter gehen. Es geht aber nicht weiter, weil die natürliche Grenze es verhindert. Und trotzdem ist diese Grenze keine Grenze, weil der nächste Augenblick dem vorhergehenden Augenblick folgt, sie sich also stets nach vorne verschiebt. Ein Überschreiten dieses augenblicklichen Endpunkts ist aber dennoch nicht möglich.

In der Erfahrung allerdings erkennt der ZEN-Übende aber eine Zeitlosigkeit, Raumlosigkeit und Materielosigkeit. Dadurch hat er die Möglichkeit, über diese Grenze hinauszuschauen, ohne logischen Schlüssen zu folgen. Er erlebt die Transzendenz einfach ohne Begründung.

Daraus entsteht auch die Erkenntnis, dass das All-Umfassende ewig und unendlich ist. Erklärbar mit Hilfe eines wissenschaftlichen Erkenntnisprozesses ist dies allerdings nicht.

Für mich ist damit beispielsweise auch der Urknall nicht existent, weil er einen Anfang definieren würde. Die „logischen" Fragen wären dann aus wissenschaftlicher Sicht: „Was war davor? Was hat den Urknall auslösen können?" Dies wird in der Wissenschaft mit dem Begriff der „Singularität" behandelt, in dem postuliert wird, dass erst mit Beginn des Urknalls die Zeit begann. Ein „Davor" hat es nicht gegeben. Das muss man nun annehmen oder man kann es auch ablehnen. Eine rationale Begründung für das „Davor" ist aber so oder so nicht herzuleiten.

Wir sind damit in den Grenzbereichen der wissenschaftlichen Erkenntnisse, wir sind damit im Bereich des Glaubens oder der Seins-Erfahrung.

5. **Wert des menschlichen Lebens und ethisches Handeln**

Die Erkenntnis gibt uns die Gewissheit, dass wir als Menschen untereinander nicht getrennt sind. Wir sind eins mit allem und jedem. Wir sind dann Baum, Eidechse oder Stern. Aus dieser Erkenntnis heraus entwickelt sich das Bedürfnis, keinem Wesen Leid zuzufügen oder es eventuell zu töten. Daraus wiederum ergibt sich z. B. die im ZEN vorherrschende vegetarische Einstellung zum Essen.

Auch wird jedem Wesen mit Respekt begegnet und dessen Entscheidung respektiert.

Ein Selbstmord beispielsweise kommt dann nach einer Erleuchtung nicht mehr in Frage. Der potentielle Selbstmörder konnte vor dem Suizid seine Situation, die ihn zum Selbstmord treiben würde, annehmen.

Zum selben Ergebnis kommt man beim Thema: Aktive Sterbehilfe. Die Erfahrung verbietet einem aus innerer Überzeugung heraus, Sterbehilfe zu leisten. Auch wenn man das Leid der Person sieht. Man nimmt es an, obwohl es der andere möglicherweise nicht ertragen kann.

Auch beim Thema Abtreibung wird mit Nein gestimmt. Denn die Entscheidung, ob ein Kind gezeugt werden soll oder nicht, wird vor dem Geschlechtsakt getroffen. Und auch wenn das Kind beeinträchtigt sein sollte, wird dieses aus innerer Überzeugung angenommen.

Aus Sicht eines ZEN-Meditierenden ist eine Rangordnung im Sinne der natürlichen Auslese nicht gegeben. Jeder Mensch/jedes Wesen ist gleichwertig und hat das gleiche Recht. Wenn es jedoch Aufgaben gibt, die der Mensch aus gesellschaftlicher Verpflichtung heraus zu erledigen hat, dann besteht auch die Möglichkeit, eine Führungsrolle zu übernehmen. Diese ist aber nur für diese eine Aufgabe bestimmt. Sie wird nach Ende der Aufgabe abgegeben und dem nächsten Experten überlassen. Die Erledigung verschiedener

Aufgaben hat somit stets den gleichen Wert, was natürlicherweise zu gleicher Entlohnung führt.

Auch ist im Sinne des ZEN Kriegsführung nicht möglich.

Aus den oben erörterten Gesichtspunkten heraus ergibt sich ein natürliches ethisches Handeln, das im strengen Sinne sogar ohne Gesetz auskommen könnte. Dieses Handeln ist gekennzeichnet von gegenseitigem Respekt. Es führt dazu, dass ein Wesen dem anderen nichts wegnimmt, es nicht übervorteilt oder betrügt.

Diese Konsequenzen aus der spirituellen Erkenntnis eines ZEN-Übenden wären nur möglich, wenn bereits alle diese Erkenntnis besitzen und daraus handeln würde. Wie sieht es aber damit aus, wenn eine Person sie besitzen würde und die ihm gegenüberstehende sie nicht hätte?
Aus der Erkenntnis entspringt auch ein starkes Bedürfnis des Verzeihens und der Vergebung. Wenn eine Person einen Fehler getan hat, ist es einem ZEN-Übenden möglich, ihr rückhaltlos ohne Ansprüche zu vergeben. Das bedeutet allerdings nicht, dass man denjenigen, der einen Fehler gemacht hat, alles gewähren lässt, sondern dass man ihm hilft, seinen Fehler zu erkennen und ihn nicht zu wiederholen. Allerdings knüpft der ZEN-Übende keine Erwartung an sein Gegenüber.

Wenn man obige Aussagen konsequent akzeptiert, entsteht ein Problem. Denn wie geht es, dass man etwas Nahrung zu sich nehmen kann, ohne ein Tier oder eine Pflanze – also ein Wesen – zu töten?
Dieses Problem ist nicht einfach zu lösen. Denn, wenn man vegetarisch leben will, muss man sich von Pflanzen ernähren. Diese also abschneiden und verzehren. Die Pflanzen werden also getötet. Genauso ist es beim Tier, welches getötet werden muss, um als Nahrung für uns zu dienen, wenn man sich „normal" ernähren will.

Das Problem kann man damit lösen, dass der Übende nur die Nahrung zu sich nimmt, die er als Mensch zum Überleben benötigt. Das bedeutet, dass man so handelt, wie alle Tiere – insbesondere Raubtiere, die nur töten, um Nahrung aufnehmen zu können. Dies ist dann kein Töten, bei der einem ZEN-Übenden ein Mitgefühl entsteht, sondern eine natürliche notwendige Handlung. Diese ist in der Natur so angelegt. Wenn ein ZEN-Übender Mitgefühl entwickelt und nicht töten kann, dann ist es nur aus den ethisch verwerflichen Gründen: „Töten, um ein „Mehr" zu haben, töten um „Macht" auszuüben oder sich als „überheblich" zu fühlen.

Auch ist man kritisch gegenüber der Tier- oder Pflanzenzucht für die Nahrung, wie z. B. der Massentierhaltung. Denn hier wird das Tier ausschließlich geboren, um für den Menschen zu sterben, weil dieser „Hunger" bzw. „Appetit" auf Tierfleisch hat. Und nicht, weil dieser Hunger hat und es gerade nichts als eben dieses eine Tier zu essen gibt.

Genauso kann man kritisch gegenüber der Saatzucht und gegenüber dem massenweisen Anbau von Getreide sein. Denn auch hier wird massenweise Getreide nur aus einem Zweck heraus angebaut, es zu verspeisen und nicht dem Getreide selbst die Möglichkeit gegeben, sich zu vermehren und zu „leben".

Wie man allerdings anhand dieser beiden vorangegangen Beispielen erkennen kann, stößt hier die Erkenntnis des ZEN an seine Grenzen. Denn die Problematik der Überbevölkerung und die damit hervorgehende Problematik der Ernährung aller Menschen, sind im Moment nur durch Zucht von Nahrungsmitteln möglich.

Trotzdem ist meiner Meinung nach, das Ideal des autarken Versorgers anzustreben. Dies bedingt eine bäuerliche Struktur, die für den Einzelnen oder der einzelnen Gruppe, notwendig macht.

Was macht man aber, wenn man eine bäuerliche Struktur nicht machen will oder kann, weil man andere „Talente" besitzt?

Nun dann steht man vor dem nächsten Problem.

Für bestimmte gesellschaftliche Strukturen wie der modernen arbeitsteiligen Gesellschaft kann man als Einzelner nichts. Man wird als Mensch hineingeboren und hat zunächst diese Komplexität zu akzeptieren, bzw. anzunehmen. Das bedeutet, dass man z. B. einige Zeit lang Fleisch isst, mit dem Auto fährt oder ähnliches. Man handelt damit also schon als Kind nicht in der spirituellen Art und

Weise, wie es „natürlich" wäre. Auch dann, wenn man erwachsen ist, ist man oft „gezwungen", nicht spirituell konform zu leben. Wenn man z. B. in die USA wegen eines Vortrags reisen sollte, dann ist es eigentlich sinnvoll, mit dem Flugzeug zu fliegen. Dies ist vor allem dann das Problem, wenn man ganz normal am gesellschaftlichen Leben teilnehmen will. Also einer Arbeit nachgeht, Kinder und Familie sowie Freunde und Freizeit hat und trotzdem spirituell leben möchte. Also fliegt man trotzdem, weil eine Schiffsreise mit dem Segelschiff in der „modernen" Welt einfach zu umständlich ist. Wie geht man also mit diesem Problem um?

Nun. Für mich ist die Spiritualität bewahrt, wenn ich erstens die anstehenden Aufgaben mit vollster Hingabe und Achtsamkeit bewältige und zweitens es vermeide, irgendwelche überflüssigen Maßnahmen durchzuführen, wie z. B. mehrmals zum selben Ort kurz hintereinander zu fliegen oder den Motor morgens „warmlaufen" zu lassen.

Und damit sind wir wieder am Punkt, der für ein spirituelles Leben als Mensch absolut wichtig ist. Nämlich: Alles zu tun in vollster Achtsamkeit, Hingabe und mit Respekt vor allem, was existiert.

Zum Abschluss dazu möchte ich eine kleine „ZEN-Geschichte" erzählen:

Vorbemerkung: Den buddhistischen Mönchen ist nicht erlaubt, Frauen zu berühren.

„Zwei Mönche waren auf Wanderschaft. Als sie an einen Fluss kamen, sahen sie auf der anderen Seite eine wunderschöne Frau. Sie wollte eigentlich den

Fluss an einer flachen Stelle überqueren, zögerte aber. Es schien ihr Angst zu machen. Kurzer Hand nahm einer der Mönche die Frau auf seinen Rücken und trug sie ans andere Ufer und setzte sie dort ab. Die Mönche gingen schweigend weiter. Nach einiger Zeit fragte der eine Mönch: „Warum hast du die Frau über den Fluss getragen? Du weißt doch, dass wir dies nicht tun dürfen." Der andere Mönch antwortete: „Ich habe die Frau doch am anderen Ufer abgelegt. Du trägst sie aber immer noch mit dir herum." (frei nacherzählt)

6. Liebe

Liebe ist ein viel benutzter Begriff. Er kann die Liebe zwischen zwei Menschen meinen, die Liebe zwischen Geschwistern, die Liebe zwischen Mutter und Kind und auch die Liebe zu allen Wesen.
Für mich ist im Zusammenhang unseres Themas die Liebe zu allen Wesen die bedeutendste, zu der ich mich auch im Folgenden äußern möchte.

Die Liebe zu allen Wesen entspringt auch hier wieder der Erkenntnis, die man aus der Erleuchtung erhält. Sie entwickelt die Barmherzigkeit, bei der es zu intuitivem Handeln anderen Wesen gegenüber kommt.

Das sieht dann so aus, dass man Eins mit allem, eben auch den Menschen, Tieren und Pflanzen, ist. Daraus ergibt sich, dass ich mir selbst schaden würde, wenn ich einem anderen Schaden zufügen würde. Diese Erkenntnis ist rational nicht ganz erklärbar, sondern nur erfahrbar. Deshalb kann ich keinem anderen etwas stehlen, ihn schädigen oder betrügen. Dies würde sofort Leid für alle bedeuten, was auch Buddha als eine seiner Erkenntnisse bei seiner Erleuchtungserfahrung verkündete.

Was ist nun, wenn jemand aus Unkenntnis einen anderen „verletzt"?
Nun, dann besteht auch hier – wie bereits oben erwähnt – der innere Antrieb des „Verzeihen Könnens". Der „Fehler" des anderen wird respektiert, er wird nicht getadelt und es wird ihm die Möglichkeit gegeben, ohne Schuld zu leben, in dem man ihm verzeiht. Hier muss aber auch betont werden, dass sich jetzt nicht jeder „Unwissende" alles erlauben könnte. Es wird versucht, durch eine ehrliche, respektvolle und aufrichtige Mitteilung seinen Fehler zu erläutern, um ihm die Möglichkeit zu geben, daraus zu lernen. Unser einer vergibt ihm nur und hat keine Erwartungen an die weiteren zukünftigen Konstellationen. Man erwartet also weder, dass der Fehler sich nicht wiederholt, noch dass er sich wiederholt.
Aber, dass jetzt nicht der Eindruck entsteht, ZEN-Übende wären perfekt! Auch ZEN-Übende machen Fehler. Sie ärgern sich genauso darüber und versuchen ihn im nächsten Augenblick zu vermeiden. Allerdings bleiben sie nicht an irgendwelchen Vorstellungen von Gut und Böse hängen, sondern akzeptieren, dass der Fehler

passiert ist und nicht wieder gut zu machen ist. Sie orientieren sich auch nicht an der Zukunft und hoffen auf die Erfüllung des Wunsches, keinen Fehler mehr zu machen. Das, was geschehen ist, lassen sie so, wie es ist. Wenn ihnen die Gelegenheit gegeben wird, den Fehler wieder gut zu machen, bemühen sie sich darum.

Konkret kann die gelebte Barmherzigkeit auch so aussehen, dass man grundsätzlich immer jemandem hilft, wenn er/sie in „Not" ist. Diese Handlung ist dann stets intuitiv und bedarf keiner rationalen Erklärung. Dies verhindert, dass man seinem potentiell zu „Rettenden" ohne sein Einverständnis hilft. Um dies genauer zu erklären, möchte ich ein Beispiel geben:
Eine ältere Dame, die geh- und sehbehindert ist, steht an der Straße. Ein übereifriger und unachtsamer Übende nimmt spontan die ältere Dame an die Hand und führt sie über die Straße. Nach der Überquerung ergibt sich aus einem Gespräch mit der älteren Dame, dass jene Dame eigentlich nur auf den Sohn gewartet hatte, der sie mit dem Auto abholen wollte....
Was war das Problem? Der Übende war nicht achtsam genug (nicht intuitiv), die Situation richtig einzuschätzen. Er hätte die ältere Dame einfach vorher fragen können, ob sie seine Hilfe annehmen will.

Aus dem Alltag möchte ich noch ein Beispiel gelebter Barmherzigkeit geben:
Eine Blume, die mich am Wegesrand mit ihrer Schönheit einnimmt, wird von mir nicht gepflückt. Auch wenn mir diese Blume mein Zuhause verschönen würde, lasse ich sie am Wegesrand weiter blühen.
Warum?
Nun, wenn ich sie pflücke, dann stirbt sie als Wesen bald, weil sie keine richtige natürliche Nahrung mehr erhält. Ich müsste sie „künstlich" durch Wasser ernähren, was mir als spirituellen Menschen aufgrund der inneren Verbundenheit mit ihr gegen den Strich gehen würde. Ich belasse sie also, nehme den Augen – Blick ihrer Schönheit wahr und gehe weiter, bereit für den nächsten Augenblick.

7. Sinn des Lebens

Im ZEN wird die Frage nach dem Sinn des Lebens beantwortet. Die Antwort ist aber keine Antwort im herkömmlichen Sinne, wie man auf die Frage nach der Herkunft mit einer Aussage: „Ich komme aus Bamberg" antwortet, sondern eine transzendente Antwort. Sie wird durch die Erkenntnis seiner eigenen Wesensnatur beantwortet, wo die Antwort für einen selbst als „Aha, so ist das also!" erfährt.
Auch hier ist der wesentliche Aspekt der Erfahrung des einen Augenblicks, der kein Verweilen kennt. Es ist ein Leben nur in diesem einen Augenblick. Es

ist ein Leben, das ohne Anfang und ohne Ende besteht, sodass die Frage sich von selbst erledigt. Man lebt von Augenblick zu Augenblick, hegt keine Frage nach dem Sinn und Nutzen des Lebens in einer Materiestruktur. Es ist dann ein gewähren lassen dessen, was ist, ohne Wertung und auch ohne Ziel. Nur Sein. Und dies ist dann die Beantwortung der Frage, die eigentlich nicht mehr gefragt und nicht mehr beantwortet wird. Nur Sein. In diesem einen Augenblick. Mehr nicht.

8. **Sünde**

Im ZEN gibt es den Begriff von Sünde nicht. Der spirituell lebende Mensch handelt von sich aus nach einem Teil der 10 Gebote: Nicht zu morden; Nicht zu stehlen; Nicht Ehebruch zu begehen; Nicht Falsches Zeugnis ablegen; Nicht des Anderen Gut begehren. Es gibt für ihn keine Instanz, außer der in der Erfahrung gewonnenen Erkenntnis, dass es keine Trennung zwischen dem Übenden und allem um ihn herum gibt. Diese Erkenntnis ist für ihn eine Richtschnur, nach der er handelt. Da die „Sünde" stets eine Einteilung von Richtig und Falsch beinhaltet und ein Mensch als Vertreter Gottes diese Einteilung vornimmt, ist das Phänomen „Sünde" dualistisch zu betrachten. Aus dieser Sicht heraus kann ein ZEN-Übender keine Sünde begehen. Er handelt von sich aus der Intuition heraus und benötigt keine übergeordnete Institution, die ihm das Handeln vorschreibt. Dieses Handeln aus der Intuition heraus, bewirkt ein Erfüllen o.g. Gebote von sich aus. Auch ist ihm sein Mensch-Sein bewusst. Er kann fehlerhaftes Handeln akzeptieren, weil er weiß, dass der Augenblick seines Handelns vorbei geht und er im nächsten Augenblick seine fehlerhafte Handlung wiedergutmachen kann – sofern es möglich ist.

Auch wenn ein Mörder sich nach seiner Tat auf die Spiritualität des ZEN besinnt, sein Fehlverhalten eingesteht und mit dem Gefühl des unrechten Handelns ein Leben lang leben muss, kann er sich aus seinem Dilemma befreien, indem er den nächsten Augenblick ebenso wertfrei nimmt, wie es der Augenblick vorher war.

Er ist also stets ein eigenständig Handelnder, der auch die Verantwortung für sein Tun übernimmt. Er ist sich bewusst, dass der nächste Augenblick neu und sein Handeln in der Vergangenheit unwiederbringlich vorbei ist. Es gibt keinen Richter, außer seiner eigenen Erkenntnis, nach der er ohne Sünde handelt. Da alles Handeln ein Handeln ist, das weder Gut noch Böse kennt, also ohne Bewertung, handelt er stets in vollem Bewusstsein. Er braucht sich nicht darum zu kümmern, ob etwas in Ordnung ist oder nicht. Er handelt stets aus der Intuition aus und damit der Situation gerecht. Für ihn gibt es keine obere Instanz, die über ihn richtet. Fehler sind im Bereich des Menschseins möglich und für ihn akzeptabel.

Als transzendentes Wesen kann er keine Fehler machen, weil dies eine dualistische Sichtweise ist, die in der Transzendenz nicht existiert.

Aufgrund der Transzendenz und der damit verbundenen Nicht-Existenz von Richtig und Falsch besteht auch die Möglichkeit eines ZEN-Übenden zur Verzeihung, zur Barmherzigkeit. Er hat die Möglichkeit, einen anderen Menschen in seiner Wesensnatur ohne Bewertung anzunehmen. Dies ist die Besonderheit einer erleuchteten Person, die ohne Rache oder Missgunst einen anderen Menschen aus tiefstem Herzen bedingungslos annehmen und ihm verzeihen kann.

9. Leben nach dem Tod

Zunächst muss bemerkt werden, dass wir Menschen nicht einmal wissen, ob es ein Leben nach dem Tod gibt. Bis jetzt ist niemand, der wirklich tot gewesen ist, jemals zurückgekommen. Also können wir nur spekulieren und uns Vorstellungen von dem machen, was sein könnte. Letztlich können wir aber diese Frage nicht beantworten.

Im ZEN existiert kein Zeitbegriff. Dieser ist nur rational begründet. Deshalb wird die Frage nach dem Leben nach dem Tod überflüssig. Der Augenblick ist entscheidend. Genau in diesem ist Leben. Danach ist der nächste Augenblick, das nächste Leben. Der Tod ist nur ein Ende der physischen Natur, der Form eines Menschen. Das, was er zutiefst ist, besteht über den Tod hinaus weiter. Augenblick für Augenblick. Da aber die

Wesensnatur nicht geboren wird, kann sie auch nicht sterben. Also gibt es kein Leben nach dem Tod, weil stets im Augenblick Ewigkeit ist.

In diesem Zusammenhang ist auch die Wiedergeburt für mich nicht existent. Sie würde der Ewigkeit des Augenblicks widersprechen und ich hätte einen rationalen Zeitbegriff, den es im ZEN so nicht gibt.

Weinender Buddha

Lachender Buddha

Oh, wie wunderbar!

Glossar

Zum Schluss möchte ich Ihnen noch ein Glossar anbieten, damit Sie sich nicht von den vielen Fremdworte verunsichern lassen. Die Fremdworte kommen aus dem Japanischen, das das ZEN seit dem 12. Jahrhundert geprägt hat. Mein Meister Kyo-Un Roshi (Willigis Jäger) weilte mehrere Jahre in Japan und genoss die Koan-Schulung bei Yamada Koun Roshi in Kamakura. Da die Koan-Sammlungen aus dem Chinesischen ins Japanische übersetzt wurden, es aber bis dato sehr wenige englische oder deutsche Übersetzungen gibt, liegen den Koan-Sammlungen zumeist die japanischen Übersetzungen zugrunde. Deshalb ist es für einen ZEN-Schüler wichtig, einige japanische Ausdrücke zu kennen, um den Teishos zu den Koans folgen zu können.

Chokei	Ein anderer Ausdruck für Hossu.
Dharma	Leere aller Dinge[31]. Eigentlich ist dies nur in der Erfahrung der Erleuchtung erfassbar und damit nicht erklärbar. Jeder Mensch „besitzt" die Dharma-Natur, er ist sich dessen jedoch nicht bewusst. In der Erleuchtungserfahrung versteht er diese Non-Dualität als Einheit von Form und Leere.

---

[31] Übersetzung durch Heinrich Dumoulin in: Geschichte des Zen-Buddhismus Band 1, Neuauflage, Frankfurt, Angkor Verlag, 2010 S. 164

Dokusan	Spirituelles Gespräch (Jap. Einzelgang")[32] Das Dokusan ist eine der Kern-Übungen im Zen. Es ist die besondere Begegnung mit dem Meister, meist während eines Sesshins oder eines Zazenkais. Im Dokusan werden hauptsächlich die Koans mit dem Meister besprochen oder ihm demonstriert. Der Meister „prüft" dann die Klarheit der Koan-Lösung. Das Dokusan ist kein gewöhnliches Gespräch, bei der man Argumente abwägt und daraus Schlüsse zieht, es wird vielmehr intuitiv aus der Gegenwärtigkeit des Augenblicks heraus gesprochen. Dadurch können auch die in Koans üblichen für einen Ungeübten nicht verstehbaren Gespräche werden. Für Anfänger ist das Dokusan vor allem eine Gelegenheit, direkt mit dem Meister über seine Übung zu sprechen. Dabei muss nicht ein Koan im Vordergrund stehen. Weitere Infos siehe auch hierzu: WWW.zendo-merano.com
Gassho	Verneigung. Das Gassho wird stets vor oder nach einer spirituellen Handlung, insbesondere dem Zazen, vollzogen. Dabei berühren sich die beiden Hände mit ihrer Innenseite. Diese werden dann vor das Gesicht geführt und man verneigt sich mit ihnen. Es hat den Zweck, sich der Sammlung und des Augenblicks einer bestimmten Handlung bewusst zu machen. Außerdem zeigt es den Respekt

---

[32] Ebd. S. 213

	des Handelnden gegenüber allen Lebewesen an.
Hossu	Jakschweif. Der Jakschweif besteht aus einer ca. 10-20 cm lange Holzstange, an die Haare des Yaks, einer Rinderart, befestigt sind. Er dient zum Vertreiben der Fliegen beim Essen oder der Arbeit eines ZEN-Mönchs. Er wird auch häufig beim Dokusan als Hinweis auf die Vergänglichkeit des Augenblicks eingesetzt.
Kentan	Gerufener Hinweis zum Eintritt des Lehrers / Meisters. Am Beginn eines jeden Tages – insbesondere im Sesshin – tritt kurz nach dem Tönen in der ersten Zazen-Einheit der Lehrer in den Raum. Dieser macht eine Runde und geht an jedem Meditierenden vorbei. Währenddessen halten die Schüler/innen die Hände zum Gassho in die Höhe und erweisen so den Respekt gegenüber dem Lehrer. Danach meditiert der Lehrer mit den Schülern im Saal auf seinem Sitzplatz.
Kinhin	Meditatives Gehen. Nach einer Sitzperiode im Zazen, geht man im Zendo langsam in einer Reihe. Das Kinhin hat die Aufgabe, die spirituelle Praxis in den Alltag zu bringen. Außerdem soll es den Körper erfrischen und ein „Dösen" während des Zazen vermeiden. Um die geistige Sammlung noch zu unterstürzen,

	wird dabei der Daumen der rechten Hand von den Fingern umwickelt. Die linke Hand umfasst dann die rechte Faust. Dieses Gebilde wird dann während des Kinhin auf der Höhe des Solar-Plexus locker gehalten.
Koan	Öffentlicher Aushang (Jap.). Ein Koan ist neben dem Dokusan das Herzstück des ZEN. Es ist meist aus der Geschichte heraus eine Begebenheit zwischen einen Meister und seinem Schüler. Dabei antwortet oft der Meister auf eine spirituelle Frage in einer nicht rational erfassbaren Weise. Der Schüler soll von rationalen Erklärungen des ZEN direkt in die Gegenwärtigkeit seines Seins gebracht werden. Dadurch erhält er die Möglichkeit eine spirituelle Erfahrung zu machen. Außerdem dient ein Koan zur Überprüfung der geistig-spirituellen Tiefe des Schülers.
Sarai (oder Chakai)	Teezeremonie. Bei der Teezeremonie wird im Zendo-Merano vor dem „Kinhin im Freien" Tee gereicht. Nach einem Ritual, man bedankt sich mittels Gassho, wird der Tee in vollster Achtsamkeit schweigend getrunken. Es soll auch hier auf den Alltag hingewiesen werden. Alles kann zur Übung werden. Sogar das Anziehen eines Sockens oder das Kämmen des Haars.

Tatami	Sitzmatte. Normalerweise meditiert man im Zendo auf einer Tatami. Es ist ca. 1 m x 1 m große Matte, die aus einem Reisstrohkern, umwickelt mit einer Binsenmatte, besteht. Sie ist die Welt des Zen-Übenden während der Sesshins. Früher wurde stets, heute wird nur noch bei in einigen besonderen Sesshins, auch auf ihnen geschlafen.
Teisho	Spiritueller Vortrag. Meist wird dabei zu einem Koan (siehe: Koan) ein Kommentar vom Meister gegeben. Das Teisho gehört zu einem Sesshin, einem Zazenkai oder bei der Abendsitzung dazu. Das Besondere dabei ist, dass der Meister das Teisho stets intuitiv vorträgt. Er hält sich dann nicht an irgendwelche Vorgaben, sondern sagt das, was er meint in diesem Augenblick vortragen zu müssen.
Zafu	Kissen. Das Meditationskissen, auf dem man Zazen ausübt. Es ist meist rund ca. 30-40 cm im Durchmesser und ca. 15 – 30 cm hoch. Der Inhalt kann verschieden sein. Der klassische Inhalt ist Kapok, eine Baumwollart, die gut wasserabweisend ist und ihre Form auch nach langem Sitzen beibehält.
Zazen	Sitzmeditation. Die traditionelle Form der Meditation ist das Sitzen auf dem Zafu. Dies wird meist im Lotossitz oder ähnlichen Sitzarten durchgeführt. Es ist eines der wichtigsten Übungen des Zen.

Zazenkai	Zusammenkunft für Zazen. Meist ein Tages- oder Halbtages-Sesshin, das nicht so streng durchgeführt wird. Es kann mit einem Meister oder ohne stattfinden. Wenn ein Meister zugegen ist, beinhaltet es aber immer ein Teisho, das Kinhin und Dokusan.
Zendo	Meditationshalle. Zendo setzt sich aus den Wörtern Zen und Do zusammen. Do meint dabei den Weg. Im Zendo findet das Zazen statt, wobei meist die Übenden an der Wand entlang in Meditationshaltung sitzen. In großen Zendos mit wird meist in Reihen meditiert. Traditionell wird im Zendo nur Zazen geübt und die dafür vorgesehenen Rituale zelebriert. In strengen Sesshin schläft man auch auf der Tatami im Zendo.

Über den Autor

Carsten Koßwig, geb. 02.06.1963 in Memmelsdorf in Deutschland, übte von 1993 bis 2015 bei Willigis Jäger (Kyo-Un Roshi) ZEN. Ebenso lernte er bei Toyo(+) und Petra Kobayashi (München) Tai Chi Ch'uan, was er seit 1999 als Lehrer an Schüler weiter gibt.

Kyo-Un Roshi hat ihm im Jänner 2015 die Bestätigung zum Zen-Lehrer und damit die Lehr - Erlaubnis gegeben. Zudem wurde er im April 2016 als Assistenz-Lehrer in die Zen-Linie „Leere Wolke, Zen Linie Willigis Jäger" aufgenommen. Seit April 2019 ist er bestätigter ZEN-Lehrer der Zen-Linie „Leere Wolke"

Er ist verheiratet, hat einen Sohn und lebt mit seiner Familie in Meran, *Südtirol*, Italien. Er ist außerdem in einer Oberschule als Mathematik- und Physik – Lehrer tätig, ist Tischler und Diplom-Volkswirt. Der Hauptaspekt seiner Lehre ist die spirituelle Begleitung von *Laien* im ZEN, die ein gesellschaftlich „normales Leben" führen. Carsten Koßwig möchte sie auf dem Weg zur Integration der Spiritualität in den Alltag begleiten. Eine Begleitung von Mönchen auf dem ZEN-Weg ist für ihn auch möglich. Er ist bemüht, die reine Lehre des ZEN, die er bei Kyo-Un Roshi erfahren hat, an alle Menschen weiter zu geben.

Literaturverzeichnis

Collande, Cornelius von (2016): Achtsamkeit bei der Stressbewältigung. Achtsamkeit im Zen - Das Selbe? In: *Buddhismus aktuell* (1), S. 39–41. Online verfügbar unter https://buddhismus-aktuell.de/artikel/ausgaben/20161.html.

Dumoulin, Heinrich (2010): Indien, China und Korea. Repr. auf Grundlage d. Ausg. von 1985 sowie bisher unveröff. Ms. Frankfurt am Main: Angkor (Geschichte des Zen-Buddhismus, / Heinrich Dumoulin ; 1).

Fischer-Schreiber, Ingrid; Schuhmacher, Stephan (Hg.) (1995): Lexikon der östlichen Weisheitslehren. Buddhismus, Hinduismus, Taoismus, Zen. 3. Aufl. d. Sonderausg. Bern: Barth.

Grimm, Beatrice; Jäger, Willigis; Wagner, Petra (2016): Die Flöte des Unendlichen. Mystische Rezitationstexte aus Ost und West. 6., überarb. Aufl. Holzkirchen: Wege der Mystik.

Hoover, Thomas (1986): Die Kultur des Zen. Malerei, Dichtung, Haiku, No-Theater, Architektur, Gärten, Sport, Ikebana, Keramik, Kochkunst. 3. Aufl. Übers. Frank Meyer, Köln: Diederichs

Huikai; Fabian, Ludwigis (1989): Mumonkan. Zen-Meister Mumons Koan-Sammlung = Die torlose Schranke. 1. Aufl. Hg. v. Kōun Yamada. München: Kösel.

Kapleau, Philip (Hg.) (1981): Die drei Pfeiler des Zen. Lehre - Übung - Erleuchtung. 5. Aufl. Bern: Barth.

Klein, Mechthild (2018): Hör mit auf mit Achtsamkeit. Meditation. Hg. v. Zeit Online GmbH. Hamburg. Online verfügbar unter https://www.zeit.de/wissen/gesundheit/2018-03/meditation-achtsamkeit-hype-anti-stress-depression-psychologie, zuletzt aktualisiert am 11.03.2018, zuletzt geprüft am 03.08.2018.

Muller, W. (1982): Duden Fremdworterbuch. Di 1 ban. Wien: Bibliographisches Institut Mannheim.

Eva K. Neumaier (2008): Zur Diskussion: Eine buddhistische Sexualmoral für unsere Zeit; Zeitschrift: Tibet und Buddhismus; Nr. 85; 2/2008, Tibetisches Zentrum e.V., Hamburg. Online verfügbar unter https://www.tibet.de/zeitschrift/archiv/ aufgerufen am 03.08.2019.

Roshi, Yamada Kôun (2002): Die Niederschrift vom blauen Fels Hekiganroku. 2 Bände. München: Kösel (2).

Zendo-Merano

Das Zendo-Merano wurde von mir im Jahre 2015 gegründet und wird bis heute auch von mir geleitet.

Wir meditieren jeden Donnerstag eine Abend-Meditation von 3 x 25 min. Dazu gebe ich ein Teisho zu einem aktuellen Thema. Für Einsteiger gibt es die Möglichkeit sich mit mir vor Beginn der Wochenmeditation über ZEN zu unterhalten.

Einmal im Monat besteht die Möglichkeit zu einem Zazenkai (Halbtages-Meditation). Die Meditationszeit beträgt dabei 6-7 x 25 Minuten.

Normalerweise wird von mir 2 x im Jahr (Ostern, Allerheiligen) ein Sesshin (Mehrtages-Meditation) für Interessierte angeboten.

Es kann durchaus möglich sein, dass sich Gruppen aus anderen Orten dem Zendo-Merano anschließen möchten. Diese betreue ich meist in Form von einem monatlichen Zazenkai, der genauso abläuft wie im Zendo-Merano.

News können stets aktuell auf meiner website: www.zendo-merano.com abgerufen werden.

Zendo-Merano (seit 2019)

Im Yoga-Shiatsuzentrum: Ortsteingasse 4
39012 Meran
T+39 320 767 2210
info@zendo-merano.com
www.zendo-merano.com